ナツメ社
やる気ぐんぐん
シリーズ

見てみたい!

オールカラー
楽しく覚える!

世界の国

筑波大学教授
井田仁康 監修

ナツメ社

目次《もくじ》

この本《ほん》の使《つか》い方《かた》 …… 4

マンガ 国《くに》って、どんなもの？ …… 6

世界地図《せかいちず》を見《み》てみよう …… 8

世界《せかい》の自然《しぜん》 なんでもランキング …… 10

世界《せかい》の国《くに》 なんでもランキング …… 12

アジア

マンガ 経済発展《けいざいはってん》が めざましいアジアの国々《くにぐに》 …… 16

地図《ちず》 アジアの国々《くにぐに》 …… 18

中国《ちゅうごく》 …… 20

モンゴル …… 24

日本《にほん》 …… 26

韓国《かんこく》 …… 28

北朝鮮《きたちょうせん》 …… 32

ベトナム …… 34

カンボジア …… 36

タイ …… 38

マレーシア …… 42

シンガポール …… 44

フィリピン …… 46

インドネシア …… 48

インド …… 50

パキスタン …… 54

アフガニスタン …… 56

イラン …… 58

イラク …… 60

アラブ首長国連邦《しゅちょうこくれんぽう》 …… 62

サウジアラビア …… 64

トルコ …… 66

イスラエル …… 70

【アジア その他《ほか》の国《くに》】

ネパール／バングラデシュ／ブータン／ミャンマー／ラオス …… 72

ブルネイ／東《ひがし》ティモール／スリランカ／モルディブ …… 73

カザフスタン／キルギス／タジキスタン／ウズベキスタン／トルクメニスタン／キプロス／レバノン／シリア／ヨルダン …… 74

ジョージア／アゼルバイジャン／アルメニア／クウェート …… 75

バーレーン／オマーン／イエメン／カタール …… 76

●アジア おさらいクイズ …… 77

ヨーロッパ

マンガ 観光客《かんこうきゃく》の 多《おお》いヨーロッパの国々《くにぐに》 …… 78

地図《ちず》 ヨーロッパの国々《くにぐに》 …… 80

ロシア …… 82

フィンランド …… 86

スウェーデン …… 88

ノルウェー …… 90

デンマーク …… 92

ポーランド …… 94

ギリシャ …… 96

ドイツ …… 98

オーストリア …… 102

スイス …… 104

イタリア …… 106

オランダ …… 110

フランス …… 114

イギリス …… 118

アイルランド …… 122

スペイン …… 124

ポルトガル …… 128

【ヨーロッパ その他《ほか》の国《くに》】

エストニア／ラトビア／リトアニア …… 130

ベラルーシ／ウクライナ／モルドバ／ルーマニア／ブルガリア／マケドニア／アルバニア／コソボ／モンテネグロ …… 131

セルビア／ボスニア・ヘルツェゴビナ／クロアチア／ハンガリー／スロバキア／チェコ …… 132

スロベニア／リヒテンシュタイン／モナコ／マルタ／サンマリノ／バチカン …… 133

ベルギー／アンドラ／ルクセンブルク／アイスランド …… 134

●ヨーロッパ おさらいクイズ …… 135

アフリカ

マンガ　たくさんの民族《みんぞく》が暮《く》らすアフリカの国々《くにぐに》……136
地図《ちず》　アフリカの国々《くにぐに》……138
エジプト……140
チュニジア……144
アルジェリア……146
モロッコ……148
スーダン……150
エチオピア……152
ナイジェリア……154
ガーナ……156
ケニア……158
タンザニア……160
マダガスカル……162
南《みなみ》アフリカ共和国《きょうわこく》……164
【アフリカ　その他《ほか》の国《くに》】
リビア／モーリタニア／マリ／
ニジェール／セネガル／
ガンビア／ギニアビサウ／
ギニア……166
シエラレオネ／リベリア／
コートジボワール／
ブルキナファソ／トーゴ／
カーボベルデ／ベナン……167
チャド／中央《ちゅうおう》アフリカ／
カメルーン……168
赤道《せきどう》ギニア／コンゴ共和国《きょうわこく》／
コンゴ民主共和国《みんしゅきょうわこく》／ガボン／
サントメ・プリンシペ……169
エリトリア／ジブチ／ソマリア／
南《みなみ》スーダン……170
ウガンダ／ルワンダ／ブルンジ／
アンゴラ／ザンビア／マラウイ／
モザンビーク／ジンバブエ／
ボツワナ……171
ナミビア／エスワティニ／
レソト／セーシェル／コモロ／
モーリシャス……172
●アフリカ　おさらいクイズ……173

南北《なんぼく》アメリカ

マンガ　文化《ぶんか》が入《い》り混《ま》じる南北《なんぼく》アメリカの国々《くにぐに》……174
地図《ちず》　南北《なんぼく》アメリカの国々《くにぐに》……176
アメリカ合衆国《がっしゅうこく》……178
カナダ……182
メキシコ……186
キューバ……190
ジャマイカ……192
コロンビア……194
ペルー……196
ブラジル……200
パラグアイ……204
ウルグアイ……206
アルゼンチン……208
チリ……212
【南北《なんぼく》アメリカ　その他《ほか》の国《くに》】
ベリーズ／グアテマラ／
ホンジュラス／エルサルバドル／
ニカラグア／コスタリカ／
バハマ／ハイチ……216
パナマ／ドミニカ共和国《きょうわこく》／
セントクリストファー・ネービス／
アンティグア・バーブーダ／
ドミニカ国《こく》／セントルシア……217
セントビンセントおよびグレナディーン諸島《しょとう》／バルバドス／
グレナダ／
トリニダード・トバゴ／
ベネズエラ／ガイアナ／
スリナム／エクアドル／
ボリビア……218
●南北《なんぼく》アメリカ　おさらいクイズ……219

オセアニア

マンガ　自然《しぜん》と調和《ちょうわ》して暮《く》らすオセアニアの国々《くにぐに》……220
地図《ちず》　オセアニアの国々《くにぐに》……222
パプアニューギニア……224
オーストラリア……226
ニュージーランド……230
【オセアニア　その他《ほか》の国《くに》】
ミクロネシア／パラオ／
マーシャル諸島《しょとう》／キリバス／
ナウル／ソロモン諸島《しょとう》／
バヌアツ……234
サモア／フィジー／ツバル／
クック諸島《しょとう》／ニウエ／トンガ……235
●オセアニア　おさらいクイズ……236
●おさらいクイズ答《こた》え……237
マンガ　世界《せかい》をもっと見《み》てみよう！……238

この本《ほん》の使《つか》い方《かた》

この本《ほん》では、日本《にほん》が国家《こっか》としてみとめている195か国《こく》と、北朝鮮《きたちょうせん》、日本《にほん》を加《くわ》えた197の国《くに》について、アジア、ヨーロッパ、アフリカ、南北《なんぼく》アメリカ、オセアニアの５つの地域《ちいき》に分《わ》けて紹介《しょうかい》しています。

国《くに》の特色《とくしょく》をテーマにしたマンガです。

国名《こくめい》とその正式名称《せいしきめいしょう》、首《しゅ》都《と》が記《しる》してあります。

地図上《ちずじょう》のどこの位置《いち》にあるかを示《しめ》しています。

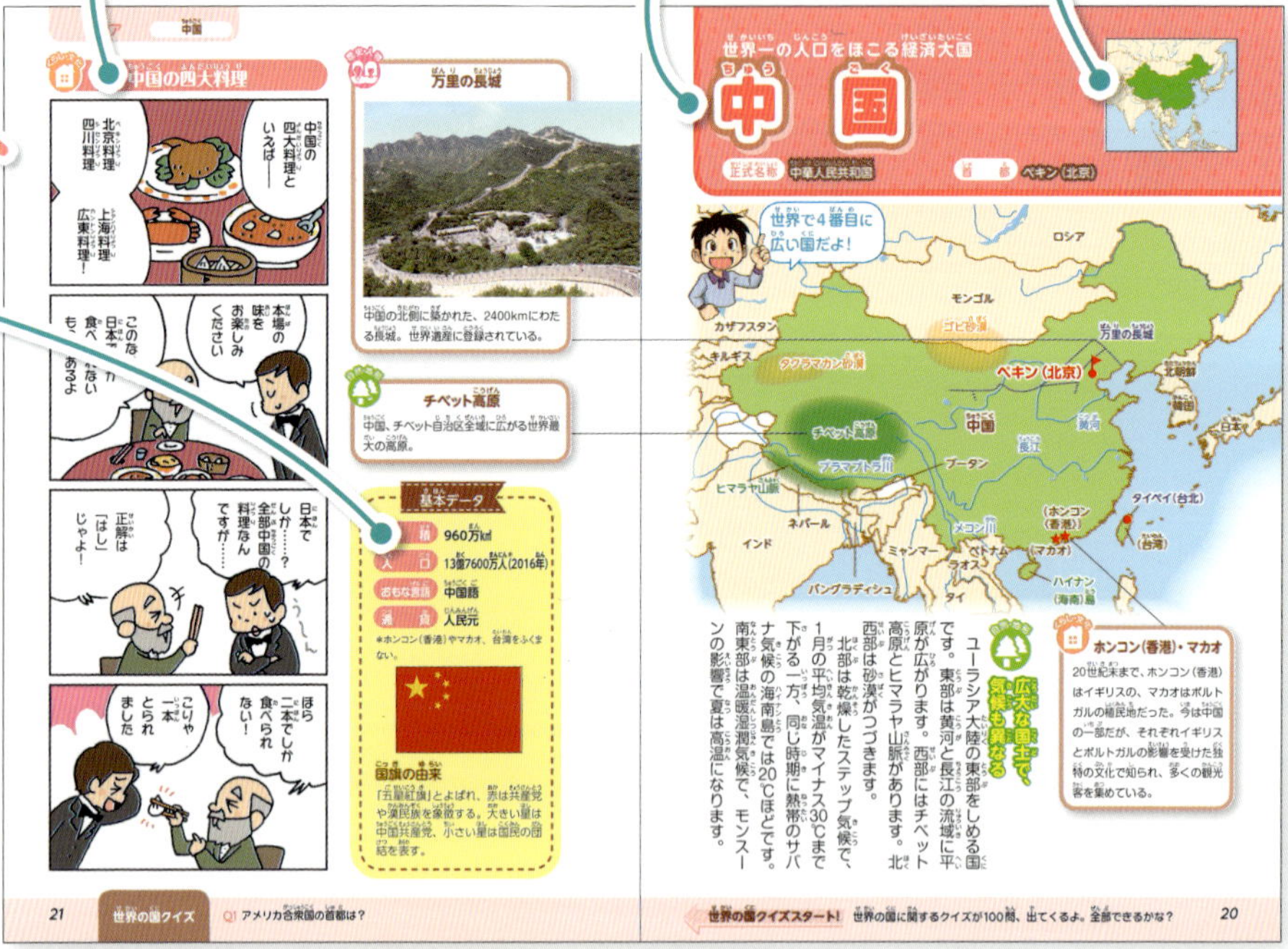

世界一の人口をほこる経済大国
中《ちゅう》国《ごく》
正式名称 中華人民共和国
首都 ペキン（北京）
世界で４番目に広い国だよ！
ロシア
モンゴル
カザフスタン
キルギス
ゴビ砂漠
タクラマカン砂漠
万里の長城
ペキン（北京）
北朝鮮
韓国
日本
中国
黄河
長江
チベット高原
ブラマプトラ川
ブータン
ヒマラヤ山脈
ネパール
インド
メコン川
ミャンマー
ベトナム
ラオス
タイ
バングラディシュ
ホンコン（香港）
マカオ
タイペイ（台北）
台湾
ハイナン（海南）島
広大な国土で、気候も異なる
ユーラシア大陸の東部をしめる国です。東部は黄河と長江の流域に平原が広がります。西部にはチベット高原とヒマラヤ山脈があります。北西部は砂漠がつづきます。
北部は乾燥したステップ気候で、1月の平均気温がマイナス30℃まで下がる一方、同じ時期に熱帯のサバナ気候の海南島では20℃ほどです。南東部は温暖湿潤気候で、モンスーンの影響で夏は高温になります。
ホンコン（香港）・マカオ
20世紀末まで、ホンコン（香港）はイギリスの、マカオはポルトガルの植民地だった。今は中国の一部だが、それぞれイギリスとポルトガルの影響を受けた独特の文化で知られ、多くの観光客を集めている。
世界の国クイズスタート！ 世界の国に関するクイズが100問、出てくるよ。全部できるかな？
20
中国
中国の四大料理
中国の四大料理といえば――
北京料理 四川料理
上海料理 広東料理！
本場の味をお楽しみください
このな日本で食べもあるよ
日本でしか……？全部中国の料理なんですが……
正解は「はし」じゃよ！
うーん
ほら二本でしか食べられない！
こりゃ一本とられました
万里の長城
中国の北側に築かれた、2400kmにわたる長城。世界遺産に登録されている。
チベット高原
中国、チベット自治区全域に広がる世界最大の高原。
基本データ
面積 960万㎢
人口 13億7600万人(2016年)
おもな言語 中国語
通貨 人民元
＊ホンコン（香港）やマカオ、台湾をふくまない。
国旗の由来
「五星紅旗」とよばれ、赤は共産党や漢民族を象徴する。大きい星は中国共産党、小さい星は国民の団結を表す。
21
世界の国クイズ
Q1 アメリカ合衆国の首都は？

４ページまたは２ページで、65の国《くに》を紹介《しょうかい》しています。その他《ほか》の国《くに》は、基本《きほん》データと国旗《こっき》を掲載《けいさい》しています。

アイコン一覧《いちらん》

自然・地形　その国《くに》の自然《しぜん》、地形《ちけい》、気候《きこう》についての説明《せつめい》です。

歴史・人物　その国《くに》の歴史《れきし》や歴史上《れきしじょう》の人物《じんぶつ》についての説明《せつめい》です。

産業　その国《くに》を支《ささ》える農業《のうぎょう》や工業《こうぎょう》などの産業《さんぎょう》についての説明《せつめい》です。

くらし・文化　民族《みんぞく》や宗教《しゅうきょう》、言語《げんご》のほか食文化《しょくぶんか》についても説明《せつめい》しています。

凡例《はんれい》

- …首都所在地《しゅとしょざいち》
- ●…都市《とし》など
- ★…観光地《かんこうち》、遺跡《いせき》など
- ▲…山《やま》
- ―…河川《かせん》

巻頭《かんとう》には
世界《せかい》のいろいろなランキング、
各章《かくしょう》の終《お》わりには
「おさらいクイズ」がのっています。
楽《たの》しみながら、覚《おぼ》えられます。

次《つぎ》のページ

国《くに》の面積《めんせき》や人口《じんこう》、国旗《こっき》などの基本《きほん》データです。

※国連人口統計年鑑（2016年）および外務省HP（2018年5月現在）のデータをもとにしています。

国《くに》についてのおもしろい情報《じょうほう》をコラムにしています。

世界《せかい》の国《くに》に関《かん》するクイズです。全部《ぜんぶ》で100問《もん》あります。

前《まえ》のページのクイズの答《こた》えです。

知《し》っておこう

資本主義《しほんしゅぎ》と社会主義《しゃかいしゅぎ》って？

どちらも経済《けいざい》のしくみを示《しめ》す言葉《ことば》です。生産《せいさん》のための土地《とち》や資金《しきん》など（資本《しほん》）を、個人《こじん》が自由《じゆう》にもつことができるしくみを資本主義《しほんしゅぎ》といいます。社会主義《しゃかいしゅぎ》は、貧富《ひんぷ》の差《さ》や社会的《しゃかいてき》な不平等《ふびょうどう》が生《う》まれないよう、資本《しほん》を国有《こくゆう》にして計画的《けいかくてき》に生産《せいさん》するしくみです。

共和国《きょうわこく》って？

君主《くんしゅ》がおらず、国民《こくみん》が投票《とうひょう》などで選《えら》んだリーダーが政治《せいじ》を行《おこな》う国《くに》です。一方《いっぽう》、君主《くんしゅ》がいる国《くに》には、君主《くんしゅ》がリーダーとして政治《せいじ》を行《おこな》う国《くに》（王国《おうこく》）と、憲法《けんぽう》にもとづいて君主《くんしゅ》の役割《やくわり》が制限《せいげん》され、君主以外《くんしゅいがい》の国《くに》の代表者《だいひょうしゃ》が政治《せいじ》を行《おこな》う国《くに》（立憲君主国《りっけんくんしゅこく》）があります。

国《くに》って、どんなもの？

世界の国フェスティバル
わあ、国旗《こっき》がいっぱい！国《くに》って、たくさんあるのね
レン
リカ
世界《せかい》には190を超《こ》える国《くに》があるんだって！
190も!?
このなかで知《し》ってる国《くに》っていくつある？
世界《せかい》の国《くに》
えっと……10くらいかな……
そもそも国《くに》って何《なに》かしら？
うーん……考《かん》えたことなかったな
ええっと……
国《くに》としてみとめられるには……
パラ
パンフレット

①自分《じぶん》たちの土地《とち》があること
②その土地《とち》に国民《こくみん》が住《す》んでいること
③自分《じぶん》たちのことは自分《じぶん》たちで決《き》めること、の3つが必要《ひつよう》なんだって！
ふうん。そうした国《くに》が190以上《いじょう》もあるってことなのね……
日本《にほん》は海《うみ》に囲《かこ》まれているから、外国《がいこく》に行《い》くには飛行機《ひこうき》か船《ふね》ってイメージだけど……
道《みち》を1本《ぽん》はさんで向《む》こうは外国《がいこく》って国《くに》も多《おお》いんだよね
そっか、そう考《かんが》えるとおもしろーい！
よし、ぼくらも一歩《いっぽ》ふみ出《だ》して世界《せかい》の国《くに》のことを見《み》てみよう！
うん！
WELCOME

世界地図《せかいちず》を見《み》てみよう

世界地図《せかいちず》を見《み》わたして、世界《せかい》がどのような地域《ちいき》に分《わ》けられているのか、どのような大陸《たいりく》や海《うみ》があるかを見《み》てみよう。

本初子午線《ほんしょしごせん》（経度《けいど》0°）
地球上《ちきゅうじょう》で経度《けいど》をはかるときの基準《きじゅん》となる。

ミラー図法《ずほう》
南極《なんきょく》・北極地方《ほっきょくちほう》が入《はい》るように表現《ひょうげん》された地図《ちず》で、地図《ちず》の上《うえ》が北《きた》、下《した》が南《みなみ》となる。

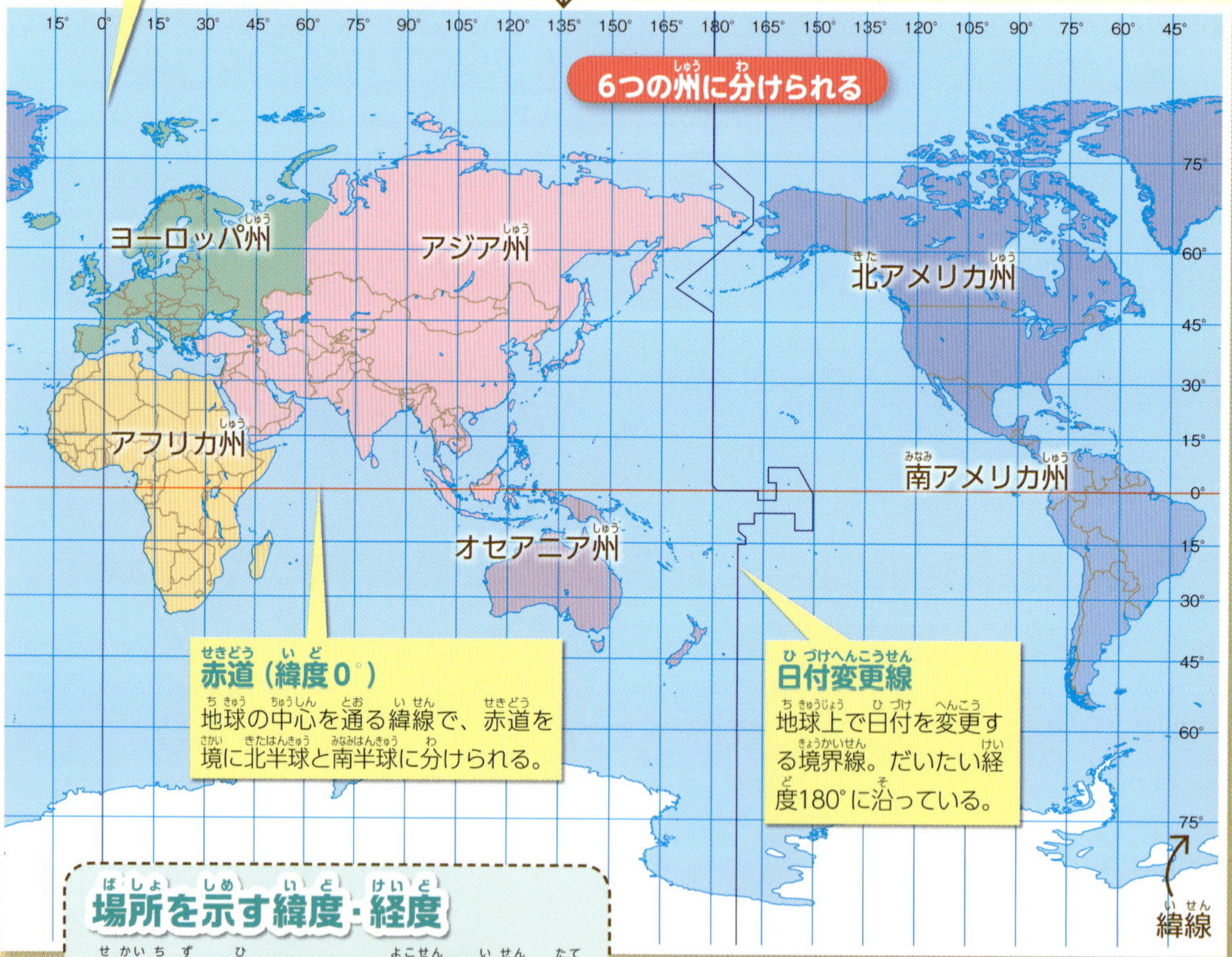
経線《けいせん》
15° 0° 15° 30° 45° 60° 75° 90° 105° 120° 135° 150° 165° 180° 165° 150° 135° 120° 105° 90° 75° 60° 45°
75° 60° 45° 30° 15° 0° 15° 30° 45° 60° 75°
6つの州《しゅう》に分《わ》けられる
ヨーロッパ州《しゅう》
アジア州《しゅう》
北《きた》アメリカ州《しゅう》
アフリカ州《しゅう》
南《みなみ》アメリカ州《しゅう》
オセアニア州《しゅう》
緯線《いせん》

赤道《せきどう》（緯度《いど》0°）
地球《ちきゅう》の中心《ちゅうしん》を通《とお》る緯線《いせん》で、赤道《せきどう》を境《さかい》に北半球《きたはんきゅう》と南半球《みなみはんきゅう》に分《わ》けられる。

日付変更線《ひづけへんこうせん》
地球上《ちきゅうじょう》で日付《ひづけ》を変更《へんこう》する境界線《きょうかいせん》。だいたい経度《けいど》180°に沿《そ》っている。

場所《ばしょ》を示《しめ》す緯度《いど》・経度《けいど》

世界地図《せかいちず》に引《ひ》かれている横線《よこせん》を緯線《いせん》、縦《たて》線《せん》を経線《けいせん》という。緯線《いせん》は赤道《せきどう》に平行《へいこう》に引《ひ》かれていて、赤道《せきどう》から南北《なんぼく》にどれだけはなれているかを表《あらわ》した数値《すうち》を「緯度《いど》」という。経線《けいせん》は北《きた》と南《みなみ》を結《むす》ぶように引《ひ》かれていて、本初子午線《ほんしょしごせん》から東西《とうざい》にどれだけはなれているかを表《あらわ》した数値《すうち》を「経度《けいど》」という。緯度《いど》と経度《けいど》を用《もち》いることで、地球上《ちきゅうじょう》のあらゆる場所《ばしょ》を示《しめ》すことができる。

6つの大陸《たいりく》からなる
ユーラシア大陸《たいりく》
北《きた》アメリカ大陸《たいりく》
アフリカ大陸《たいりく》
南《みなみ》アメリカ大陸《たいりく》
オーストラリア大陸《たいりく》
南極大陸《なんきょくたいりく》

陸《りく》と海《うみ》の面積《めんせき》

地球《ちきゅう》の表面積《ひょうめんせき》の約《やく》7割《わり》が海《うみ》で、残《のこ》りの3割《わり》が陸《りく》となっている。

ランベルト正積方位図法《せいせきほういずほう》

海《うみ》や陸《りく》の表面積《ひょうめんせき》が正《ただ》しく表現《ひょうげん》された地図《ちず》。下《した》は北極点《ほっきょくてん》を中心《ちゅうしん》としたもの。

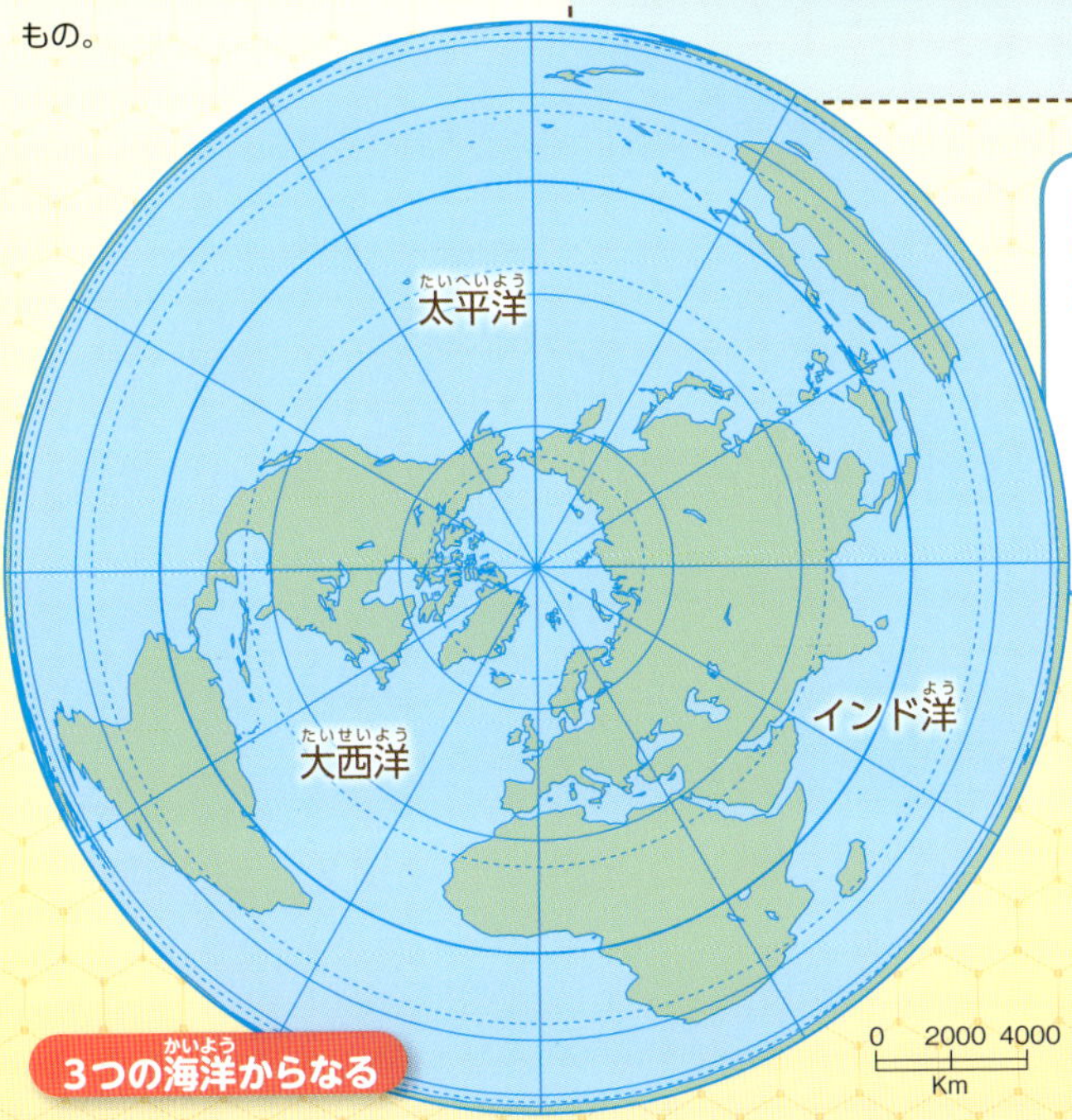

3つの海洋《かいよう》からなる

世界《せかい》の気候《きこう》

世界各地《せかいかくち》の気候《きこう》は、次《つぎ》のように分《わ》けることができる。

気候帯	気候	特徴
熱帯《ねったい》	熱帯雨林気候《ねったいうりんきこう》	1年中《ねんじゅう》暑《あつ》くて雨《あめ》が多《おお》い。
	サバナ気候《きこう》	雨《あめ》の多《おお》い雨季《うき》と乾燥《かんそう》している乾季《かんき》がある。
乾燥帯《かんそうたい》	ステップ気候《きこう》	雨《あめ》が少《すこ》し降《ふ》り、草原《そうげん》が広《ひろ》がる。
	砂漠気候《さばくきこう》	雨《あめ》がとても少《すく》なく、砂《すな》や岩《いわ》の砂漠《さばく》が広《ひろ》がる。
温帯《おんたい》	地中海性気候《ちちゅうかいせいきこう》	夏《なつ》に雨《あめ》が少《すく》なく、冬《ふゆ》に雨《あめ》が多《おお》い。
	温暖湿潤気候《おんだんしつじゅんきこう》	夏《なつ》と冬《ふゆ》の気温差《きおんさ》があり、1年《ねん》を通《とお》して降水量《こうすいりょう》が多《おお》い。
	西岸海洋性気候《せいがんかいようせいきこう》	夏《なつ》と冬《ふゆ》の気温差《きおんさ》や季節《きせつ》による降水量《こうすいりょう》の差《さ》が小《ちい》さい。
冷帯《れいたい》	冷帯気候《れいたいきこう》	夏《なつ》と冬《ふゆ》の気温差《きおんさ》が大《おお》きく、夏《なつ》が短《みじか》く、冬《ふゆ》の寒《さむ》さは厳《きび》しい。
寒帯《かんたい》	ツンドラ気候《きこう》	1年中《ねんじゅう》厳《きび》しい寒《さむ》さで、夏《なつ》にわずかに気温《きおん》が上《あ》がる。
	氷雪気候《ひょうせつきこう》	1年中《ねんじゅう》雪《ゆき》と氷《こおり》におおわれる。
高山《こうざん》	高山気候《こうざんきこう》	年間《ねんかん》の気温《きおん》の変化《へんか》は小《ちい》さいが、1日《にち》の昼《ひる》と夜《よる》の気温差《きおんさ》が大《おお》きい。

世界《せかい》の自然《しぜん》
なんでもランキング

気候《きこう》

平均気温《へいきんきおん》が高《たか》い都市《とし》

1位《い》 ハルツーム（スーダン）
30.3℃

2位《い》 ジブチ（ジブチ）
29.7℃

3位《い》 ニアメ（ニジェール）
29.6℃

『理科年表　平成30年』（丸善出版）

赤道《せきどう》に近《ちか》いほど、気温《きおん》が高《たか》くなるんだね

平均気温《へいきんきおん》が低《ひく》い都市《とし》

1位《い》 ユーリカ（カナダ）
マイナス18.8℃

2位《い》 オイミャコン（ロシア）
マイナス15.5℃

3位《い》 バロー（アメリカ合衆国《がっしゅうこく》）
マイナス11.2℃

『理科年表　平成30年』（丸善出版）

ユーリカは、カナダのエルズミーア島《とう》にあるんだって

※1981～2010年《ねん》の平均気温《へいきんきおん》。ただし、ハルツームは1983～2010年《ねん》、ジブチは1981～1999年《ねん》の平均気温《へいきんきおん》。

地形《ちけい》

高《たか》い山《やま》

1位《い》 エベレスト山《さん》 8848m
（アジア／中国《ちゅうごく》・ネパール）

2位《い》 K2《ケーツー》 8611m
（アジア／中国《ちゅうごく》・パキスタン）

3位《い》 カンチェンジュンガ山《さん》 8586m
（アジア／インド・ネパール）

『理科年表　平成30年』（丸善出版）

長《なが》い川《かわ》

1位《い》 ナイル川《がわ》 6695km
（アフリカ）

2位《い》 アマゾン川《がわ》 6516km
（南《みなみ》アメリカ）

3位《い》 長江《ちょうこう》 6380km
（アジア／中国《ちゅうごく》）

『理科年表　平成30年』（丸善出版）

大《おお》きい湖《みずうみ》

1位《い》 カスピ海《かい》 37万《まん》4千《せん》km²
（アジア）

2位《い》 スペリオル湖《こ》 8万《まん》2千《せん》km²
（北《きた》アメリカ）

3位《い》 ビクトリア湖《こ》 6万《まん》9千《せん》km²
（アフリカ）

『理科年表　平成30年』（丸善出版）

大《おお》きい島《しま》

1位《い》 グリーンランド 217万《まん》6千《せん》km²
（デンマーク）

2位《い》 ニューギニア島《とう》 80万《まん》9千《せん》km²
（インドネシア・パプアニューギニア）

3位《い》 カリマンタン島《とう》（ボルネオ） 74万《まん》6千《せん》km²
（インドネシア・マレーシア・ブルネイ）

『理科年表　平成30年』（丸善出版）

世《せ》界《かい》の国《くに》
なんでもランキング

面積《めんせき》が大《おお》きい

1位《い》 ロシア（1710万《まん》㎢）

2位《い》 カナダ（998万《まん》㎢）

3位《い》 アメリカ合衆国《がっしゅうこく》（983万《まん》㎢）

面積《めんせき》が小《ちい》さい

1位《い》 バチカン（0・44㎢）

2位《い》 モナコ（2㎢）

3位《い》 ナウル（21㎢）

人口《じんこう》が多《おお》い

1位《い》 中国《ちゅうごく》（13億《おく》7600万人《まんにん》）2016年《ねん》

2位《い》 インド（12億《おく》1057万人《まんにん》）2011年《ねん》

3位《い》 アメリカ合衆国《がっしゅうこく》（3億《おく》875万人《まんにん》）2010年《ねん》

人口《じんこう》が少《すく》ない

1位《い》 バチカン（809人《にん》）2016年《ねん》

2位《い》 ニウエ（1500人《にん》）2013年《ねん》

3位《い》 ツバル（1万《まん》1千人《せんにん》）2016年《ねん》

バチカンには、カトリックの聖職者《せいしょくしゃ》と兵士《へいし》が住《す》んでいるよ

農業《のうぎょう》

米《こめ》の生産量《せいさんりょう》

1位《い》 中国《ちゅうごく》（2億《おく》1109万《まん》トン）

2位《い》 インド（1億《おく》5876万《まん》トン）

3位《い》 インドネシア（7730万《まん》トン）

（2016年）FAOSTAT

小麦《こむぎ》の生産量《せいさんりょう》

1位《い》 中国《ちゅうごく》（1億《おく》3170万《まん》トン）

2位《い》 インド（9350万《まん》トン）

3位《い》 ロシア（7329万《まん》トン）

（2016年）FAOSTAT

日本《にほん》の米《こめ》の生産量《せいさんりょう》は、13位《い》だよ

工業《こうぎょう》

産業用《さんぎょうよう》ロボット稼働台数《かどうだいすう》

1位《い》 日本《にほん》（28万《まん》6554台《だい》）

2位《い》 中国《ちゅうごく》（25万《まん》6463台《だい》）

3位《い》 アメリカ合衆国《がっしゅうこく》（23万《まん》4245台《だい》）

（2015年）日本ロボット工業会

乗用車生産台数《じょうようしゃせいさんだいすう》

1位《い》 中国《ちゅうごく》（2481万《まんだい》台）

2位《い》 日本《にほん》（835万《まん》台《だい》）

3位《い》 ドイツ（565万《まん》台《だい》）

（2017年）OICA

バスなども加《くわ》えてランキングにすると、アメリカ合衆国《がっしゅうこく》が2位《い》になるよ

文化《ぶんか》

未来《みらい》に残《のこ》すべき、大切《たいせつ》な文化財《ぶんかざい》や自然《しぜん》が、世界遺産《せかいいさん》に選《えら》ばれるよ

世界遺産《せかいいさん》の数《かず》

1位《い》 イタリア（53）
2位《い》 中国《ちゅうごく》（52）
3位《い》 スペイン（46）

（2017年）UNESCO World Heritage List

宗教人口《しゅうきょうじんこう》

1位《い》 キリスト教《きょう》（24億《おく》1千《せん》3百万人《びゃくまんにん》）
2位《い》 イスラム教《きょう》（17億百万人《おくひゃくまんにん》）
3位《い》 ヒンドゥー教《きょう》（9億《おく》8千《せん》5百万人《ひゃくまんにん》）

（2015年）『2018 データブック』（二宮書店）

言語人口《げんごじんこう》

1位《い》 中国語《ちゅうごくご》（13億《おく》2百万人《ひゃくまんにん》）
2位《い》 スペイン語《ご》（4億《おく》2千《せん》7百万人《ひゃくまんにん》）
3位《い》 英語《えいご》（3億《おく》3千《ぜん》9百万人《ひゃくまんにん》）

※第1言語《だいげんご》のみ。
（2016年）『2018 データブック』（二宮書店）

美術館《びじゅつかん》・博物館《はくぶつかん》の年間入場者数《ねんかんにゅうじょうしゃすう》

1位《い》 ルーブル美術館《びじゅつかん》（740万人《まんにん》／フランス）
2位《い》 メトロポリタン美術館《びじゅつかん》（701万人《まんにん》／アメリカ合衆国《がっしゅうこく》）
3位《い》 大英博物館《だいえいはくぶつかん》（642万人《まんにん》／イギリス）

（2016年）THE ART NEWSPAPER

ルーブル美術館《びじゅつかん》には、1日《にち》に平均《へいきん》2万人《まんにん》以上《いじょう》の人《ひと》がおとずれるんだね

日本《にほん》と世界《せかい》の国《くに》

日本《にほん》の年間《ねんかん》輸入額《ゆにゅうがく》

1位《い》　中国《ちゅうごく》（21兆《ちょう》5142億円《おくえん》）

2位《い》　アメリカ合衆国《がっしゅうこく》（8兆《ちょう》9903億円《おくえん》）

3位《い》　オーストラリア（4兆《ちょう》3650億円《おくえん》）

（2017年）税関　貿易統計

日本《にほん》の年間《ねんかん》輸出額《ゆしゅつがく》

1位《い》　中国《ちゅうごく》（23兆《ちょう》4697億円《おくえん》）

2位《い》　アメリカ合衆国《がっしゅうこく》（15兆《ちょう》1135億円《おくえん》）

3位《い》　韓国《かんこく》（5兆《ちょう》9752億円《おくえん》）

（2017年）税関　貿易統計

日本人《にほんじん》がおとずれた国《くに》

1位《い》　中国《ちゅうごく》（531万人《まんにん》）

2位《い》　アメリカ合衆国《がっしゅうこく》（358万人《まんにん》）

3位《い》　韓国《かんこく》（230万人《まんにん》）

（2017年）JNTO

日本《にほん》に住《す》んでいる外国人《がいこくじん》

1位《い》　中国人《ちゅうごくじん》（76万《まん》5844人《にん》）

2位《い》　韓国人《かんこくじん》（45万《まん》2953人《にん》）

3位《い》　フィリピン人《じん》（25万《まん》1934人《にん》）

（2017年）法務省　在留外国人統計

日本《にほん》は、とくにアジアの国《くに》やアメリカ合衆国《がっしゅうこく》と、深《ふか》いかかわりがあるね

経済発展《けいざいはってん》がめざましいアジアの国々《くにぐに》

日本《にほん》はアジアの東《ひがし》のほうにあるね
日本《にほん》
アジアには長《なが》い歴史《れきし》のある地域《ちいき》が多《おお》いよ
インダス文明《ぶんめい》
そうなの？すごいわね！
四大古代文明《よんだいこだいぶんめい》のうちの３つがアジアで生《う》まれているからね
中国文明《ちゅうごくぶんめい》
やるなあ、アジア！
メソポタミア文明《ぶんめい》
さらに！世界三大宗教《せかいさんだいしゅうきょう》もアジアで生《う》まれたんだよ！
アジアの国々《くにぐに》は、経済発展《けいざいはってん》がめざましく、今《いま》の世界《せかい》にあたえている影響《えいきょう》もすごく大《おお》きいんだ
イスラム教《きょう》
仏教《ぶっきょう》
キリスト教《きょう》
ひとくちにアジアといっても、気候《きこう》も文化《ぶんか》もさまざまだ。さあ、じっくり見《み》ていってね！
おいしい料理《りょうり》もあるよ

アジアの国々《くにぐに》

モンゴル
P.24
北朝鮮《きたちょうせん》
P.32
中国《ちゅうごく》
P.20
韓国《かんこく》
P.28
日本《にほん》
P.26
ブータン
P.72
バングラデシュ
P.72
30°
ミャンマー
P.72
（マカオ）
（台湾《たいわん》）
（ホンコン〈香港〉）
ラオス
P.72
タイ
P.38
フィリピン
P.46
ベトナム
P.34
カンボジア
P.36
ブルネイ
P.73
東《ひがし》ティモール
P.73
インドネシア
P.48
0°
マレーシア
P.42
シンガポール
P.44
90°
120°

世界《せかい》の人口《じんこう》の
約《やく》6割《わり》が住《す》んでいるよ
(2017年《ねん》)
ジョージア P.75
キプロス P.74
アゼルバイジャン P.75
カザフスタン P.74
アルメニア P.75
ウズベキスタン P.74
キルギス P.74
トルクメニスタン P.74
タジキスタン P.74
トルコ P.66
シリア P.74
レバノン P.74
イラク P.60
イラン P.58
アフガニスタン P.56
クウェート P.75
パキスタン P.54
イスラエル P.70
サウジアラビア P.64
オマーン P.76
インド P.50
ヨルダン P.74
イエメン P.76
アラブ首長国連邦《しゅちょうこくれんぽう》 P.62
カタール P.76
日本《にほん》と比《くら》べると、
面積《めんせき》の広《ひろ》い国《くに》が
たくさんあるね
スリランカ P.73
バーレーン P.76
モルディブ P.73
ネパール P.72
60°

世界一《せかいいち》の人口《じんこう》をほこる経済大国《けいざいたいこく》

中《ちゅう》国《ごく》

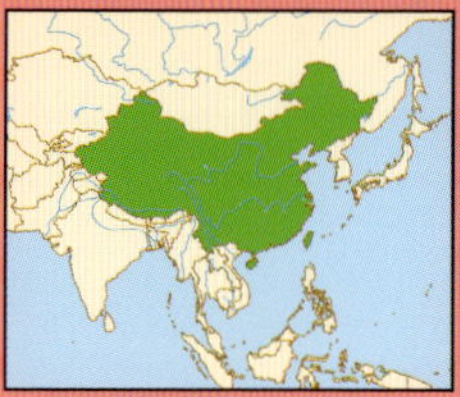

正式名称《せいしきめいしょう》 中華人民共和国《ちゅうかじんみんきょうわこく》

首《しゅ》都《と》 ペキン(北京)

自然・地形 広大《こうだい》な国土《こくど》で、気候《きこう》も異《こと》なる

ユーラシア大陸《たいりく》の東部《とうぶ》をしめる国《くに》です。東部《とうぶ》は黄河《こうが》と長江《ちょうこう》の流域《りゅういき》に平《へい》原《げん》が広《ひろ》がります。西部《せいぶ》にはチベット高原《こうげん》とヒマラヤ山脈《さんみゃく》があります。北《ほく》西部《せいぶ》は砂漠《さばく》がつづきます。

北部《ほくぶ》は乾燥《かんそう》したステップ気候《きこう》で、1月《がつ》の平均気温《へいきんきおん》がマイナス30℃まで下《さ》がる一方《いっぽう》、同《おな》じ時期《じき》に熱帯《ねったい》のサバナ気候《きこう》の海南島《ハイナンとう》では20℃ほどです。南東部《なんとうぶ》は温暖湿潤気候《おんだんしつじゅんきこう》で、モンスーンの影響《えいきょう》で夏《なつ》は高温《こうおん》になります。

くらし・文化 ホンコン(香港)・マカオ

20世紀末《せいきまつ》まで、ホンコン(香港)はイギリスの、マカオはポルトガルの植民地《しょくみんち》だった。今《いま》は中国《ちゅうごく》の一部《いちぶ》だが、それぞれイギリスとポルトガルの影響《えいきょう》を受《う》けた独《どく》特《とく》の文化《ぶんか》で知《し》られ、多《おお》くの観光《かんこう》客《きゃく》を集《あつ》めている。

くらし・文化 中国《ちゅうごく》の四大料理《よんだいりょうり》

歴史・人物 万里《ばんり》の長城《ちょうじょう》

中国《ちゅうごく》の北側《きたがわ》に築《きず》かれた、2400kmにわたる長城《ちょうじょう》。世界遺産《せかいいさん》に登録《とうろく》されている。

自然・地形 チベット高原《こうげん》

中国《ちゅうごく》、チベット自治区全域《じちくぜんいき》に広《ひろ》がる世界最大《せかいさいだい》の高原《こうげん》。

基本《きほん》データ

面積《めんせき》	960万《まん》km²
人口《じんこう》	13億《おく》7600万人《まんにん》*(2016年《ねん》)
おもな言語《げんご》	中国語《ちゅうごくご》
通貨《つうか》	人民元《じんみんげん》

*ホンコン(香港)やマカオ、台湾《たいわん》をふくまない。

国旗《こっき》の由来《ゆらい》

「五星紅旗《ごせいこうき》」とよばれ、赤《あか》は共産党《きょうさんとう》や漢民族《かんみんぞく》を象徴《しょうちょう》する。大《おお》きい星《ほし》は中国共産党《ちゅうごくきょうさんとう》、小《ちい》さい星《ほし》は国民《こくみん》の団結《だんけつ》を表《あらわ》す。

世界《せかい》の国《くに》クイズ Q1 アメリカ合衆国《がっしゅうこく》の首都《しゅと》は？

歴史・人物

戦乱《せんらん》を乗《の》り越《こ》えて高度成長《こうどせいちょう》へ

紀元前《きげんぜん》6000年《ねん》ごろから、黄河《こうが》流域《りゅういき》で中国文明《ちゅうごくぶんめい》がおこり、その後《ご》、多《おお》くの王朝《おうちょう》が栄《さか》えました。

19世紀《せいき》ごろから、最後《さいご》の王朝《おうちょう》である清《しん》の国力《こくりょく》が弱《よわ》まります。ヨーロッパや日本《にほん》などによる侵略《しんりゃく》がつづき、1894年《ねん》の日清戦争《にっしんせんそう》に敗《やぶ》れます。

1937年《ねん》から1945年《ねん》には、日中戦争《にっちゅうせんそう》が起《お》こります。戦後《せんご》は内戦《ないせん》となり、勝利《しょうり》した共産党《きょうさんとう》によって1949年《ねん》に中華人民共和国《ちゅうかじんみんきょうわこく》が建国《けんこく》されました。

21世紀《せいき》に入《はい》ると、経済成長《けいざいせいちょう》をとげ、急速《きゅうそく》に発展《はってん》しました。

1960年代《ねんだい》には文化大革命《ぶんかだいかくめい》という権力闘争《けんりょくとうそう》が起《お》こったよ

産業

米《こめ》、小麦《こむぎ》などを生産《せいさん》

中国《ちゅうごく》では、古《ふる》くから黄河《こうが》と長江流域《ちょうこうりゅういき》の平野部《へいやぶ》で農業《のうぎょう》が行《おこな》われてきました。近年《きんねん》、農業生産《のうぎょうせいさん》に力《ちから》を入《い》れ、農産物《のうさんぶつ》では、米《こめ》、小麦《こむぎ》などが世界一《せかいいち》の生産量《せいさんりょう》（2016年《ねん》）となっています。

産業

急成長《きゅうせいちょう》する「世界《せかい》の工場《こうじょう》」

1990年代後半《ねんだいこうはん》から「世界《せかい》の工場《こうじょう》」とよばれるほど、工業《こうぎょう》が発展《はってん》しました。製造業《せいぞうぎょう》がさかんで、パソコンや携帯電話《けいたいでんわ》、鉄鋼《てっこう》や繊維《せんい》などで世界有数《せかいゆうすう》の生産力《せいさんりょく》があり、2010年《ねん》にはGDP《ジーディーピー》（国内総生産《こくないそうせいさん》）で日本《にほん》を抜《ぬ》き、世界第《せかいだい》2位《い》の経済大国《けいざいたいこく》となりました。

大気汚染《たいきおせん》が問題《もんだい》になっているよ

くらし・文化

漢民族《かんみんぞく》が中心《ちゅうしん》の多民族国家《たみんぞくこっか》

漢民族《かんみんぞく》が人口《じんこう》の約《やく》92%をしめています。ほかにチベット族《ぞく》やウイグル族《ぞく》など、50以上《いじょう》の少数民族《しょうすうみんぞく》が住《す》んでいます。宗教《しゅうきょう》は、仏教《ぶっきょう》やイスラム教《きょう》、キリスト教《きょう》などの信者《しんじゃ》がいます。

共通語《きょうつうご》は中国語《ちゅうごくご》です。ペキン（北京）で話《はな》されている言葉《ことば》が標準《ひょうじゅん》になっていますが、地域《ちいき》によって広東《カントン》語《ご》や上海《シャンハイ》語《ご》など大《おお》きく異《こと》なります。イギリスの植民地《しょくみんち》だったホンコン（香港）では英語《えいご》、ポルトガルの植民地《しょくみんち》だったマカオではポルトガル語《ご》も使《つか》われています。

ホンコン（香港）の街角《まちかど》にある道標《どうひょう》。中国語《ちゅうごくご》と英語《えいご》で案内《あんない》が書《か》かれている。

地域《ちいき》ごとに特色《とくしょく》ある食文化《しょくぶんか》

くらし・文化

世界三大料理《せかいさんだいりょうり》の1つに数《かぞ》えられている中国料理《ちゅうごくりょうり》は、世界中《せかいじゅう》で食《た》べられています。野菜《やさい》や魚介類《ぎょかいるい》、肉《にく》などの食材《しょくざい》を、油《あぶら》を使《つか》って調理《ちょうり》します。

広大《こうだい》な中国《ちゅうごく》では、食文化《しょくぶんか》も多様《たよう》で地方色豊《ちほうしょくゆた》かです。料理《りょうり》は、北京料理《ペキンりょうり》、四川料理《シセンりょうり》、上海料理《シャンハイりょうり》、広東料理《カントンりょうり》の大《おお》きく4つに分《わ》けられます。

北方《ほっぽう》の北京料理《ペキンりょうり》は揚《あ》げ物《もの》や炒《いた》め物《もの》が多《おお》く、北京《ペキン》ダックなどが有名《ゆうめい》です。東部《とうぶ》の上海料理《シャンハイりょうり》は魚介類《ぎょかいるい》が多《おお》く、上海《シャンハイ》ガニを使《つか》った料理《りょうり》が知《し》られています。内陸部《ないりくぶ》の四川料理《シセンりょうり》は、とうがらしなどを使《つか》っていて、からいのが特徴《とくちょう》です。南方《なんぽう》の広東料理《カントンりょうり》は味《あじ》が淡白《たんぱく》で、海産物《かいさんぶつ》がよく使《つか》われます。

大皿料理《おおざらりょうり》を大勢《おおぜい》で食《た》べるね！

上海料理《シャンハイりょうり》の上海《シャンハイ》ガニの炒《いた》め物《もの》。

北京料理《ペキンりょうり》の北京《ペキン》ダック。

もっと知りたい

高《たか》い経済力《けいざいりょく》をもつ台湾《たいわん》

台湾《たいわん》は、中国大陸南東部《ちゅうごくたいりくなんとうぶ》に位置《いち》する島《しま》と、その周辺《しゅうへん》の小《ちい》さな島々《しまじま》からなっています。

15世紀《せいき》ごろから大陸《たいりく》から漢民族《かんみんぞく》が進出《しんしゅつ》し、16世紀《せいき》になるとヨーロッパの国々《くにぐに》が進出《しんしゅつ》してきます。1624年《ねん》には、オランダが支配《しはい》しました。

1895年《ねん》の日清戦争《にっしんせんそう》の敗戦《はいせん》により、台湾《たいわん》は日本《にほん》の植民地《しょくみんち》となります。アジア・太平洋戦争後《たいへいようせんそうご》、中国《ちゅうごく》に返還《へんかん》されますが、1949年《ねん》からは、内戦《ないせん》で共産党《きょうさんとう》に敗《やぶ》れた国民党《こくみんとう》が治《おさ》めるようになりました。

中国本土《ちゅうごくほんど》とは異《こと》なる資本主義《しほんしゅぎ》の体制《たいせい》をとっていて、1970年代《ねんだい》から工業化《こうぎょうか》が進《すす》み、近年《きんねん》はエレクトロニクス関連《かんれん》の産業《さんぎょう》がさかんです。

台北《タイペイ》にある超高層《ちょうこうそう》ビル、台北《タイペイ》101。台北《タイペイ》は台湾《たいわん》の経済《けいざい》・文化《ぶんか》の中心地《ちゅうしんち》である。

草原《そうげん》と遊牧民《ゆうぼくみん》の長《なが》い歴史《れきし》

モンゴル

正式名称《せいしきめいしょう》 モンゴル国《こく》

首《しゅ》都《と》 ウランバートル

基本《きほん》データ

面《めん》積《せき》 156万《まん》4116㎢

人《じん》口《こう》 317万《まん》9800人《にん》（2017年《ねん》）

おもな言語《げんご》 モンゴル語《ご》（公用語《こうようご》）、カザフ語《ご》

通《つう》貨《か》 トグログ

国旗《こっき》の由来《ゆらい》

赤《あか》は進歩《しんぽ》と繁栄《はんえい》、青《あお》は国民《こくみん》、黄色《きいろ》は友情《ゆうじょう》を表《あらわ》す。炎《ほのお》や太陽《たいよう》などを意味《いみ》する、伝統的《でんとうてき》な紋様《もんよう》がえがかれている。

ロシア
ウランバートル
モンゴル
ゴビ砂漠《さばく》
カザフスタン
中国《ちゅうごく》

自然・地形

草原《そうげん》におおわれる国土《こくど》

ユーラシア大陸《たいりく》（→P.8）の東部《とうぶ》にある国《くに》で、面積《めんせき》は日本《にほん》の4倍《ばい》です。国土《こくど》の大半《たいはん》が草原《そうげん》ですが、北部《ほくぶ》には針葉樹林《しんようじゅりん》があり、南部《なんぶ》にはゴビ砂漠《さばく》が広《ひろ》がります。

寒冷《かんれい》で乾燥《かんそう》した気候《きこう》で、首都《しゅと》ウランバートルの年間降水量《ねんかんこうすいりょう》は日本《にほん》の約《やく》7分《ぶん》の1しかありません。9月《がつ》から雪《ゆき》が降《ふ》り、1月《がつ》には平均気温《へいきんきおん》がマイナス20℃以下《いか》になります。

歴史・人物

アジアの大帝国《だいていこく》だった

数千年前《すうせんねんまえ》から、大草原《だいそうげん》に遊牧民《ゆうぼくみん》が暮《く》らす土地《とち》でした。13世紀《せいき》、チンギス・ハンがアジアの大部分《だいぶぶん》とロシアにまたがる広大《こうだい》なモンゴル帝国《ていこく》を築《きず》き、初代皇帝《しょだいこうてい》となりました。5代皇帝《だいこうてい》フビライ・ハンは、中国《ちゅうごく》を統一《とういつ》し、「元《げん》」という国《くに》をつくりました。しかし17世紀《せいき》からは、中国《ちゅうごく》でおこった清《しん》王朝《おうちょう》の支配下《しはいか》におかれます。

清《しん》がほろびると、1924年《ねん》、モンゴル人民共和国《じんみんきょうわこく》が成立《せいりつ》します。1946年《ねん》の独立後《どくりつご》は社会主義国《しゃかいしゅぎこく》（→P.5）となりましたが、1980年《ねん》代後半《だいこうはん》に民主化運動《みんしゅかうんどう》が起《お》こります。1992年《ねん》には「モンゴル国《こく》」と国名《こくめい》を変《か》え、民主主義国《みんしゅしゅぎこく》となりました。

モンゴルの国技《こくぎ》「ブフ」は、日本《にほん》の相撲《すもう》に似《に》ているよ

産業

牧畜《ぼくちく》がさかん

モンゴルの伝統的《でんとうてき》な産業《さんぎょう》は、牧畜《ぼくちく》です。肉《にく》や乳製品《にゅうせいひん》の食品加工業《しょくひんかこうぎょう》や、カシミアや羊毛《ようもう》を使《つか》った繊維産業《せんいさんぎょう》などの軽工業《けいこうぎょう》が中心《ちゅうしん》でした。

民主化後《みんしゅかご》、巨大《きょだい》な鉱山《こうざん》が発見《はっけん》され、鉱工業《こうこうぎょう》がさかんになっています。銅《どう》や金《きん》などが輸出《ゆしゅつ》されています。

くらし・文化

遊牧民《ゆうぼくみん》の住《す》まい

牧畜《ぼくちく》をする遊牧民《ゆうぼくみん》は、季節《きせつ》ごとに家畜《かちく》を連《つ》れて草原《そうげん》を移動《いどう》し、肉《にく》や毛《け》、皮革《ひかく》などを売《う》って生活《せいかつ》します。

遊牧民《ゆうぼくみん》は「ゲル」とよばれる移動式《いどうしき》のテントで暮《く》らしています。ゲルは木製《もくせい》の骨組《ほねぐ》みを組《く》み立《た》てて、羊毛《ようもう》のフェルトでおおってつくります。

遊牧民《ゆうぼくみん》が暮《く》らすゲル。ソーラーパネルやアンテナが設置《せっち》され、室内《しつない》でテレビも見《み》られる。

くらし・文化

ゲルの重《かさ》ね着《ぎ》

戦後《せんご》に経済成長《けいざいせいちょう》をとげた島国《しまぐに》

日本《にほん》

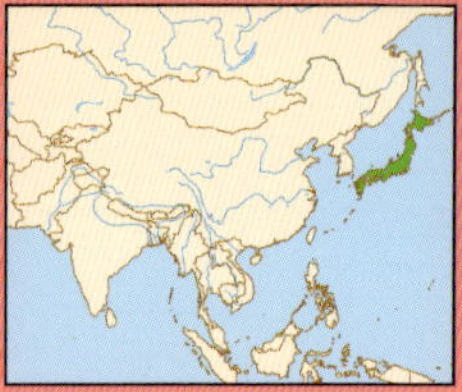

正式名称《せいしきめいしょう》 日本国《にほんこく》

首都《しゅと》 東京《とうきょう》

基本《きほん》データ

面積《めんせき》	37万《まん》7930㎢
人口《じんこう》	1億《おく》2653万人《まんにん》(2017年《ねん》)
おもな言語《げんご》	日本語《にほんご》
通貨《つうか》	円《えん》

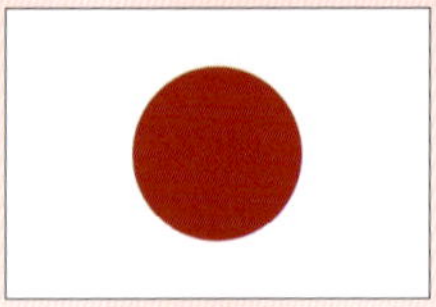

国旗《こっき》の由来《ゆらい》

「日《ひ》の丸《まる》」「日章旗《にっしょうき》」とよばれる。白《しろ》は純粋《じゅんすい》さや正直《しょうじき》さ、赤《あか》は情熱《じょうねつ》や忠誠心《ちゅうせいしん》を表《あらわ》す。赤《あか》い丸《まる》は太陽《たいよう》を表現《ひょうげん》している。

自然・地形

南北《なんぼく》に細長《ほそなが》い国土《こくど》

北海道《ほっかいどう》、本州《ほんしゅう》、四国《しこく》、九州《きゅうしゅう》で構成《こうせい》される日本列島《にほんれっとう》と、沖縄《おきなわ》を中心《ちゅうしん》とする南西諸島《なんせいしょとう》のほか、6800以上《いじょう》の島々《しまじま》からなる島国《しまぐに》です。国土《こくど》は細長《ほそなが》く、南北《なんぼく》3500㎞になります。

山《やま》が多《おお》く、川《かわ》が急《きゅう》な地形《ちけい》で、本州《ほんしゅう》の中部地方《ちゅうぶちほう》には「日本《にほん》の屋根《やね》」とよばれる標高《ひょうこう》3000m前後《ぜんご》の山々《やまやま》が連《つら》なる山脈《さんみゃく》があります。

国土《こくど》の大部分《だいぶぶん》は温暖湿潤気候《おんだんしつじゅんきこう》で雨《あめ》が多《おお》く、四季《しき》の変化《へんか》があります。

ロシア
中国《ちゅうごく》
北海道《ほっかいどう》
北朝鮮《きたちょうせん》
日本海《にほんかい》
日本《にほん》
本州《ほんしゅう》
韓国《かんこく》
東京《とうきょう》
四国《しこく》
太平洋《たいへいよう》
東《ひがし》シナ海《かい》
九州《きゅうしゅう》
沖縄《おきなわ》

歴史・人物

明治時代以降《めいじじだいいこう》に近代化《きんだいか》

日本《にほん》では4世紀《せいき》ごろから天皇《てんのう》を中心《ちゅうしん》とする大和朝廷《やまとちょうてい》が国土統一《こくどとういつ》を進《すす》め、貴族《きぞく》による政治《せいじ》が行《おこな》われていました。12世紀末《せいきすえ》からは武士《ぶし》が政治《せいじ》を行《おこな》うようになり、武家政治《ぶけせいじ》は江戸幕府《えどばくふ》までつづきました。

1868年《ねん》に明治政府《めいじせいふ》が生《う》まれると、日本《にほん》は欧米諸国《おうべいしょこく》に追《お》いつこうと近代化《きんだいか》を進《すす》めます。20世紀《せいき》に入《はい》ると、アジアのほかの国《くに》に勢力《せいりょく》を拡大《かくだい》していきます。その後《ご》、日中戦争《にっちゅうせんそう》、太平洋戦争《たいへいようせんそう》に突入《とつにゅう》しました。

1945年《ねん》、日本《にほん》は戦争《せんそう》に敗《やぶ》れ、民主主義《みんしゅしゅぎ》の国《くに》となりました。1960年代《ねんだい》に入《はい》ると、工業《こうぎょう》などを中心《ちゅうしん》に高度経済成長《こうどけいざいせいちょう》をとげました。

戦後《せんご》、日本《にほん》は二度《にど》と戦争《せんそう》をしないと決《き》めたよ

産業 輸出《ゆしゅつ》の中心《ちゅうしん》は工業製品《こうぎょうせいひん》

日本《にほん》は、輸入《ゆにゅう》した原料《げんりょう》から製品《せいひん》をつくって輸出《ゆしゅつ》する加工貿易《かこうぼうえき》で発展《はってん》しました。現在《げんざい》は電器製品《でんきせいひん》や自動車《じどうしゃ》など機械工業《きかいこうぎょう》の製品《せいひん》が輸出《ゆしゅつ》の中心《ちゅうしん》になっています。近年《きんねん》、海外《かいがい》にある日本企業《にほんきぎょう》の工場《こうじょう》でつくった製品《せいひん》を輸入《ゆにゅう》するケースもふえています。

くらし・文化 旬《しゅん》の魚《さかな》や野菜《やさい》でつくる和食《わしょく》

日本《にほん》の主食《しゅしょく》は米《こめ》で、和食《わしょく》は旬《しゅん》の魚《さかな》や野菜《やさい》などを材料《ざいりょう》につくります。伝統的《でんとうてき》な衣装《いしょう》は、着物《きもの》です。現代《げんだい》では、洋服《ようふく》が中心《ちゅうしん》で、着物《きもの》は七五三《しちごさん》や結婚式《けっこんしき》など、おもに特別《とくべつ》な日《ひ》に着《き》ます。宗教《しゅうきょう》は自由《じゆう》ですが、とくに神道《しんとう》と仏教《ぶっきょう》を信《しん》じる人《ひと》が多《おお》くいます。

和食《わしょく》の基本《きほん》である「一汁三菜《いちじゅうさんさい》」の献立《こんだて》の例《れい》。主食《しゅしょく》のごはんと主菜《しゅさい》（肉《にく》か魚《さかな》）、副菜《ふくさい》2品《しな》（野菜類《やさいるい》など）に汁物《しるもの》となる。

くらし・文化 世界《せかい》で通《つう》じる日本語《にほんご》

スキヤキ スシ エモジ カラオケ……
英語《えいご》デモ 日本語《にほんご》ノ ママデ オッケー デース
ヘえーっ
ぼくも 知《し》ってるよ 日本語《にほんご》が そのまま 通《つう》じる言葉《ことば》！
ナンデスカ？
ぼく、タロウ！
オー タロウ クン！
ねっ ぼくの 日本語《にほんご》 通《つう》じた でしょ？
タシカニ！

人々《ひとびと》の生活《せいかつ》に儒教《じゅきょう》の教《おし》えが残《のこ》る

韓国《かんこく》

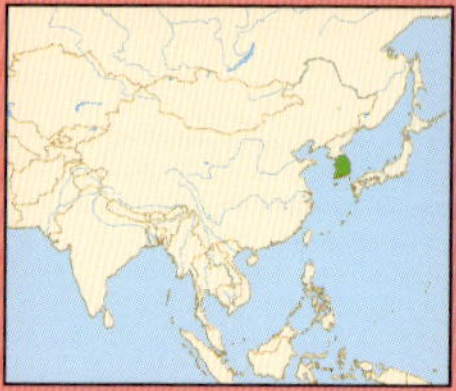

正式名称《せいしきめいしょう》 大韓民国《だいかんみんこく》

首都《しゅと》 ソウル

韓国《かんこく》と北朝鮮《きたちょうせん》は、軍事境界線《ぐんじきょうかいせん》で分《わ》けられているよ
中国《ちゅうごく》
北朝鮮《きたちょうせん》
朝鮮半島《ちょうせんはんとう》
日本海《にほんかい》
パンムンジョム（板門店）
ソウル
テベク（太白）山脈《さんみゃく》
韓国《かんこく》
黄海《こうかい》
テジョン（大田）
プサン（釜山）
下関《しものせき》
日本《にほん》
対馬海峡《つしまかいきょう》
福岡《ふくおか》
チェジュ（済州）島《とう》
東《ひがし》シナ海《かい》
産業
プサン（釜山）
国際貿易港《こくさいぼうえきこう》。地理的《ちりてき》に近《ちか》いため、日本《にほん》の福岡市《ふくおかし》や下関市《しものせきし》から船《ふね》の便《びん》も出《で》ている。
自然・地形
チェジュ（済州）島《とう》
韓国《かんこく》の南《みなみ》にある島《しま》。日本《にほん》と時差《じさ》はほとんど変《か》わらない。

自然・地形

日本《にほん》から一番《いちばん》近《ちか》い国《くに》

ユーラシア大陸《たいりく》の東側《ひがしがわ》からつき出《で》た朝鮮半島《ちょうせんはんとう》の南側《みなみがわ》にあり、日本《にほん》とは対馬海峡《つしまかいきょう》をはさんで、約《やく》50㎞の距離《きょり》にあります。

国土《こくど》の7割《わり》が山地《さんち》で、東《ひがし》の海岸《かいがん》にそってテベク（太白）山脈《さんみゃく》が走《はし》ります。南部《なんぶ》や西部《せいぶ》の海岸線《かいがんせん》は複雑《ふくざつ》に入《い》り組《く》んだリアス式海岸《しきかいがん》になっています。韓国最大《かんこくさいだい》の島《しま》は東《ひがし》シナ海《かい》にあるチェジュ（済州）島《とう》です。

気候《きこう》は温暖湿潤気候《おんだんしつじゅんきこう》などで、日本《にほん》と同《おな》じように四季《しき》があります。冬《ふゆ》は北《きた》から冷《つめ》たく乾燥《かんそう》した空気《くうき》が流《なが》れこむため、厳《きび》しい寒《さむ》さとなります。

同《おな》じ緯度《いど》の地域《ちいき》でも日本《にほん》より寒《さむ》いんだって

くらし・文化

ハングル文字《もじ》

基本《きほん》データ

面積《めんせき》	10万《まん》339㎢
人口《じんこう》	約《やく》5127万人《まんにん》(2016年《ねん》)
おもな言語《げんご》	韓国語《かんこくご》(朝鮮語《ちょうせんご》)
通貨《つうか》	ウォン

国旗《こっき》の由来《ゆらい》

「太極旗《たいきょくき》」とよばれ、赤色《あかいろ》と青色《あおいろ》で表《あらわ》される太極《たいきょく》は中国思想《ちゅうごくしそう》に由来《ゆらい》。四隅《よすみ》の「卦《け》」は国《くに》の団結《だんけつ》や国家《こっか》の発展《はってん》を表《あらわ》す。

歴史・人物

パンムンジョム(板門店)

朝鮮戦争《ちょうせんせんそう》の休戦協定《きゅうせんきょうてい》が結《むす》ばれた地《ち》。韓国《かんこく》と北朝鮮《きたちょうせん》の間《あいだ》の軍事境界線上《ぐんじきょうかいせんじょう》にある。奥《おく》の建物《たてもの》は北朝鮮《きたちょうせん》の施設《しせつ》。手前《てまえ》の青《あお》い建物《たてもの》は、軍事停戦委員会会議場《ぐんじていせんいいんかいかいぎじょう》。

歴史・人物 南北《なんぼく》に分断《ぶんだん》された

4世紀《せいき》ごろから、朝鮮半島《ちょうせんはんとう》には高句麗《こうくり》（コグリョ）、百済《くだら》（ペクチェ）、新羅《しらぎ》（シルラ）の三国《さんごく》の時代《じだい》がつづきましたが、7世紀後半《せいきこうはん》に新羅《しらぎ》が朝鮮半島《ちょうせんはんとう》を統一《とういつ》しました。10世紀《せいき》には高麗《こうらい》（コリョ）が、14世紀《せいき》には朝鮮王朝《ちょうせんおうちょう》が開《ひら》かれました。

1910年《ねん》、朝鮮半島《ちょうせんはんとう》は日本《にほん》に支配《しはい》されました。第二次世界大戦《だいにじせかいたいせん》で日本《にほん》が敗戦《はいせん》すると、朝鮮半島《ちょうせんはんとう》の南部《なんぶ》をアメリカが、北部《ほくぶ》をソ連《れん》（今《いま》のロシア）が支配《しはい》しました。1950年《ねん》には南北《なんぼく》で朝鮮戦争《ちょうせんせんそう》が起《お》こり、3年後《ねんご》に休戦協定《きゅうせんきょうてい》が結《むす》ばれました。今《いま》も、南北《なんぼく》の対立《たいりつ》はつづいています。

北緯《ほくい》38度《ど》線《せん》付近《ふきん》を境《さかい》に、南北《なんぼく》に分断《ぶんだん》されているんだって

産業 工業製品《こうぎょうせいひん》の輸出《ゆしゅつ》がさかん

韓国《かんこく》では1960年代後半《ねんだいこうはん》から繊維工業《せんいこうぎょう》が発展《はってん》しましたが、1970年代《ねんだい》には重化学工業《じゅうかがくこうぎょう》もめざましい成長《せいちょう》を見《み》せました。船舶《せんぱく》、半導体《はんどうたい》、通信機器《つうしんきき》、自動車《じどうしゃ》などの生産《せいさん》がさかんで、中国《ちゅうごく》、アメリカをはじめ、世界各国《せかいかっこく》へ輸出《ゆしゅつ》されています。

ソウルをはじめとする都市部《としぶ》の周辺《しゅうへん》では工業団地《こうぎょうだんち》が形成《けいせい》され、サービス業《ぎょう》も発展《はってん》しています。

IT産業《アイティーさんぎょう》もさかんで、テジョン（大田）にはIT《アイティー》企業《きぎょう》が集《あつ》まるテクノバレーが形成《けいせい》されています。

日本《にほん》との貿易《ぼうえき》もさかんだよ!

くらし・文化 朝鮮半島《ちょうせんはんとう》の民族衣装《みんぞくいしょう》

韓国《かんこく》では、特別《とくべつ》な行事《ぎょうじ》のとき、伝統的《でんとうてき》な衣装《いしょう》を着《き》ることがあります。

上半身《じょうはんしん》に着《き》る衣服《いふく》を「チョゴリ」といい、ズボン（パジ）を組《く》み合《あ》わせた服装《ふくそう》を「パジチョゴリ」、スカート（チマ）を組《く》み合《あ》わせた服装《ふくそう》を「チマチョゴリ」といいます。

チマチョゴリ　パジチョゴリ

アジア　韓国

くらし・文化
儒教の考えが根づく

国民は祖先の代から朝鮮半島に暮らしてきた朝鮮民族で、言語は韓国語（朝鮮語）を話します。独自のハングル文字を使います。

宗教は、キリスト教徒が最も多く、仏教徒もいます。歴史上、儒教の影響を大きく受けていて、儒教の考えは韓国の社会に広く根づいています。目上の人や年長者を敬い、結婚しても夫婦は別姓です。

ハングル文字の看板がならぶビル。

もっと知りたい　韓国の代表的な野菜のおかず・キムチ

韓国の料理には、食べるものはすべて薬になるという考え方が根づいています。主食は米で、肉や魚の入ったスープもよく食べます。

おかずには、にんにくやしょうが、ねぎなどの薬味がよく用いられ、コチュジャンなどのみそ類やとうがらしで味つけされます。

代表的な野菜のおかずに、キムチがあります。白菜や大根、きゅうりなどを、とうがらしやにんにくなどで漬けて発酵させたものです。

キムチは、もともと朝鮮半島の冬の時期に備えた保存食でした。毎年冬になると、各家庭で大量の白菜キムチを漬ける習慣がありました。近年は、家庭で漬けるよりも、必要な量を店で買う人がふえています。

白菜キムチを漬ける。

市場で売られる、いろいろな種類のキムチ。

31　世界の国クイズ　Q6 カレーが生まれた国は？

軍事優先《ぐんじゆうせん》の政治《せいじ》を行《おこな》う

北朝鮮《きたちょうせん》

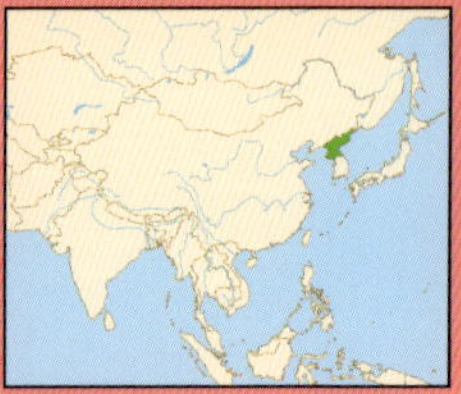

正式名称《せいしきめいしょう》 朝鮮民主主義人民共和国《ちょうせんみんしゅしゅぎじんみんきょうわこく》

首《しゅ》都《と》 ピョンヤン（平壌）

基本《きほん》データ

面《めん》積《せき》	12万《まん》538㎢
人《じん》口《こう》	約《やく》2515万《まん》5千人《せんにん》（2015年《ねん》）
おもな言語《げんご》	朝鮮語《ちょうせんご》（公用語《こうようご》）
通《つう》貨《か》	ウォン

国旗《こっき》の由来《ゆらい》

赤《あか》、青《あお》、白《しろ》は朝鮮《ちょうせん》の伝統色《でんとうしょく》。赤《あか》は社会主義国家《しゃかいしゅぎこっか》、青《あお》は平和《へいわ》への願《ねが》い、白《しろ》は純潔《じゅんけつ》や朝鮮民族《ちょうせんみんぞく》を表《あらわ》す。

中国《ちゅうごく》
ペクト（白頭）山《さん》
北朝鮮《きたちょうせん》
朝鮮半島《ちょうせんはんとう》
ピョンヤン（平壌）
日本海《にほんかい》
ケソン（開城）
黄海《こうかい》
韓国《かんこく》

自然・地形

夏《なつ》と冬《ふゆ》の気温差《きおんさ》が大《おお》きい

ユーラシア大陸《たいりく》からつき出《で》た朝鮮《ちょうせん》半島《はんとう》の北部《ほくぶ》にある国《くに》で、国土《こくど》の大半《たいはん》が山地《さんち》です。中国《ちゅうごく》との国境《こっきょう》には、国内《こくない》で最《もっと》も標高《ひょうこう》が高《たか》いペクト（白頭）山《さん》があります。

気候《きこう》は夏《なつ》と冬《ふゆ》の気温《きおん》の差《さ》が大《おお》きく、四季《しき》がはっきりしています。寒気《かんき》でおおわれたシベリア高気圧《こうきあつ》によって、冬《ふゆ》は寒《さむ》さが厳《きび》しく、乾燥《かんそう》します。

歴史・人物

韓国《かんこく》と分《わ》けられた歴史《れきし》

北朝鮮《きたちょうせん》と韓国《かんこく》は、もともと朝鮮民族《ちょうせんみんぞく》による1つの国《くに》でした。

1910年《ねん》、大陸《たいりく》に勢力《せいりょく》を拡大《かくだい》していた日本《にほん》は、朝鮮半島《ちょうせんはんとう》を支配《しはい》しました。日本《にほん》が第二次世界大戦《だいにじせかいたいせん》に敗《やぶ》れると、朝鮮半島《ちょうせんはんとう》の南部《なんぶ》をアメリカが、北部《ほくぶ》をソ連《れん》（今《いま》のロシア）が支配《しはい》し、南北《なんぼく》に分断《ぶんだん》されました。

北部《ほくぶ》では、ソ連《れん》の支援《しえん》のもと、金日成《キムイルソン》が最高指導者《さいこうしどうしゃ》となり、朝鮮民主主義人民共和国《ちょうせんみんしゅしゅぎじんみんきょうわこく》ができました。金日成《キムイルソン》の死後《しご》、息子《むすこ》の金正日《キムジョンイル》は、ミサイル開発《かいはつ》、核実験《かくじっけん》をくり返《かえ》し行《おこな》いました。軍事優先《ぐんじゆうせん》の政治《せいじ》は、現在《げんざい》の金正恩《キムジョンウン》にも引《ひ》きつがれており、国際的《こくさいてき》に孤立《こりつ》した状態《じょうたい》がつづいています。

北朝鮮《きたちょうせん》は、日本《にほん》と国交《こっこう》がないんだって

産業　工業団地《こうぎょうだんち》が操業停止《そうぎょうていし》

北朝鮮《きたちょうせん》では、工場《こうじょう》や農場《のうじょう》は国《くに》によって経営《けいえい》されています。

韓国《かんこく》の出資《しゅっし》でできたケソン(開城)工業団地《こうぎょうだんち》は、北朝鮮《きたちょうせん》が核実験《かくじっけん》を行《おこな》ったことから、操業《そうぎょう》を停止《ていし》しています。石炭《せきたん》や鉄鉱石《てっこうせき》などの豊富《ほうふ》な地下資源《ちかしげん》も、いかせていません。

くらし・文化　高麗《こうらい》にんじんの本場《ほんば》

国民《こくみん》は朝鮮民族《ちょうせんみんぞく》で、言語《げんご》は朝鮮語《ちょうせんご》を話《はな》します。宗教《しゅうきょう》は、信者数《しんじゃすう》は不明《ふめい》ですが、仏教徒《ぶっきょうと》とキリスト教徒《きょうと》の団体《だんたい》があるといわれています。

朝鮮半島《ちょうせんはんとう》と中国東北部《ちゅうごくとうほくぶ》を原産《げんさん》とする朝鮮《ちょうせん》(高麗《こうらい》)にんじんを薬用《やくよう》に栽培《さいばい》しています。

薬用《やくよう》に栽培《さいばい》されている朝鮮《ちょうせん》にんじん。北《きた》朝鮮《ちょうせん》のなかでも、ケソン(開城)が特産地《とくさんち》となっている。

くらし・文化　マスゲーム

北朝鮮《きたちょうせん》のマスゲームは
スケールが大《おお》きく美《うつく》しい
何《なに》よりもみんなの動《うご》きがきれいにそろっていて――
それならうちも負《ま》けてないよ!
はをみがこう～
トイレまだ～?
まだ～

農業中心《のうぎょうちゅうしん》の細長《ほそなが》い国《くに》

ベトナム

正式名称《せいしきめいしょう》 ベトナム社会主義共和国《しゃかいしゅぎきょうわこく》

首都《しゅと》 ハノイ

基本《きほん》データ

- **面積《めんせき》** 33万《まん》967㎢
- **人口《じんこう》** 約《やく》9370万人《まんにん》（2017年《ねん》）
- **おもな言語《げんご》** ベトナム語《ご》（公用語《こうようご》）
- **通貨《つうか》** ドン

国旗《こっき》の由来《ゆらい》

赤《あか》は革命《かくめい》と独立《どくりつ》で流《なが》した血《ち》、黄《き》は革命《かくめい》を表《あらわ》す。星《ほし》は労働者《ろうどうしゃ》・農民《のうみん》・知識人《ちしきじん》・商人《しょうにん》・兵士《へいし》の団結《だんけつ》を象徴《しょうちょう》する。

中国《ちゅうごく》
ハノイ
ラオス
ホン川《がわ》
タイ
南《みなみ》シナ海《かい》
インドシナ半島《はんとう》
ベトナム
カンボジア
ホーチミン
メコン川《がわ》

自然・地形　細長《ほそなが》いS字形《エスじがた》の国土《こくど》

インドシナ半島《はんとう》の東部《とうぶ》、南《みなみ》シナ海《かい》に面《めん》した国《くに》です。南北約《なんぼくやく》1600㎞にわたり、S字形《エスじがた》に細長《ほそなが》くのびています。

首都《しゅと》ハノイの位置《いち》するホン川《がわ》の流域《りゅういき》にデルタ（三角州《さんかくす》）が広《ひろ》がり、豊《ゆた》かな穀倉地帯《こくそうちたい》となっています。南部《なんぶ》ではメコン川《がわ》の流域《りゅういき》もデルタ地帯《ちたい》で、農業《のうぎょう》がさかんです。

北部《ほくぶ》は温帯気候《おんたいきこう》で、中部《ちゅうぶ》から南部《なんぶ》にかけては熱帯気候《ねったいきこう》です。

歴史・人物　度重《たびかさ》なる支配《しはい》と戦乱《せんらん》

古《ふる》くから中国《ちゅうごく》の支配《しはい》をたびたび受《う》けてきましたが、1887年《ねん》からはフランスに支配《しはい》されます。

1945年《ねん》、共産党《きょうさんとう》のホー・チ・ミンは、フランスからの独立《どくりつ》を宣言《せんげん》し、ベトナム民主共和国《みんしゅきょうわこく》（北《きた》ベトナム）の国家主席《こっかしゅせき》になりました。しかし、まもなくフランスとの間《あいだ》でインドシナ戦争《せんそう》が起《お》こります。

フランスを破《やぶ》った北《きた》ベトナムに対《たい》し、アメリカは南《みなみ》ベトナムをつくります。1961年《ねん》にはアメリカが軍事介入《ぐんじかいにゅう》し、ベトナム戦争《せんそう》が始《はじ》まりました。その後《ご》、アメリカ軍《ぐん》が撤退《てったい》し、1976年《ねん》、南北《なんぼく》は統一《とういつ》され、ベトナム社会主義共和国《しゃかいしゅぎきょうわこく》となりました。

国家統一《こっかとういつ》のために、大勢《おおぜい》の人《ひと》が犠牲《ぎせい》になったんだって

産業

米《こめ》の生産《せいさん》がさかん

おもな産業《さんぎょう》は農業《のうぎょう》で、人口《じんこう》の60%が従事《じゅうじ》しています。とくに米《こめ》の生産《せいさん》がさかんです。コショウは世界《せかい》トップクラスの生産量《せいさんりょう》です。

近年《きんねん》、「ドイモイ」という経済政策《けいざいせいさく》で自由《じゆう》に売《う》り買《か》いできるようになり、工業《こうぎょう》も発達《はったつ》しています。

くらし・文化

伝統衣装《でんとういしょう》はアオザイ

国民《こくみん》の8割《わり》以上《いじょう》がベトナム人《じん》で、公用語《こうようご》はベトナム語《ご》です。宗教《しゅうきょう》は、仏教徒《ぶっきょうと》が約半数《やくはんすう》をしめます。

ベトナムの民族《みんぞく》衣装《いしょう》アオザイ。ぼうしは、「ノンラー」という。

伝統的《でんとうてき》な衣装《いしょう》に、「アオザイ」という女性《じょせい》の外出着《がいしゅつぎ》があります。

おもな交通手段《こうつうしゅだん》はバイクで、大渋滞《だいじゅうたい》が社会問題《しゃかいもんだい》になっています。

くらし・文化

バイクの大渋滞《だいじゅうたい》

ベトナムの道路《どうろ》はバイクだらけ
曲芸《きょくげい》のような乗《の》り方《かた》の人《ひと》も多《おお》い
ええっ5人《にん》乗《の》り!?
タタタ…
動物《どうぶつ》も乗《の》せてる!
プップー
おおすばらしい!
?
わしのサーカス団《だん》に入《はい》らないかね?
スカウトしちゃったよ～

観光資源《かんこうしげん》に恵《めぐ》まれた農業国《のうぎょうこく》

カンボジア

正式名称《せいしきめいしょう》 カンボジア王国《おうこく》

首《しゅ》 都《と》 プノンペン

基本《きほん》データ

面《めん》 積《せき》	18万《まん》1035㎢
人《じん》 口《こう》	1470万人《まんにん》（2013年《ねん》）
おもな言語《げんご》	カンボジア語《ご》（公用語《こうようご》）
通《つう》 貨《か》	リエル

国旗《こっき》の由来《ゆらい》

青《あお》は王室《おうしつ》、赤《あか》は国家《こっか》、白《しろ》は仏《ぶっ》教《きょう》を意味《いみ》する。中央《ちゅうおう》は、カンボジアを代表《だいひょう》する寺院遺跡《じいんいせき》であるアンコール=ワット。

自然・地形

メコン川《がわ》と平野《へいや》の国《くに》

カンボジアは、東南《とうなん》アジアのインドシナ半島南部《はんとうなんぶ》にある国《くに》です。南北《なんぼく》に流《なが》れるメコン川《がわ》の流域《りゅういき》に広大《こうだい》な平《へい》野《や》が広《ひろ》がります。首都《しゅと》プノンペンの北西《ほくせい》には、東南《とうなん》アジア最大《さいだい》の湖《みずうみ》、トンレサップ湖《こ》があります。

気候《きこう》はサバナ気候《きこう》で、雨季《うき》と乾季《かんき》がはっきり分《わ》かれます。雨季《うき》には、メコン川《がわ》下流《かりゅう》の低地《ていち》で、川《かわ》のはんらんによる水害《すいがい》がしばしば起《お》こります。

歴史・人物

長《なが》くつづいた内戦《ないせん》

9世紀《せいき》初《はじ》め、カンボジアはクメール人《じん》のアンコール王朝《おうちょう》によって統一《とういつ》され、12世紀《せいき》にはヒンドゥー教《きょう》の寺《じ》院《いん》アンコール=ワットなどがつくられました。15世紀《せいき》以降《いこう》、タイやベトナムなどに支配《しはい》され、19世紀《せいき》にはフランスの植民地《しょくみんち》となります。

1953年《ねん》にフランスからカンボジア王国《おうこく》として独立《どくりつ》しますが、1970年《ねん》にクーデターが起《お》こり、内戦《ないせん》が始《はじ》まります。武力《ぶりょく》で政権《せいけん》をうばったポル・ポトは、都市《とし》から農村《のうそん》への強制移住《きょうせいいじゅう》や、大量虐殺《たいりょうぎゃくさつ》を行《おこな》いました。その後《ご》、ポル・ポトは追放《ついほう》され、1991年《ねん》に内戦《ないせん》が終結《しゅうけつ》します。1993年《ねん》、ふたたびカンボジア王国《おうこく》が成立《せいりつ》しました。

くらし・文化

アンコール=ワット

900年前《ねんまえ》につくられた寺院《じいん》
アンコール=ワット
お堀《ほり》
お堀《ほり》に囲《かこ》まれた大規模《だいきぼ》な寺院《じいん》だ
お堀《ほり》があるなんてお城《しろ》みたい。敵《てき》が攻《せ》めてくるのかな?
ううん、お堀《ほり》は海《うみ》を表《あらわ》しているんだって
深《ふか》い意味《いみ》があるなんて
じ〜んとするよねえ……
寺院《じいん》だけに……?

アンコール=ワット。巨大寺院《きょだいじいん》の遺跡《いせき》で、世界遺産《せかいいさん》に登録《とうろく》されている。

産業

豊《ゆた》かな観光資源《かんこうしげん》

産業《さんぎょう》の中心《ちゅうしん》は農業《のうぎょう》で、トンレサップ湖周辺《こしゅうへん》の平野《へいや》では、稲作《いなさく》がさかんです。トンレサップ湖《こ》では漁業《ぎょぎょう》がさかんです。また、世界遺産《せかいいさん》のアンコール=ワットや首都《しゅと》プノンペンに多《おお》くの観光客《かんこうきゃく》がおとずれ、サービス業《ぎょう》が大《おお》きな収入源《しゅうにゅうげん》になっています。

くらし・文化

クメール人《じん》と少数民族《しょうすうみんぞく》

カンボジアでは、クメール人《じん》が人口《じんこう》の大半《たいはん》をしめ、ほかに20以上《いじょう》の少数民族《しょうすうみんぞく》が暮《く》らしています。約《やく》9割《わり》が仏教徒《ぶっきょうと》です。イスラム教徒《きょうと》やキリスト教徒《きょうと》もいます。主食《しゅしょく》は米《こめ》で、トンレサップ湖周辺《こしゅうへん》では魚料理《さかなりょうり》が食文化《しょくぶんか》の中心《ちゅうしん》です。

世界《せかい》の国《くに》クイズ　Q9 シンガポールの首都《しゅと》は?

植民地《しょくみんち》の歴史《れきし》のない東南《とうなん》アジア唯一《ゆいいつ》の国《くに》

タイ

正式名称《せいしきめいしょう》 タイ王国《おうこく》

首都《しゅと》 バンコク

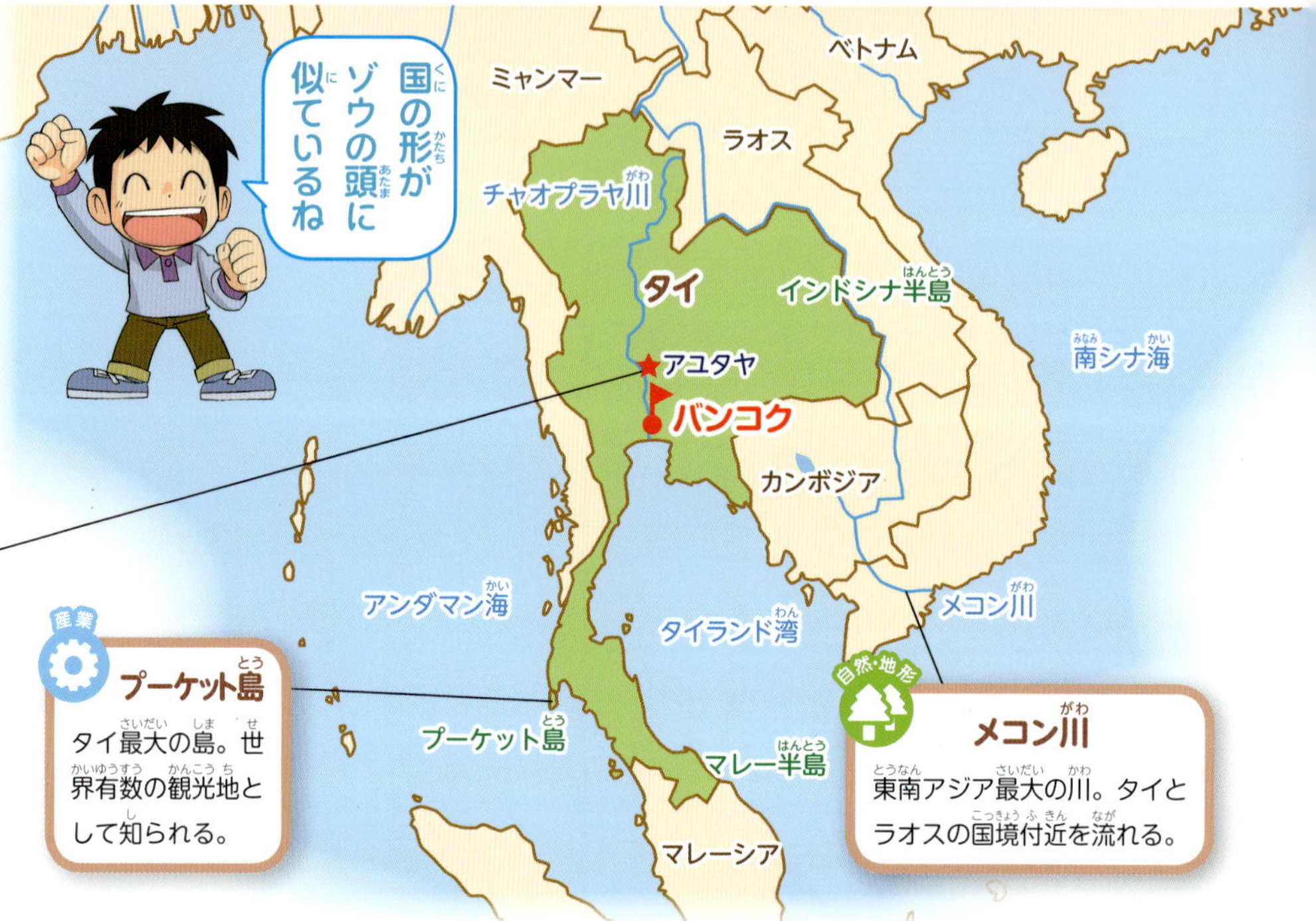
国《くに》の形《かたち》がゾウの頭《あたま》に似《に》ているね
ミャンマー
ベトナム
ラオス
チャオプラヤ川《がわ》
タイ
インドシナ半島《はんとう》
南《みなみ》シナ海《かい》
アユタヤ
バンコク
カンボジア
アンダマン海《かい》
タイランド湾《わん》
メコン川《がわ》
プーケット島《とう》
マレー半島《はんとう》
マレーシア

産業

プーケット島《とう》

タイ最大《さいだい》の島《しま》。世《せ》界有数《かいゆうすう》の観光地《かんこうち》として知《し》られる。

自然・地形

メコン川《がわ》

東南《とうなん》アジア最大《さいだい》の川《かわ》。タイとラオスの国境付近《こっきょうふきん》を流《なが》れる。

自然・地形

熱帯《ねったい》の多様《たよう》な自然《しぜん》

インドシナ半島《はんとう》の中央部《ちゅうおうぶ》をしめる国《くに》です。

北部《ほくぶ》には山地《さんち》が連《つら》なり、東北部《とうほくぶ》はラオスとの国境《こっきょう》に沿《そ》ってメコン川《がわ》が流《なが》れ、台地《だいち》がつづきます。中部《ちゅうぶ》は、チャオプラヤ川《がわ》の流域《りゅういき》に平野《へいや》が広《ひろ》がり、米《こめ》などの穀物《こくもつ》の栽培《さいばい》がさかんです。南部《なんぶ》はマレー半島《はんとう》となり、タイランド湾《わん》とアンダマン海《かい》にはさまれています。

国土《こくど》の多《おお》くは雨季《うき》と乾季《かんき》に分《わ》かれるサバナ気候《きこう》で、マレー半島《はんとう》は高温《こうおん》多湿《たしつ》な熱帯雨林気候《ねったいうりんきこう》です。

年間《ねんかん》の日中最高気温《にっちゅうさいこうきおん》は20℃を超《こ》え、とくに3、4月《がつ》は雨《あめ》も少《すく》なく、厳《きび》しい暑《あつ》さとなります。5～10月《がつ》が雨季《うき》で、夕方《ゆうがた》を中心《ちゅうしん》に激《はげ》しい雨《あめ》、スコールが降《ふ》ります。各地《かくち》で洪水《こうずい》が起《お》こることもあります。

くらし・文化

一生《いっしょう》に一度《いちど》は出家《しゅっけ》する

基本《きほん》データ

面積《めんせき》	51万《まん》3120㎢
人口《じんこう》	6572万人《まんにん》(2015年《ねん》)
おもな言語《げんご》	タイ語《ご》(公用語《こうようご》)
通貨《つうか》	バーツ

国旗《こっき》の由来《ゆらい》

青《あお》はタイ王室《おうしつ》、赤《あか》は国家《こっか》や国民《こくみん》の血《ち》、白《しろ》は仏教《ぶっきょう》や信仰《しんこう》に守《まも》られた国《こく》民《みん》の純粋《じゅんすい》さを表《あらわ》す。かつては中央《ちゅうおう》に白《しろ》いゾウの絵柄《えがら》があった。

歴史・人物

アユタヤ

アユタヤ王朝《おうちょう》(1350～1767年《ねん》)の都《みやこ》があった都市《とし》。仏塔《ぶっとう》や仏像《ぶつぞう》などの遺跡群《いせきぐん》は、歴史公園《れきしこうえん》として整備《せいび》されている。世界文《せかいぶん》化遺産《かいさん》。

世界《せかい》の国《くに》クイズ Q10 スペインの首都《しゅと》は?

歴史・人物

近年《きんねん》は政権交代《せいけんこうたい》がつづく

タイ人《じん》は、中国南部《ちゅうごくなんぶ》から移動《いどう》してきた人《ひと》と考《かんが》えられています。13世紀《せいき》には最初《さいしょ》の統一王朝《とういつおうちょう》が成立《せいりつ》しました。その後《ご》、18世紀《せいき》にチャクリー朝《ちょう》が成立《せいりつ》し、現在《げんざい》につづきます。

19世紀《せいき》にはヨーロッパの国々《くにぐに》が進出《しんしゅつ》してきますが、国王《こくおう》の政策《せいさく》により植民地化《しょくみんちか》をまぬがれました。1932年《ねん》に王政《おうせい》から立憲君主制《りっけんくんしゅせい》になり、1939年《ねん》には国名《こくめい》をシャムからタイに変《か》えました。

第二次世界大戦後《だいにじせかいたいせんご》も独立《どくりつ》を保《たも》ちつづけていますが、政情《せいじょう》は安定《あんてい》していません。2016年《ねん》、70年間在位《ねんかんざいい》していた国王《こくおう》が亡《な》くなりました。

植民地《しょくみんち》の
歴史《れきし》がない国《くに》
なんだね

産業

米《こめ》と天然《てんねん》ゴムの生産《せいさん》がさかん

経済《けいざい》の大《おお》きな柱《はしら》の1つが農業《のうぎょう》で、人口《じんこう》のおよそ半数《はんすう》が農業《のうぎょう》で生活《せいかつ》しています。とくにチャオプラヤ川流域《がわりゅういき》の大地《だいち》では、穀物《こくもつ》をはじめ、さとうきびやジュート(麻《あさ》の一種《いっしゅ》)などさまざまな作物《さくもつ》が生産《せいさん》されています。天然《てんねん》ゴムの生産量《せいさんりょう》は世界第《せかいだい》1位《い》(2016年《ねん》)となっています。

南部《なんぶ》を中心《ちゅうしん》に漁業《ぎょぎょう》もさかんです。エビの養殖《ようしょく》でも知《し》られています。

世界有数《せかいゆうすう》の観光立国《かんこうりっこく》で、年間《ねんかん》3000万人以上《まんにんいじょう》がおとずれます。

タイの水上《すいじょう》マーケット。
観光客《かんこうきゃく》に人気《にんき》がある。

タイの日本人学校《にほんじんがっこう》には、
日本《にほん》の子《こ》どもが
たくさん通《かよ》っているよ

産業

発展《はってん》を見《み》せる「東洋《とうよう》のデトロイト」

1960年代《ねんだい》からは工業《こうぎょう》も発展《はってん》し、繊維《せんい》や食品加工《しょくひんかこう》、電器製品《でんきせいひん》などの生産《せいさん》がふえていきました。

1980年代《ねんだい》になると外国《がいこく》が資金《しきん》を出《だ》して、中部《ちゅうぶ》の沿岸《えんがん》に大規模《だいきぼ》な工業地帯《こうぎょうちたい》ができます。とくに自動車関連産業《じどうしゃかんれんさんぎょう》が発達《はったつ》したことから、アメリカの自動車工業都市《じどうしゃこうぎょうとし》にちなんで「東洋《とうよう》のデトロイト」とよばれるようになりました。自動車《じどうしゃ》や機械類《きかいるい》などの工業製品《こうぎょうせいひん》は、輸出《ゆしゅつ》を支《ささ》えています。

日系企業《にっけいきぎょう》の進出《しんしゅつ》もさかんになりました。製造業《せいぞうぎょう》を中心《ちゅうしん》に数多《かずおお》くの企業《きぎょう》がタイに拠点《きょてん》を築《きず》き、7万人以上《まんにんいじょう》の日本人《にほんじん》が暮《く》らしています。

くらし・文化

敬《けい》けんな仏教徒《ぶっきょうと》が多《おお》い

国民《こくみん》の大多数《だいたすう》がタイ族《ぞく》です。ほかに中国系《ちゅうごくけい》の人々《ひとびと》と、マレー族《ぞく》がいます。また、クメール族《ぞく》やモン族《ぞく》など少数民族《しょうすうみんぞく》も住《す》んでいます。言語《げんご》はタイ語《ご》が中心《ちゅうしん》ですが、中国語《ちゅうごくご》や少数民族《しょうすうみんぞく》の言葉《ことば》も話《はな》されています。

宗教《しゅうきょう》は94％が仏教徒《ぶっきょうと》です。タイの成人男性《せいじんだんせい》は一生《いっしょう》に一度《いちど》は出家《しゅっけ》するという習慣《しゅうかん》があります。寺院《じいん》は全土《ぜんど》に2万《まん》5千《せん》あるといわれます。

早朝《そうちょう》には僧侶《そうりょ》が托鉢《たくはつ》にまわり、食《た》べ物《もの》などを寄進《きしん》してもらいます。一般《いっぱん》の仏教徒《ぶっきょうと》は、寄進《きしん》によって徳《とく》がつめると考《かんが》えられています。

白米《はくまい》やおかず、菓子《かし》、水《みず》、花《はな》が寄進《きしん》されるよ

くらし・文化

豊《ゆた》かな食文化《しょくぶんか》で知《し》られる

タイの料理《りょうり》は、レモングラスなどのハーブやとうがらしなどの香辛料《こうしんりょう》を多《おお》く使《つか》うことが特徴《とくちょう》です。主食《しゅしょく》は米《こめ》で、東北部《とうほくぶ》を中心《ちゅうしん》にもち米《ごめ》も食《た》べられています。

辛味《からみ》と酸味《さんみ》のあるスープ、トムヤムや、ゲーンというカレー類《るい》、青《あお》パパイヤのサラダであるソムタムなどが代表的《だいひょうてき》なメニューです。

パクチーの葉《は》も、タイ料理《りょうり》にはよく使《つか》われるね

有名《ゆうめい》なタイ料理《りょうり》、トムヤムクン。「トム」は煮《に》る、「ヤム」は混《ま》ぜる、「クン」はエビのこと。

もっと知りたい

首都《しゅと》バンコクの「トゥクトゥク」

バンコクの代表的《だいひょうてき》な乗《の》り物《もの》に、トゥクトゥクという三輪自動車《さんりんじどうしゃ》のタクシーがあります。おもにバンコク市民《しみん》が利用《りよう》していますが、観光用《かんこうよう》の移動手段《いどうしゅだん》としても使《つか》われます。

三輪《さんりん》タクシーは、国《くに》によって呼《よ》び名《な》は異《こと》なりますが、東南《とうなん》アジアから南《みなみ》アジアにかけて普及《ふきゅう》しています。

バンコク市内《しない》を走《はし》るトゥクトゥク。

宗教《しゅうきょう》や文化《ぶんか》の異《こと》なる者《もの》が集《あつ》まる多民族国家《たみんぞくこっか》

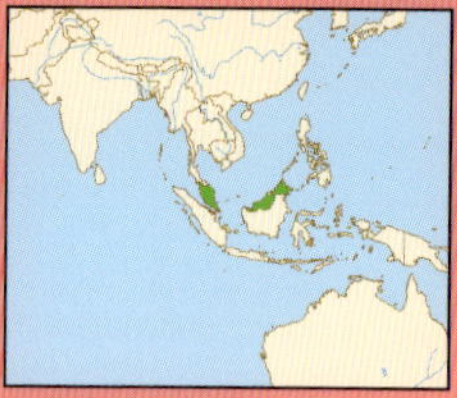

マレーシア

正式名称《せいしきめいしょう》 マレーシア

首都《しゅと》 クアラルンプール

基本《きほん》データ

面積《めんせき》	33万《まん》345㎢
人口《じんこう》	3200万人《まんにん》（2016年《ねん》）
おもな言語《げんご》	マレー語《ご》（公用語《こうようご》）、中国語《ちゅうごくご》、タミール語《ご》、英語《えいご》
通貨《つうか》	リンギット

国旗《こっき》の由来《ゆらい》

月《つき》と星《ほし》はイスラム教《きょう》を象徴《しょうちょう》し、赤白《あかしろ》の14本《ほん》の線《せん》は、マレーシアを構成《こうせい》する13の州《しゅう》と連邦政府《れんぽうせいふ》を表《あらわ》している。

自然・地形

東南《とうなん》アジア最高峰《さいこうほう》のキナバル山《さん》

マレー半島《はんとう》の南部《なんぶ》と、カリマンタン（ボルネオ）島《とう》の北部《ほくぶ》からなる国《くに》です。マレー半島側《はんとうがわ》の中央部《ちゅうおうぶ》には山地《さんち》が連《つら》なり、カリマンタン島側《とうがわ》には東南《とうなん》アジア最高峰《さいこうほう》のキナバル山《さん》（標高《ひょうこう》4095m）がそびえています。高温多湿《こうおんたしつ》な熱帯雨林《ねったいうりん》が広《ひろ》がり、10～2月《がつ》の雨季《うき》には多《おお》くの雨《あめ》が降《ふ》ります。マレーバクやサイチョウなど貴重《きちょう》な野生動物《やせいどうぶつ》も生息《せいそく》しています。

歴史・人物

海上貿易《かいじょうぼうえき》の中継地《ちゅうけいち》として栄《さか》えた

マレー半島《はんとう》やカリマンタン島《とう》は、中国《ちゅうごく》とインドの中間《ちゅうかん》に位置《いち》したことから、古《ふる》くから両国《りょうこく》の海上貿易《かいじょうぼうえき》の中継地《ちゅうけいち》とされていました。15世紀《せいき》にマラッカ王国《おうこく》が誕生《たんじょう》すると、中国《ちゅうごく》の絹《きぬ》や東南《とうなん》アジアの香料《こうりょう》をもとめ、ポルトガルをはじめとするヨーロッパの国々《くにぐに》が進出《しんしゅつ》し、19世紀前半《せいきぜんはん》にはイギリスの植民地《しょくみんち》となります。

第二次世界大戦時《だいにじせかいたいせんじ》は日本《にほん》に占領《せんりょう》されましたが、戦後《せんご》はまたイギリス領《りょう》となりました。1963年《ねん》にイギリス領《りょう》のカリマンタン島北部《とうほくぶ》、シンガポールとともに連邦国家《れんぽうこっか》マレーシアとして独立《どくりつ》しますが、1965年《ねん》にシンガポールが分離《ぶんり》しました。

植民地時代《しょくみんちじだい》の建物《たてもの》が残《のこ》っている地区《ちく》は、世界遺産《せかいいさん》に登録《とうろく》されているよ

くらし・文化　オランウータンの島《しま》

オランウータン島《とう》では
オランウータンを
保護《ほご》している
なるべく自然《しぜん》にしていてもらいたいから
さくの中《なか》にいるのは人間《にんげん》のほう
見《み》られてるね
私《わたし》のこと好《す》きなのかなあ
私《わたし》も好《す》きだよオランウータンくん!
おいしそ〜

産業　工業製品《こうぎょうせいひん》の輸出《ゆしゅつ》が経済《けいざい》を支《ささ》える

サラダ油《ゆ》やマーガリンなどの原料《げんりょう》となるパーム油《ゆ》の生産量《せいさんりょう》は世界《せかい》トップクラスです。また、外国《がいこく》の企業《きぎょう》をまねき入《い》れることで工業分野《こうぎょうぶんや》でもめざましい発展《はってん》をとげ、輸出額《ゆしゅつがく》のおよそ70%はテレビやエアコンなどの電器製品《でんきせいひん》の製造《せいぞう》がしめています。

くらし・文化　多民族国家《たみんぞくこっか》ならではの祝日《しゅくじつ》

マレーシアは、マレー系《けい》、中国系《ちゅうごくけい》、インド系《けい》の複数《ふくすう》の民族《みんぞく》からなる多民族国家《たみんぞくこっか》で、宗教《しゅうきょう》や文化《ぶんか》は民族《みんぞく》ごとに異《こと》なります。国《くに》の祝祭日《しゅくさいじつ》も、イスラム教《きょう》の巡礼祭《じゅんれいさい》、ヒンドゥー教《きょう》の祭典《さいてん》、クリスマス、釈迦《しゃか》の誕生日《たんじょうび》など、さまざまな宗教《しゅうきょう》にちなんでいます。

鉄道《てつどう》の開通《かいつう》により、かつては社会問題《しゃかいもんだい》となっていた都市《とし》の交通渋滞《こうつうじゅうたい》が改善《かいぜん》された。交通網《こうつうもう》の整備《せいび》には、日本《にほん》の開発援助《かいはつえんじょ》も深《ふか》くかかわっている。

アジアの経済大国《けいざいたいこく》に成長《せいちょう》した小《ちい》さな国家《こっか》

シンガポール

シンガポール

正式名称《せいしきめいしょう》 シンガポール共和国《きょうわこく》
首《しゅ》都《と》 シンガポール

基本《きほん》データ

面《めん》積《せき》	719㎢
人《じん》口《こう》	561万人《まんにん》(2017年《ねん》)
おもな言語《げんご》	マレー語《ご》(公用語《こうようご》)、英語《えいご》(公用語《こうようご》)、中国語《ちゅうごくご》(公用語《こうようご》)、タミール語《ご》(公用語《こうようご》)
通《つう》貨《か》	シンガポール・ドル

国旗《こっき》の由来《ゆらい》
赤《あか》は平等《びょうどう》と融和《ゆうわ》、白《しろ》は純潔《じゅんけつ》と美徳《びとく》、星《ほし》は進歩《しんぽ》・正義《せいぎ》・平《びょう》等《どう》・平和《へいわ》・民主主義《みんしゅしゅぎ》を、月《つき》は星《ほし》を支《ささ》える決意《けつい》を表《あらわ》す。

マレーシア
シンガポール
ジュロン島《とう》
シンガポール海峡《かいきょう》

自然・地形

小《ちい》さな島国《しまぐに》

マレー半島《はんとう》の南《みなみ》にあるシンガポール島《とう》と、まわりの島々《しまじま》からなる都市《とし》国家《こっか》です。南西部《なんせいぶ》にあるジュロン島《とう》は小《ちい》さな島《しま》をつなげた人工島《じんこうとう》です。

熱帯雨林気候《ねったいうりんきこう》で雨《あめ》がたくさん降《ふ》ります。国内《こくない》に大《おお》きな河川《かせん》がないことから、輸入《ゆにゅう》した水《みず》や、各地《かくち》につくった貯水池《ちょすいち》の水《みず》を、飲料水《いんりょうすい》などに利用《りよう》しています。

歴史・人物

貿易港《ぼうえきこう》として開発《かいはつ》

19世紀《せいき》初《はじ》めまで、シンガポールは人《ひと》の少《すく》ない荒《あ》れた土地《とち》でした。しかし、1819年《ねん》にイギリス人《じん》のトマス・スタンフォード・ラッフルズが土地《とち》を買《か》い取《と》り、貿易《ぼうえき》の中継港《ちゅうけいこう》として開発《かいはつ》を進《すす》めました。それによって海運《かいうん》の拠点《きょてん》として発展《はってん》しました。

歴史・人物

建国《けんこく》の父《ちち》、リー・クアンユー

中国《ちゅうごく》移民《いみん》4世《せい》のリー・クアンユーの指導《しどう》のもと、1963年《ねん》、現在《げんざい》のマレーシアとともにイギリス植民地《しょくみんち》から独立《どくりつ》してマレーシア連邦《れんぽう》となりました。1965年《ねん》にはマレーシアから分離《ぶんり》し、シンガポール共和国《きょうわこく》となり、リーは首相《しゅしょう》に就任《しゅうにん》しました。

第二次世界大戦中《だいにじせかいたいせんちゅう》は、日本軍《にほんぐん》が占領《せんりょう》していたんだって

くらし・文化　ゴミを捨《す》てると罰金《ばっきん》!?

ルールの多《おお》い
国《くに》として有名《ゆうめい》な
シンガポール
ガムを かむの 禁止《きんし》
ハトへの エサやり 禁止《きんし》
ゴミのポイ 捨《す》ても罰金《ばっきん》!
おかげで街《まち》は ピッカピカ〜
電車《でんしゃ》の中《なか》でも
い…一番《いちばん》 左《ひだり》のは、 ばくだん…?
ばくだん きんし!?
こら——っ!!
車内《しゃない》に ドリアン 持《も》ち込《こ》み 禁止《きんし》!!
ピーッ
くさい だろうが!!
まさかのドリアン!!

＊ドリアン…くさいけど、おいしいくだもの。

産業　製造業《せいぞうぎょう》や金融業《きんゆうぎょう》がさかん

最大《さいだい》の産業《さんぎょう》は製造業《せいぞうぎょう》で、IT《アイティー》部品《ぶひん》や石油製品《せきゆせいひん》、化学製品《かがくせいひん》などを輸出《ゆしゅつ》しています。また、金融業《きんゆうぎょう》もさかんで、世界各地《せかいかくち》の銀行《ぎんこう》の支店《してん》がおかれています。一方《いっぽう》で農地《のうち》が少《すく》なく、漁業《ぎょぎょう》も規模《きぼ》は大《おお》きくないため、食料《しょくりょう》の大半《たいはん》を海外《かいがい》から輸入《ゆにゅう》しています。

くらし・文化　多様《たよう》な人種《じんしゅ》が暮《く》らす

中国系《ちゅうごくけい》が最《もっと》も多《おお》く、ほかにマレー系《けい》やインド系《けい》の人々《ひとびと》が暮《く》らしています。女性《じょせい》の服装《ふくそう》は民族《みんぞく》によって異《こと》なり、インド系《けい》は「パンジャビドレス」を身《み》につける人《ひと》もいます。マレー系《けい》のイスラム教徒《きょうと》は、「ヒジャブ」というベールで頭《あたま》をおおいます。

シンガポールのシンボル、マーライオン。国名《こくめい》のシンガポールは、「ライオンの町《まち》」という意味《いみ》。

世界有数《せかいゆうすう》の島国《しまぐに》

フィリピン

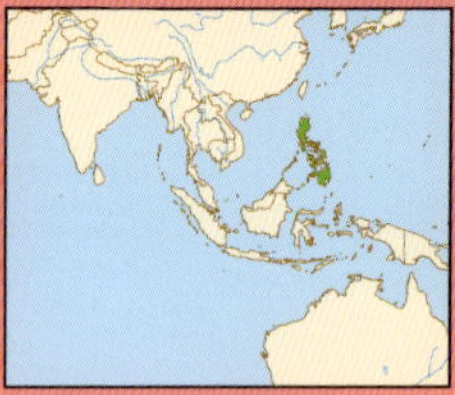

正式名称《せいしきめいしょう》　フィリピン共和国《きょうわこく》

首《しゅ》都《と》　マニラ

基本《きほん》データ

面《めん》積《せき》	30万《まん》㎢
人《じん》口《こう》	約《やく》1億《おく》98万人《まんにん》（2015年《ねん》）
おもな言語《げんご》	フィリピノ語《ご》（公用語《こうようご》）、英語《えいご》（公用語《こうようご》）、その他《ほか》80前後《ぜんご》の言語《げんご》
通《つう》貨《か》	ペソ

国旗《こっき》の由来《ゆらい》

白《しろ》は平和《へいわ》、青《あお》は犠牲心《ぎせいしん》、赤《あか》は勇気《ゆうき》を表《あらわ》す。白《しろ》い三角《さんかく》は自由《じゆう》の象徴《しょうちょう》で、太陽《たいよう》は８州《しゅう》、星《ほし》は３つの島《しま》を表《あらわ》す。

中国《ちゅうごく》
(台湾《たいわん》)
フィリピン海《かい》
ルソン島《とう》
フィリピン
マニラ
マヨン山《さん》
南《みなみ》シナ海《かい》
太平洋《たいへいよう》
ベトナム
ミンダナオ島《とう》
ブルネイ
セレベス海《かい》
マレーシア
インドネシア

自然・地形

7千《せん》以上《いじょう》の島《しま》がある

南《みなみ》シナ海《かい》とフィリピン海《かい》の間《あいだ》にある7千《せん》以上《いじょう》の島《しま》からなる国《くに》です。国土《こくど》には火山《かざん》が多《おお》くあります。ルソン島《とう》にあるマヨン山《さん》では、2018年《ねん》に大噴火《だいふんか》が起《お》きました。

熱帯雨林気候《ねったいうりんきこう》で、1年《ねん》の平均気温《へいきんきおん》が25℃以上《いじょう》です。毎年《まいとし》6～11月《がつ》ごろに北部《ほくぶ》の島《しま》には台風《たいふう》が上陸《じょうりく》し、大《おお》きな被害《ひがい》をもたらします。

歴史・人物

国民《こくみん》が独裁政権《どくさいせいけん》をたおした

14世紀後半《せいきこうはん》、イスラム教《きょう》が伝《つた》わり、15世紀中《せいきなか》ごろにはイスラム王国《おうこく》ができました。16世紀《せいき》に入《はい》るとスペインに支配《しはい》され、スペインのフェリペ皇太子《こうたいし》にちなんで、国名《こくめい》を「フィリピン」と名《な》づけられます。

19世紀後半《せいきこうはん》になると、アメリカに支配《しはい》されました。太平洋戦争中《たいへいようせんそうちゅう》には、日本軍《にほんぐん》に占領《せんりょう》されました。

戦後《せんご》は独立国《どくりつこく》となりましたが、1965年《ねん》に大統領《だいとうりょう》となったフェルディナンド・マルコスによって、独裁政治《どくさいせいじ》がつづきました。しかし1986年《ねん》に国民《こくみん》による大規模《だいきぼ》な抗議活動《こうぎかつどう》が起《お》こり、約《やく》20年《ねん》にわたる独裁政権《どくさいせいけん》は終《お》わりを告《つ》げました。

国民《こくみん》の力《ちから》で、独裁政治《どくさいせいじ》を終《お》わらせたんだって！

くらし・文化

フィリピン産《さん》のバナナ

日本《にほん》が輸入《ゆにゅう》しているバナナの多《おお》くがフィリピン産《さん》
日本《にほん》
フィリピン
バナナは青《あお》いうちに収《しゅう》かくされて、
そのまま船《ふね》で日本《にほん》まで運《はこ》ばれる
ボー
黄色《きいろ》になるとお店《みせ》にならぶ
今日《きょう》はバナナが安《やす》いよ～！
バナナ 100円《えん》
買《か》ったら赤《あか》くなったりして！
信号《しんごう》かーいっ！

フィリピンのバナナ農園《のうえん》。高温多湿《こうおんたしつ》の気《き》候《こう》が、バナナ栽培《さいばい》に適《てき》している。

産業

日本《にほん》との輸出入《ゆしゅつにゅう》がさかん

農業《のうぎょう》が中心《ちゅうしん》で、マニラ麻《あさ》やココヤシ、バナナ、パイナップルなどを栽培《さいばい》しています。日本《にほん》の輸入《ゆにゅう》バナナはフィリピン産《さん》が9割《わり》以上《いじょう》です。工業《こうぎょう》は半導体《はんどうたい》やコンピュータ関連《かんれん》の部品《ぶひん》の製造《せいぞう》がさかんで、日本《にほん》との間《あいだ》での輸出入《ゆしゅつにゅう》もふえています。

くらし・文化

住民《じゅうみん》の多《おお》くがキリスト教徒《きょうと》

古《ふる》くからフィリピン各地《かくち》に住《す》んでいた民族《みんぞく》に加《くわ》え、植民地時代《しょくみんちじだい》に移住《いじゅう》したスペイン系《けい》、中国系《ちゅうごくけい》など、多様《たよう》な人種《じんしゅ》が暮《く》らしています。話《はな》す言語《げんご》も地域《ちいき》でちがい、その数《かず》は100以上《いじょう》にもなります。また国民《こくみん》の94%が、キリスト教《きょう》を信仰《しんこう》しています。

世界《せかい》の国《くに》クイズ　Q14 メキシコの首都《しゅと》は？

多《おお》くの島々《しまじま》からなる熱帯《ねったい》の島国《しまぐに》

インドネシア

正式名称《せいしきめいしょう》 インドネシア共和国《きょうわこく》

首《しゅ》　都《と》 ジャカルタ

基本《きほん》データ

面《めん》　積《せき》 191万《まん》931㎢

人《じん》　口《こう》 2億《おく》5500万人《まんにん》（2015年《ねん》）

おもな言語《げんご》 インドネシア語《ご》（公用語《こうようご》）

通《つう》　貨《か》 ルピア

国旗《こっき》の由来《ゆらい》

赤《あか》は勇気《ゆうき》、白《しろ》は正義《せいぎ》と純粋《じゅんすい》さを表《あらわ》す。独立運動《どくりつうんどう》のときにも、インドネシア国民党《こくみんとう》が赤《あか》白《しろ》の旗《はた》を使用《しよう》していた。

自然・地形

世界最大《せかいさいだい》の島国《しまぐに》

東南《とうなん》アジアの南東部《なんとうぶ》から、赤道《せきどう》をはさんで南北《なんぼく》に広《ひろ》がる1万《まん》7千以上《せんいじょう》の島々《しまじま》からなる国《くに》です。気候《きこう》は熱帯《ねったい》雨林気候《うりんきこう》で、モンスーンの影響《えいきょう》により雨季《うき》と乾季《かんき》があります。豊《ゆた》かな土壌《どじょう》と、高地《こうち》と低地《ていち》で気温《きおん》の差《さ》が大《おお》きいことから植物《しょくぶつ》の種類《しゅるい》が豊富《ほうふ》で、希《き》少《しょう》な生《い》き物《もの》も生息《せいそく》しています。

南《みなみ》シナ海《かい》
フィリピン
太平洋《たいへいよう》
マレーシア
カリマンタン島《とう》（ボルネオ）
インドネシア
スマトラ島《とう》
スラウェシ島《とう》
ニューギニア島《とう》
インド洋《よう》
ジャワ島《とう》
ジャカルタ
東《ひがし》ティモール
オーストラリア
スマトラトラは絶滅危惧《ぜつめつきぐ》種《しゅ》だよ

歴史・人物

長《なが》い間《あいだ》オランダの植民地《しょくみんち》に

4世紀以降《せいきいこう》、インドから仏教文化《ぶっきょうぶんか》やヒンドゥー教《きょう》が伝《つた》わり、さまざまな王朝《おうちょう》が生《う》まれました。しかし、13世紀《せいき》ごろからイスラム勢力《せいりょく》が入《はい》り、勢力《せいりょく》を拡大《かくだい》しました。

16世紀《せいき》になると、ヨーロッパの国々《くにぐに》が進出《しんしゅつ》し、オランダの植民地《しょくみんち》になりました。第二次世界大戦中《だいにじせかいたいせんちゅう》は、日本《にほん》に占領《せんりょう》されています。

戦後《せんご》に独立《どくりつ》を宣言《せんげん》したインドネシアでは、初代大統領《しょだいだいとうりょう》スカルノのあと、スハルトが大統領《だいとうりょう》となりました。しかし、1998年《ねん》に長期政権《ちょうきせいけん》に対《たい》する暴動《ぼうどう》が起《お》こり、スハルトは大統領《だいとうりょう》を辞任《じにん》しました。

近年《きんねん》、テロ組織《そしき》による爆弾《ばくだん》テロが発生《はっせい》し、治安《ちあん》が悪化《あっか》しています。

30年間《ねんかん》も、スハルト政権《せいけん》だったんだって

自然・地形

島《しま》の生《い》き物《もの》たち

産業

農業《のうぎょう》も工業《こうぎょう》もさかん

農業《のうぎょう》が経済《けいざい》を支《ささ》えていて、国内《こくない》で食《た》べる米《こめ》のほか、パーム油《ゆ》やゴムなど輸出品《ゆしゅつひん》となる作物《さくもつ》の栽培《さいばい》がさかんです。石油《せきゆ》などの資源《しげん》に恵《めぐ》まれ、日《に》本《ほん》にも輸出《ゆしゅつ》しています。輸出《ゆしゅつ》で得《え》た収入《しゅうにゅう》で工業《こうぎょう》を発展《はってん》させ、電子機器《でんしきき》などの工業製品《こうぎょうせいひん》も輸出《ゆしゅつ》しています。

くらし・文化

インド文化《ぶんか》の影響《えいきょう》

おもにマレー半島《はんとう》からうつり住《す》んだ人々《ひとびと》が暮《く》らしていますが、300を超《こ》える民族《みんぞく》がいます。国民《こくみん》の9割近《わりちか》くは、イスラム教徒《きょうと》です。インドネシアの主食《しゅしょく》は米《こめ》で、イスラム教徒《きょうと》は豚《ぶた》肉《にく》を食《た》べないため、鶏肉《とりにく》や魚《さかな》を使《つか》った料理《りょうり》が中心《ちゅうしん》です。

インドネシアの代表的《だいひょうてき》な料理《りょうり》、ナシゴレン。クルプックというえびせんべいといっしょに食《た》べることも多《おお》い。

Q15 ルーブル美術館《びじゅつかん》がある国《くに》は？

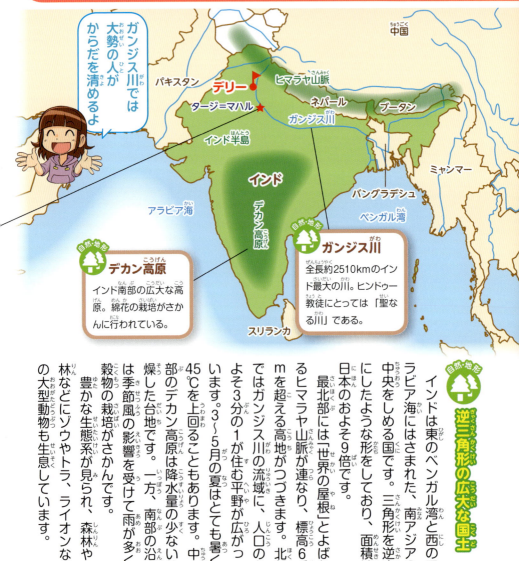

12億《おく》を超《こ》える人《ひと》が住《す》む大国《たいこく》

インド

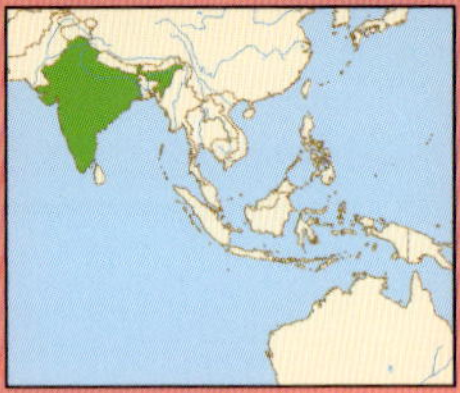

正式名称《せいしきめいしょう》 インド

首都《しゅと》 デリー（ニューデリー）

中国《ちゅうごく》
パキスタン
デリー
ヒマラヤ山脈《さんみゃく》
ネパール
ブータン
タージ＝マハル
ガンジス川《がわ》
インド半島《はんとう》
インド
ミャンマー
バングラデシュ
アラビア海《かい》
ベンガル湾《わん》
デカン高原《こうげん》
スリランカ
ガンジス川《がわ》では大勢《おおぜい》の人《ひと》がからだを清《きよ》めるよ
自然・地形
デカン高原《こうげん》
インド南部《なんぶ》の広大《こうだい》な高原《こうげん》。綿花《めんか》の栽培《さいばい》がさかんに行《おこな》われている。
自然・地形
ガンジス川《がわ》
全長約《ぜんちょうやく》2510kmのインド最大《さいだい》の川《かわ》。ヒンドゥー教徒《きょうと》にとっては「聖《せい》なる川《かわ》」である。

自然・地形

逆三角形《ぎゃくさんかくけい》の広大《こうだい》な国土《こくど》

インドは東《ひがし》のベンガル湾《わん》と西《にし》のアラビア海《かい》にはさまれた、南《みなみ》アジアの中央《ちゅうおう》をしめる国《くに》です。三角形《さんかくけい》を逆《さか》さにしたような形《かたち》をしており、面積《めんせき》は日本《にほん》のおよそ9倍《ばい》です。

最北部《さいほくぶ》には「世界《せかい》の屋根《やね》」とよばれるヒマラヤ山脈《さんみゃく》が連《つら》なり、標高《ひょうこう》6千《せん》mを超《こ》える高地《こうち》がつづきます。北部《ほくぶ》ではガンジス川《がわ》の流域《りゅういき》に、人口《じんこう》のおよそ3分《ぶん》の1が住《す》む平野《へいや》が広《ひろ》がっています。3～5月《がつ》の夏《なつ》はとても暑《あつ》く、45℃を上回《うわまわ》ることもあります。中央《ちゅうおう》部《ぶ》のデカン高原《こうげん》は降水量《こうすいりょう》の少《すく》ない乾《かん》燥《そう》した台地《だいち》です。一方《いっぽう》、南部《なんぶ》の沿岸《えんがん》は季節風《きせつふう》の影響《えいきょう》を受《う》けて雨《あめ》が多《おお》く、穀物《こくもつ》の栽培《さいばい》がさかんです。

豊《ゆた》かな生態系《せいたいけい》が見《み》られ、森林《しんりん》や密《みつ》林《りん》などにゾウやトラ、ライオンなどの大型動物《おおがたどうぶつ》も生息《せいそく》しています。

くらし・文化

ガンジス川《がわ》で沐浴《もくよく》

インド人《じん》の多《おお》くはヒンドゥー教徒《きょうと》でね
ガンジス川《がわ》でからだを清《きよ》めると—
自分《じぶん》がした悪《わる》いことを洗《あら》い流《なが》してくれると
言《い》われているんだって
マジ!?
ちょっとガンジス川《がわ》行《い》ってくる!!
うおー
あれも
全部《ぜんぶ》なかったことになりますように
ザバー
これも

基本《きほん》データ

面積《めんせき》	328万《まん》7263km^2
人口《じんこう》	12億《おく》1057万人《まんにん》(2011年《ねん》)
おもな言語《げんご》	ヒンディー語《ご》(連邦公用《れんぽうこうよう》語《ご》)、その他《ほか》21の言語《げんご》
通貨《つうか》	ルピー

国旗《こっき》の由来《ゆらい》

オレンジは勇気《ゆうき》と献身《けんしん》、白《しろ》は生命《せいめい》と平和《へいわ》と真実《しんじつ》、緑《みどり》は公正《こうせい》と信仰《しんこう》を表《あらわ》す。中央《ちゅうおう》には、仏教《ぶっきょう》のシンボル「チャクラ」を配《はい》している。

歴史・人物

タージ＝マハル

ムガル帝国《ていこく》の皇帝《こうてい》が亡《な》き皇妃《こうひ》のために22年《ねん》の歳月《さいげつ》をかけて1653年《ねん》に完成《かんせい》させたイスラム教《きょう》の霊廟《れいびょう》（霊《れい》をまつってある建物《たてもの》）。1983年《ねん》に世界文化遺産《せかいぶんかいさん》に登録《とうろく》された。

歴史・人物

仏教《ぶっきょう》とヒンドゥー教《きょう》が生《う》まれた国《くに》

紀元前《きげんぜん》15世紀《せいき》ごろに中央《ちゅうおう》アジアから移住《いじゅう》してきたアーリヤ人《じん》によって、古《ふる》くから文明《ぶんめい》が栄《さか》えました。紀《き》元前《げんぜん》3世紀《せいき》ごろにインド全域《ぜんいき》を支配《しはい》する帝国《ていこく》を築《きず》いたマウリヤ朝《ちょう》のアショーカ王《おう》は、ガンジス川流域《がわりゅういき》で釈《しゃ》迦《か》が始《はじ》めた仏教《ぶっきょう》を保護《ほご》しました。

その後《ご》、インドで生《う》まれたもう1つの宗教《しゅうきょう》、ヒンドゥー教《きょう》の王朝《おうちょう》が栄《さか》えましたが、16世紀《せいき》にはイスラム系《けい》のムガル帝国《ていこく》が建《た》てられます。19世《せい》紀《き》にはインドに進出《しんしゅつ》してきたイギリスの植民地《しょくみんち》となりました。

2つの宗教《しゅうきょう》が生《う》まれた国《くに》なんだね！

歴史・人物

ガンディーによる独立運動《どくりつうんどう》

1919年《ねん》に、ガンディーはイギリスの支配《しはい》に非暴力《ひぼうりょく》で抵抗《ていこう》を始《はじ》め、インド各地《かくち》で独立運動《どくりつうんどう》が広《ひろ》がりました。これを受《う》けて1947年《ねん》に、ヒンドゥー教徒《きょうと》が多《おお》い地域《ちいき》がインド、イスラム教徒《きょうと》が多《おお》い地域《ちいき》はパキスタンとしてそれぞれ独立《どくりつ》しました。

しかし領土《りょうど》や宗教《しゅうきょう》をめぐって、インドとパキスタンの間《あいだ》にはこれまでに3度《ど》の戦争《せんそう》が起《お》きています。両国《りょうこく》はたがいに核兵器《かくへいき》を開発《かいはつ》するなど、今《いま》も対立《たいりつ》がつづいています。

ヒンドゥー教徒《きょうと》の集《あつ》まりで語《かた》るガンディー。

産業

21世紀《せいき》のIT《アイティー》大国《たいこく》

おもな産業《さんぎょう》は農業《のうぎょう》です。とくに米《こめ》や小麦《こむぎ》の生産量《せいさんりょう》、輸出量《ゆしゅつりょう》は世界有数《せかいゆうすう》で、ほかに綿花《めんか》や茶《ちゃ》、くだものなども栽培《さいばい》されています。

工業《こうぎょう》もさかんで、自動車《じどうしゃ》や二輪車《にりんしゃ》の製造《せいぞう》、鉄鋼《てっこう》、化学《かがく》などが発展《はってん》しています。1990年代末《ねんだいすえ》からはソフトウェア開発《かいはつ》などのIT産業《アイティーさんぎょう》が急速《きゅうそく》に発展《はってん》し、高《たか》い経済成長《けいざいせいちょう》を示《しめ》しています。おもな輸出先《ゆしゅつさき》はアメリカやイギリスです。21世紀《せいき》に入《はい》ってからは石油産業《せきゆさんぎょう》ものびており、石油製品《せきゆせいひん》は主要《しゅよう》な輸出品目《ゆしゅつひんもく》となっています。

伝統的《でんとうてき》な身分制度《みぶんせいど》であるカースト制《せい》度《ど》によって、国民《こくみん》の貧富《ひんぷ》の差《さ》は、いまだに大《おお》きいままです。

穀物《こくもつ》の自給率《じきゅうりつ》は、9割以上《わりいじょう》なんだって

アジア　インド

くらし・文化
お札に記された17の言葉

インドには、中国に次いで世界で2番目に多い12億以上の人々が暮らしています。このうちおよそ80％がヒンドゥー教徒です。

インドは広大な国土にさまざまな民族が暮らす多民族国家です。言語は地域によって異なり、およそ800種類あるといわれます。インドのお札には、そのうち代表的な17の言葉で額面が記されています。

インドの紙幣。

もっと知りたい　カレーはインドから

インドでは、スパイスやハーブをたくさん使った煮込み料理をよく食べます。具は豆や野菜、肉、魚などです。ナンやチャパティというパンや、米といっしょに食べます。

イギリス人は、こうした料理を植民地時代に「カレー」とよんで世界に広め、それがやがて日本にも伝わってきました。インドは、カレー発祥の地なのです。

インドのカレー。数種類のカレーをいっしょに食べる。

右手で食べるのが基本なんだって！

ヒンドゥー教の祭りでカレーを食べる修行僧たち。

世界の国クイズ　Q17 アイルランドの首都は？

イスラム教徒《きょうと》が独立《どくりつ》して建国《けんこく》した国《くに》

パキスタン

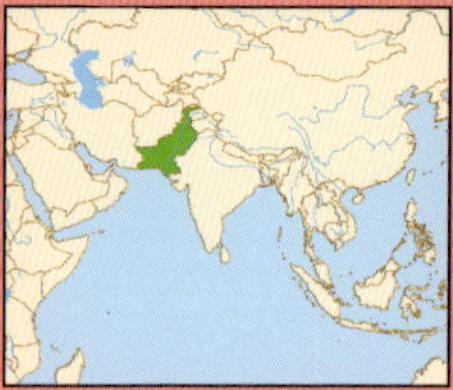

正式名称《せいしきめいしょう》 パキスタン・イスラム共和国《きょうわこく》

首《しゅ》都《と》 イスラマバード

基本《きほん》データ

- 面《めん》積《せき》 79万《まん》6095㎢
- 人《じん》口《こう》 2億《おく》777万人《まんにん》(2017年《ねん》)
- おもな言語《げんご》 ウルドゥー語《ご》(国語《こくご》)、英語《えいご》(公用語《こうようご》)
- 通《つう》貨《か》 パキスタン・ルピー

国旗《こっき》の由来《ゆらい》

緑《みどり》はイスラム教《きょう》、白《しろ》はイスラム教徒以外《きょうといがい》の少数民族《しょうすうみんぞく》の存在《そんざい》を表《あらわ》す。三日月《みかづき》と星《ほし》は進歩《しんぽ》や希望《きぼう》、知識《ちしき》を象徴《しょうちょう》する。

自然・地形

夏《なつ》は45℃を超《こ》える地域《ちいき》も

中国《ちゅうごく》との国境付近《こっきょうふきん》にまたがってそびえるK2《ケーツー》は、エベレスト山《さん》に次《つ》ぐ世界第《せかいだい》2位《い》の標高《ひょうこう》をほこります。国土《こくど》の中央《ちゅうおう》にはインダス川《がわ》が流《なが》れ、アラビア海《かい》に注《そそ》いでいます。

国土《こくど》の大部分《だいぶぶん》は乾燥《かんそう》していて、乾燥《かんそう》の度合《どあ》いは南部《なんぶ》ほど激《はげ》しく、夏場《なつば》は45℃を超《こ》える地域《ちいき》もあります。

歴史・人物

インダス文明発祥《ぶんめいはっしょう》の地《ち》

インダス川流域《がわりゅういき》では紀元前《きげんぜん》2600年《ねん》ごろにインダス文明《ぶんめい》がおこり、ハラッパーやモヘンジョ=ダロなどの都市《とし》がつくられ、古代文明《こだいぶんめい》が栄《さか》えました。8世紀《せいき》になるとイスラム教《きょう》が広《ひろ》がり、ムガル帝国《ていこく》などさまざまな王朝《おうちょう》が生《う》まれます。

19世紀《せいき》になると、インドの一部《いちぶ》としてイギリスの植民地《しょくみんち》になりますが、20世紀中《せいきなか》ごろにイギリスからの独立《どくりつ》を果《は》たしました。このとき、ヒンドゥー教徒《きょうと》が大半《たいはん》をしめるインドと分離《ぶんり》し、イスラム教徒《きょうと》の国《くに》であるパキスタンを建国《けんこく》しました。

パキスタンの飛地《とびち》だった東《ひがし》パキスタンは、1971年《ねん》にバングラデシュとして独立《どくりつ》したよ

アジア　パキスタン

モヘンジョ＝ダロ遺跡

産業　綿花とサッカーボールの生産地

綿花の生産量は世界有数で、綿花を利用した布やじゅうたんなどの繊維製品の生産が、輸出産業を支えています。また、植民地時代から皮革産業もさかんで、サッカーボールの生産量は世界トップクラスです。

くらし・文化　「ハラール肉」を食べる

国民の約9割がイスラム教徒であるパキスタンでは、「ハラール肉」が売られています。イスラムの教えでは豚肉を食べることを禁じられていますが、そのほかの食肉も、決められた方法で加工された「ハラール肉」しかみとめられていません。

1920年代に発見されたモヘンジョ＝ダロ遺跡。モヘンジョ＝ダロは「死者の丘」という意味。

55　世界の国クイズ　Q18 バルデス半島がある国は？

今《いま》もなお国内《こくない》の混乱《こんらん》がつづく

アフガニスタン

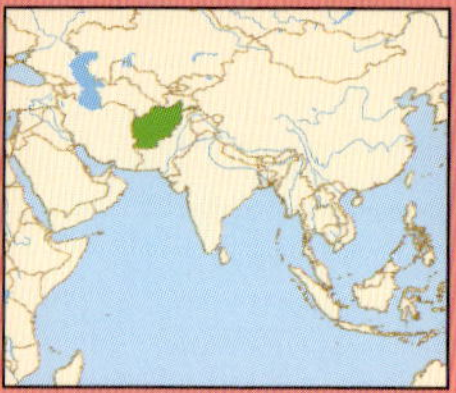

正式名称《せいしきめいしょう》 アフガニスタン・イスラム共和国《きょうわこく》
首《しゅ》都《と》 カブール

基本《きほん》データ

面《めん》積《せき》	65万《まん》2864㎢
人《じん》口《こう》	2916万人《まんにん》（2017年《ねん》）
おもな言語《げんご》	ダリー語《ご》（公用語《こうようご》）、パシュトゥー語《ご》（公用語《こうようご》）、ハザラ語、タジク語など
通《つう》貨《か》	アフガニー

国旗《こっき》の由来《ゆらい》
黒《くろ》は外国《がいこく》に支配《しはい》された過去《かこ》、赤《あか》は戦《たたか》いで流《なが》された血《ち》、緑《みどり》は独立《どくりつ》の達成《たっせい》を表《あらわ》す。中央《ちゅうおう》の建《たて》物《もの》はイスラム教《きょう》の寺院《じいん》。

ウズベキスタン
タジキスタン
中国《ちゅうごく》
トルクメニスタン
カブール
アフガニスタン
ヒンドゥークシ山脈《さんみゃく》
イラン
インダス川《がわ》
パキスタン
インド
アラビア海《かい》

自然・地形

6つの国《くに》に囲《かこ》まれた国《くに》

中央《ちゅうおう》アジアに位置《いち》し、イラン、パキスタン、中国《ちゅうごく》、タジキスタン、ウズベキスタン、トルクメニスタンの6か国《くに》に囲《かこ》まれている内陸《ないりく》の国《くに》です。国土《こくど》の北東《ほくとう》から南西《なんせい》にかけてヒンドゥークシ山脈《さんみゃく》が横断《おうだん》していて、山《さん》脈《みゃく》の北側《きたがわ》には平野《へいや》が広《ひろ》がり、南側《みなみがわ》は砂漠《さばく》でおおわれています。

国土《こくど》の大半《たいはん》が乾燥《かんそう》していて、夏《なつ》と冬《ふゆ》の気温差《きおんさ》が大《おお》きいのが特徴《とくちょう》です。

歴史・人物

収《おさ》まらない戦乱《せんらん》

古代《こだい》からヨーロッパとアジアの中《ちゅう》継地《けいち》とされました。1919年《ねん》にイギリスから独立《どくりつ》しますが、1978年《ねん》に内戦《ないせん》が起《お》こります。そこにソ連《れん》（今《いま》のロシア）が軍事介入《ぐんじかいにゅう》したことで、国民《こくみん》との間《あいだ》で戦闘《せんとう》となりました。ソ連《れん》の撤退後《てったいご》も不安定《ふあんてい》な情勢《じょうせい》はつづき、過激《かげき》なイスラム思想《しそう》に基《もと》づく武装組織《ぶそうそしき》・タリバーンが勢力《せいりょく》を拡大《かくだい》します。アメリカ同時多発《どうじたはつ》テロをきっかけに、アメリカを中心《ちゅうしん》とする連合軍《れんごうぐん》との紛争《ふんそう》が起《お》こり、タリバーン政権《せいけん》は崩壊《ほうかい》し、民主化《みんしゅか》の道《みち》を歩《あゆ》み始《はじ》めました。

現在《げんざい》では、国際連合《こくさいれんごう》や諸外国《しょがいこく》が復興《ふっこう》を支援《しえん》しているよ

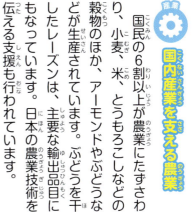

産業　国内産業《こくないさんぎょう》を支《ささ》える農業《のうぎょう》

国民《こくみん》の6割《わり》以上《いじょう》が農業《のうぎょう》にたずさわり、小麦《こむぎ》、米《こめ》、とうもろこしなどの穀物《こくもつ》のほか、アーモンドやぶどうなどが生産《せいさん》されています。ぶどうを干《ほ》したレーズンは、主要《しゅよう》な輸出品目《ゆしゅつひんもく》にもなっています。日本《にほん》の農業技術《のうぎょうぎじゅつ》を伝《つた》える支援《しえん》も行《おこな》われています。

くらし・文化　国民《こくみん》のほとんどがイスラム教徒《きょうと》

アフガニスタンには、パシュトゥーン人《じん》、タジク人《じん》、ハザラ人《じん》、ウズベク人《じん》などの民族《みんぞく》が暮《く》らしていますが、ほぼすべての国民《こくみん》がイスラム教《きょう》を信仰《しんこう》しています。イスラム教《きょう》の教《おし》えにより、女性《じょせい》が外出《がいしゅつ》するときは布《ぬの》で顔《かお》をかくす習慣《しゅうかん》があります。

アフガニスタンの女《じょ》性《せい》の服装《ふくそう》、「ブルカ」。頭《あたま》からすっぽりとかぶって、顔全体《かおぜんたい》をかくす。

くらし・文化　アフガニスタンの犬《いぬ》

アフガニスタンを代表《だいひょう》する犬《いぬ》
アフガンハウンド
とても古《ふる》い歴史《れきし》をもつ犬《いぬ》で――
目《め》がよく走《はし》る力《ちから》にもすぐれ山岳地帯《さんがくちたい》の狩《か》りに活躍《かつやく》してきた
うちのポチと大《おお》ちがい！
くかー

ペルシアの長《なが》い歴史《れきし》をもつ資源大国《しげんたいこく》

イラン

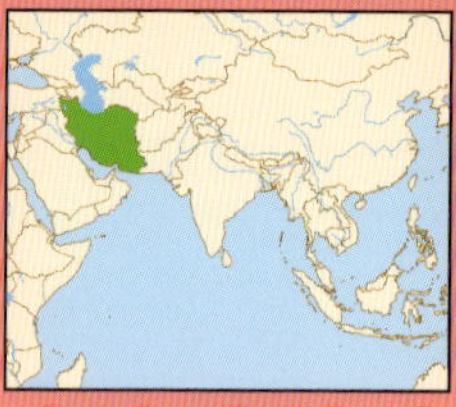

正式名称《せいしきめいしょう》 イラン・イスラム共和国《きょうわこく》

首《しゅ》都《と》 テヘラン

基本《きほん》データ

面《めん》積《せき》 162万《まん》8750㎢

人《じん》口《こう》 8000万人《まんにん》（2016年《ねん》）

おもな言語《げんご》 ペルシャ語《ご》、トルコ語《ご》、クルド語《ご》など

通《つう》貨《か》 リアル

国旗《こっき》の由来《ゆらい》

緑《みどり》はイスラム教《きょう》、白《しろ》は平和《へいわ》、赤《あか》は勇気《ゆうき》を表《あらわ》す。色《いろ》の境《さかい》には、アラビア文字《もじ》で、「神《かみ》は偉大《いだい》なり」と22回記《かいしる》されている。

自然・地形

砂《さ》漠《ばく》が広《ひろ》がる高《こう》原《げん》の国《くに》

イランは、北《きた》はカスピ海《かい》、南《みなみ》はペルシア湾《わん》に面《めん》した国《くに》です。国土《こくど》のほとんどが、乾燥《かんそう》した高地《こうち》となっています。

中央部《ちゅうおうぶ》はイラン高原《こうげん》が広《ひろ》がり、砂漠地帯《さばくちたい》となっています。カスピ海沿岸《かいえんがん》は、地中海性気候《ちちゅうかいせいきこう》です。北西部《ほくせいぶ》はザグロス山脈《さんみゃく》がつづき、南部《なんぶ》のペルシア湾岸《わんがん》は高温多湿《こうおんたしつ》な低地《ていち》です。

カスピ海《かい》
トルコ
トルクメニスタン
ザグロス山脈《さんみゃく》
テヘラン
カビール砂漠《さばく》
アフガニスタン
イラン
イラク
ルート砂漠《さばく》
パキスタン
クウェート
ペルシア湾《わん》
サウジアラビア

歴史・人物

古《こ》代《だい》から文《ぶん》明《めい》が栄《さか》えた

紀元前《きげんぜん》550年《ねん》に成立《せいりつ》したアケメネス朝《ちょう》は、広大《こうだい》な領土《りょうど》をもつペルシア帝国《ていこく》となりました。当時《とうじ》の王宮跡《おうきゅうあと》であるペルセポリスは、今《いま》では世界文化遺産《せかいぶんかいさん》となっています。

7世紀《せいき》に入《はい》るとイスラム教《きょう》への改宗《かいしゅう》が進《すす》み、1501年《ねん》に成立《せいりつ》したサファビー朝《ちょう》は、イスラム教《きょう》シーア派《は》を国教《こっきょう》とし、大《おお》きく発展《はってん》しました。

1979年《ねん》にはホメイニによるイスラム革命《かくめい》が起《お》き、2千《せん》5百年《ひゃくねん》ほどつづいた王政《おうせい》が終《お》わり、イスラム共和国《きょうわこく》となりました。

ホメイニが最高指導者《さいこうしどうしゃ》になったよ

くらし・文化　ペルシアじゅうたん

イランのペルシアじゅうたんは
1枚《いちまい》織《お》り上《あ》げるのに何年《なんねん》もかかるものもある
4千年前《せんねんまえ》からつづく伝統工芸品《でんとうこうげいひん》なんですよ
わあーっとっても模様《もよう》が細《こま》かい!
でもなんでイランじゅうたんっていわないの?
たしかに…
当《あ》たり前《まえ》じゃないか
ど〜ん
要《い》らんじゅうたんなんて売《う》れないからね!

伝統工芸品《でんとうこうげいひん》のペルシアじゅうたん。すべて手《て》作業《さぎょう》でつくられる。

模様《もよう》が細《こま》かくてきれい!

産業　日本《にほん》にも資源《しげん》を輸出《ゆしゅつ》

世界《せかい》でも有数《ゆうすう》の資源大国《しげんたいこく》で、天然《てんねん》ガスと石油《せきゆ》の埋蔵量《まいぞうりょう》は世界《せかい》トップクラスです。これらは日本《にほん》にも輸出《ゆしゅつ》されています。また、伝統工芸品《でんとうこうげいひん》として、ペルシアじゅうたんも有名《ゆうめい》です。カスピ海沿岸《かいえんがん》はキャビアの漁場《ぎょじょう》として知《し》られます。

くらし・文化　イスラムの教《おし》えを守《まも》る

イランでは、イスラムの教《おし》えを厳《きび》しく守《まも》る生活《せいかつ》をしています。子《こ》どもをのぞくすべての女性《じょせい》が「ヘジャーブ」という衣服《いふく》を身《み》につけ、髪《かみ》の毛《け》と体全体《からだぜんたい》をおおっています。男性《だんせい》はネクタイが禁止《きんし》です。また、中学校《ちゅうがっこう》までは男女別《だんじょべつ》に学《まな》びます。

メソポタミア文明発祥《ぶんめいはっしょう》の国《くに》

イラク

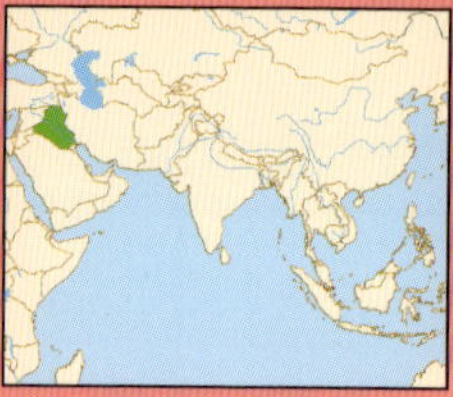

正式名称《せいしきめいしょう》 イラク共和国《きょうわこく》

首《しゅ》都《と》 バグダッド

基本《きほん》データ

面《めん》積《せき》	43万《まん》5052㎢
人《じん》口《こう》	約《やく》3720万人《まんにん》（2016年《ねん》）
おもな言語《げんご》	アラビア語《ご》（公用語《こうようご》）、クルド語《ご》（公用語《こうようご》）など
通《つう》貨《か》	イラク・ディナール

国旗《こっき》の由来《ゆらい》

赤《あか》は勇気《ゆうき》、白《しろ》は寛容《かんよう》な心《こころ》、黒《くろ》は伝統《でんとう》を表《あらわ》す。緑《みどり》の文字《もじ》は「神《かみ》は偉大《いだい》なり」という意味《いみ》。緑《みどり》はイスラム教《きょう》の聖《せい》なる色《いろ》。

自然・地形

気温《きおん》50℃を超《こ》えることも

国土《こくど》の中央部《ちゅうおうぶ》にティグリス川《がわ》とユーフラテス川《がわ》が流《なが》れ、メソポタミア平原《へいげん》をつくっています。川《かわ》の下流域《かりゅういき》は農業《のうぎょう》が発達《はったつ》しています。西部《せいぶ》と南部《なんぶ》には砂漠地帯《さばくちたい》が広《ひろ》がります。

5〜10月《がつ》は厳《きび》しい暑《あつ》さとなり、気温《きおん》58℃を記録《きろく》することもあり、地下室《ちかしつ》で暑《あつ》さをしのぎます。12〜3月《がつ》は温暖《おんだん》な気候《きこう》です。

歴史・人物

メソポタミア文明《ぶんめい》がおこる

世界最古《せかいさいこ》の文明《ぶんめい》の1つ、メソポタミア文明《ぶんめい》がおこった場所《ばしょ》で、紀元前《きげんぜん》から多《おお》くの王朝《おうちょう》が栄《さか》えました。

1958年《ねん》にイラク共和国《きょうわこく》となり、1970年代《ねんだい》には石油価格《せきゆかかく》の高騰《こうとう》によって、経済的《けいざいてき》に発展《はってん》しました。しかし、サダム・フセイン大統領《だいとうりょう》のもと、1980年《ねん》にイラン・イラク戦争《せんそう》、1991年《ねん》に湾岸戦争《わんがんせんそう》が起《お》こります。さらに、2001年《ねん》のアメリカ同時多発《どうじたはつ》テロをきっかけに、イラク戦争《せんそう》に発展《はってん》します。その結果《けっか》、フセイン政権《せいけん》は崩壊《ほうかい》しますが、政情《せいじょう》は安定《あんてい》していません。

メソポタミア文明《ぶんめい》の都市遺跡《としいせき》が、多《おお》く残《のこ》っているよ

くらし・文化　マルウィヤ・ミナレット

マルウィヤ・ミナレットは
ど〜ん
イラクで最《もっと》も古《ふる》いらせん式《しき》の塔《とう》だ
千年以上前《せんねんいじょうまえ》につくられた塔《とう》の高《たか》さはなんと53m!
ヒーこわいよさくがなくて落《お》ちそう
タスタス
む…昔《むかし》の展望台《てんぼうだい》なの?
風《かぜ》でとばされそう
ううん礼拝《れいはい》の時間《じかん》をよびかけるための塔《とう》!
1日《にち》5回《かい》の礼拝《れいはい》の時間《じかん》をここから伝《つた》えたらみんなに聞《き》こえるでしょ?
わかったから早《はや》くおろして〜!!

産業　石油《せきゆ》が支《ささ》える経済《けいざい》

イラクは世界有数《せかいゆうすう》の産油国《さんゆこく》です。国《くに》の収入《しゅうにゅう》のうち、石油《せきゆ》の輸出《ゆしゅつ》が8割《わり》以上《いじょう》をしめています。

メソポタミア平原《へいげん》では、小麦《こむぎ》や大麦《おおむぎ》、野菜《やさい》、綿花《めんか》などが栽培《さいばい》されています。なつめやしは主要《しゅよう》な輸出品目《ゆしゅつひんもく》です。

くらし・文化　アラブ人《じん》が8割《わり》をしめる

アラブ人《じん》が全体《ぜんたい》の8割近《わりちか》くをしめ、そのほかはクルド人《じん》などの少数《しょうすう》民族《みんぞく》です。国民《こくみん》のほとんどがイスラム教徒《きょうと》で、宗教儀礼《しゅうきょうぎれい》である1日《にち》5回《かい》の礼拝《れいはい》を欠《か》かしません。イスラム教《きょう》の祭礼《さいれい》や結婚式《けっこんしき》などは、盛大《せいだい》に行《おこな》われます。

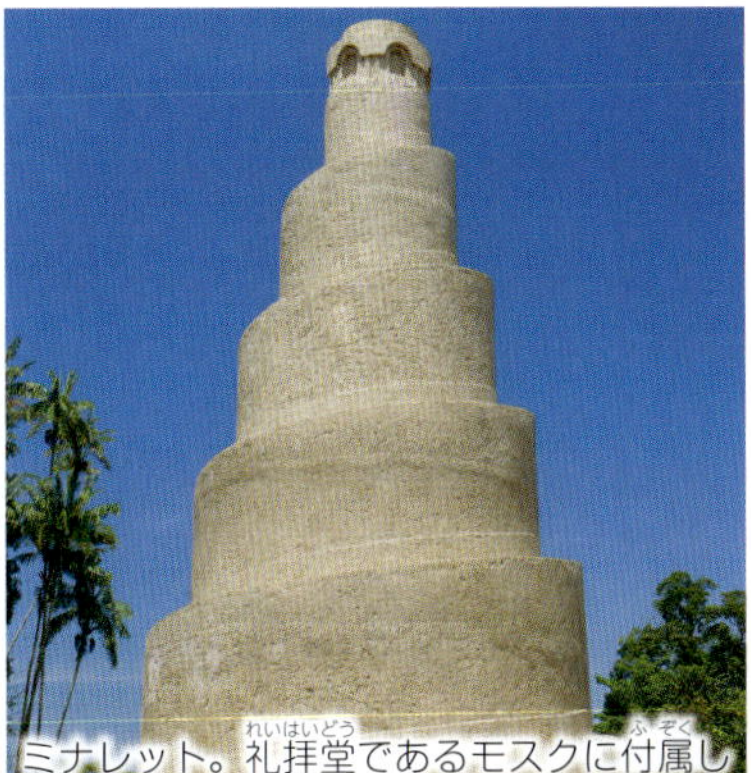
ミナレット。礼拝堂《れいはいどう》であるモスクに付属《ふぞく》して建《た》てられ、礼拝《れいはい》の時間《じかん》を知《し》らせる。

首長国《しゅちょうこく》が集《あつ》まってできた豊《ゆた》かな産油国《さんゆこく》

アラブ首長国連邦《しゅちょうこくれんぽう》

正式名称《せいしきめいしょう》 アラブ首長国連邦《しゅちょうこくれんぽう》　**首《しゅ》都《と》** アブダビ

基本《きほん》データ

面《めん》積《せき》	8万《まん》3600㎢
人《じん》口《こう》	約《やく》927万人《まんにん》（2016年《ねん》）
おもな言語《げんご》	アラビア語《ご》（公用語《こうようご》）
通《つう》貨《か》	ディルハム

国旗《こっき》の由来《ゆらい》

赤《あか》はイスラムのために流《なが》された血《ち》、緑《みどり》は豊《ゆた》かな国土《こくど》、白《しろ》は平和《へいわ》、黒《くろ》は抑圧《よくあつ》と戦争《せんそう》を表《あらわ》している。

自然・地形

ペルシア湾《わん》に面《めん》した国《くに》

アラビア半島《はんとう》の北部《ほくぶ》にあり、ペルシア湾《わん》に面《めん》した国《くに》で、UAE《ユーエーイー》ともよばれます。ペルシア湾岸《わんがん》の海《うみ》には、首都《しゅと》アブダビがあるアブダビ島《とう》や、自然《しぜん》の入《い》り江《え》をいかしたドバイ港《こう》があります。

海岸地域《かいがんちいき》は高温多湿《こうおんたしつ》で、夏《なつ》には45℃を超《こ》えることもある暑《あつ》さです。冬《ふゆ》に集中《しゅうちゅう》して雨《あめ》が降《ふ》ります。内陸《ないりく》ほど乾燥《かんそう》し、国土《こくど》の大部分《だいぶぶん》が砂漠《さばく》です。

バーレーン
イラン
カタール
ペルシア湾《わん》
ドバイ
アブダビ
アラブ首長国連邦《しゅちょうこくれんぽう》
オマーン
サウジアラビア
アラビア半島《はんとう》
アラビア海《かい》
イエメン

歴史・人物

油田開発《ゆでんかいはつ》により急激《きゅうげき》に都市化《としか》

アラビア半島《はんとう》の東岸部《とうがんぶ》は、複数《ふくすう》の遊牧民族《ゆうぼくみんぞく》が、それぞれに首長《しゅちょう》を立《た》てて首長国《しゅちょうこく》をつくっていました。

その後《ご》、ヨーロッパが進出《しんしゅつ》し、19世紀後半《せいきこうはん》には、首長国《しゅちょうこく》の多《おお》くがイギリスと条約《じょうやく》を結《むす》んで、その保護下《ほごか》に入《はい》りました。

第二次世界大戦後《だいにじせかいたいせんご》、この地《ち》に石油《せきゆ》が発見《はっけん》され、イギリスなどにより油田《ゆでん》が開発《かいはつ》されました。その後《ご》、急激《きゅうげき》に都市化《としか》が進《すす》みました。

1968年《ねん》にイギリス軍《ぐん》が撤退《てったい》を宣言《せんげん》すると、1971年《ねん》、アブダビ、ドバイなど6つの首長国《しゅちょうこく》が連邦《れんぽう》を結成《けっせい》して独立《どくりつ》しました。翌年《よくとし》には、ラス・アル・ハイマも加《くわ》わり、7つの首長国連邦《しゅちょうこくれんぽう》となりました。

石油発見《せきゆはっけん》で大《おお》きく変《か》わったね

くらし・文化

7人《にん》の首長《しゅちょう》がいる国《くに》

世界一高《せかいいちたか》いビル、ブルジュ・ハリファ。高《たか》さは828mにもおよぶ。

産業

石油《せきゆ》に恵《めぐ》まれた国《くに》

石油資源《せきゆしげん》に恵《めぐ》まれ、産油国《さんゆこく》として経済的《けいざいてき》に豊《ゆた》かな国《くに》です。おもな産業《さんぎょう》は石油《せきゆ》と天然《てんねん》ガスですが、貿易《ぼうえき》や観《かん》光《こう》にも力《ちから》を入《い》れています。

2010年《ねん》に世界一高《せかいいちたか》いビルを建《けん》設《せつ》したドバイには、7千《せん》を超《こ》える世《せ》界各国《かいかっこく》の企業《きぎょう》があります。

くらし・文化

イスラム教中心《きょうちゅうしん》の暮《く》らし

都市部《としぶ》を中心《ちゅうしん》に、外国人労働者《がいこくじんろうどうしゃ》が多《おお》く入《はい》ってきています。ドバイの人《じん》口《こう》の約《やく》90%は外国人《がいこくじん》です。

宗教《しゅうきょう》はイスラム教《きょう》です。国民《こくみん》は、1か月間《げつかん》、昼間《ひるま》は何《なに》も食《た》べない「ラマダン」など、イスラム教《きょう》の教《おし》えを守《まも》りながら暮《く》らしています。

Q22 ラパヌイ島《とう》(イースター島《とう》)がある国《くに》は?

アラビア半島《はんとう》の大部分《だいぶぶん》をしめるイスラム王国《おうこく》

サウジアラビア

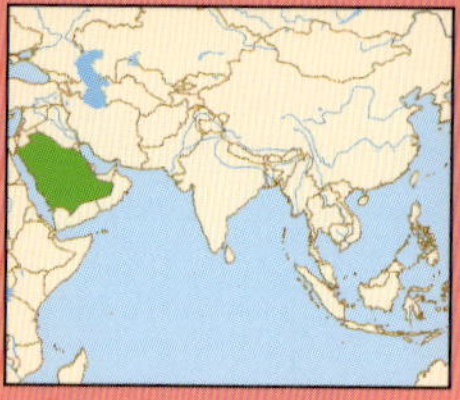

正式名称《せいしきめいしょう》 サウジアラビア王国《おうこく》

首《しゅ》都《と》 リヤド

基本《きほん》データ

面《めん》積《せき》 220万《まん》6714㎢

人《じん》口《こう》 3228万人《まんにん》(2016年《ねん》)

おもな言語《げんご》 アラビア語《ご》(公用語《こうようご》)

通《つう》貨《か》 サウジアラビア・リヤル

国旗《こっき》の由来《ゆらい》

緑《みどり》はイスラム教《きょう》の色《いろ》。白《しろ》でコーランの聖句《せいく》と剣《けん》がえがかれる。剣《けん》はイスラム教《きょう》の力《ちから》や聖地《せいち》メッカの守護《しゅご》を意味《いみ》する。

イラク
クウェート
ヨルダン
アラブ首長国連邦《しゅちょうこくれんぽう》
ネフド砂漠《さばく》
リヤド
ペルシア湾《わん》
サウジアラビア
メッカ
紅海《こうかい》
ルブアルハリ砂漠《さばく》
オマーン
アラビア半島《はんとう》
イエメン
インド洋《よう》

自然・地形

砂漠《さばく》の国《くに》

サウジアラビアは、アラビア半島《はんとう》の大部分《だいぶぶん》をしめる国《くに》です。西《にし》は紅海《こうかい》、東《ひがし》はペルシア湾《わん》に面《めん》しています。国《こく》土《ど》のほとんどは砂漠《さばく》で、北《きた》にはネフド砂漠《さばく》、南《みなみ》にはルブアルハリ砂漠《さばく》が広《ひろ》がっています。

寒暖《かんだん》の差《さ》が激《はげ》しい砂漠気候《さばくきこう》で、夏《なつ》は40℃以上《いじょう》、冬《ふゆ》は0℃以下《いか》になる日《ひ》もあります。日中《にっちゅう》と夜《よる》の気温差《きおんさ》も大《おお》きくなります。

歴史・人物

イスラム教《きょう》が生《う》まれた国《くに》

アラビア半島《はんとう》は、もともと少数《しょうすう》の遊牧民《ゆうぼくみん》が暮《く》らす地域《ちいき》でした。570年《ねん》、イスラム教《きょう》の始祖《しそ》ムハンマドが生《う》まれると、その後《ご》、イスラム教《きょう》の中心《ちゅうしん》地《ち》として栄《さか》えました。

16世紀《せいき》にはオスマン帝国《ていこく》に支配《しはい》されましたが、18世紀《せいき》になると、現在《げんざい》の王家《おうけ》であるサウード家《け》が勢力《せいりょく》をのばし、1932年《ねん》には独立国《どくりつこく》となりました。1938年《ねん》に油田《ゆでん》が発見《はっけん》されると、世界有数《せかいゆうすう》の産油国《さんゆこく》へと発展《はってん》していきました。

サウジアラビアは、「サウード家《け》のアラビア」という意味《いみ》なんだって

くらし・文化　イスラム教《きょう》の聖地《せいち》・メッカ

メッカはイスラム教《きょう》を開《ひら》いたムハンマドが生《う》まれた地《ち》でイスラム教《きょう》の聖地《せいち》
毎年《まいとし》世界中《せかいじゅう》から200万人《まんにん》もの人々《ひとびと》がお祈《いの》りにやってくる
「イスラム教《きょう》の人《ひと》たちは一生《いっしょう》に一度《いちど》メッカでお祈《いの》りする義務《ぎむ》があります」だって……
義務《ぎむ》かぁ……
決《き》めた!ぼくの義務《ぎむ》は1日《にち》1回《かい》ゲームをクリアすること!
あっメッカッた!
勉強《べんきょう》しなさい!

産業　石油《せきゆ》の恵《めぐ》みをいかして

原油《げんゆ》の埋蔵量《まいぞうりょう》、産出量《さんしゅつりょう》、輸出量《ゆしゅつりょう》ともに世界《せかい》トップクラスです。1988年《ねん》に国営石油会社《こくえいせきゆがいしゃ》をつくり、国《くに》の事業《じぎょう》として運営《うんえい》しています。ばく大《だい》な石油収入《せきゆしゅうにゅう》をもとに工業化《こうぎょうか》を進《すす》める一方《いっぽう》、地下水《ちかすい》を使《つか》った農業《のうぎょう》により、小麦《こむぎ》や野菜《やさい》を生産《せいさん》しています。

くらし・文化　イスラム教《きょう》の聖地《せいち》メッカ

国民《こくみん》のほとんどがイスラム教徒《きょうと》で、政治《せいじ》と宗教《しゅうきょう》が一体化《いったいか》しています。1日《にち》に5回《かい》の礼拝《れいはい》、女性《じょせい》は肌《はだ》を見《み》せないなど、人々《ひとびと》は厳《きび》しい戒律《かいりつ》を守《まも》って暮《く》らしています。

聖地《せいち》メッカには、世界各地《せかいかくち》から巡礼者《じゅんれいしゃ》がおとずれます。

メッカにあるカーバ神殿《しんでん》と、そのまわりの大回廊《だいかいろう》。信者《しんじゃ》は一生《いっしょう》に一度《いちど》、巡礼《じゅんれい》することが義《ぎ》務《む》づけられている。

気候《きこう》に恵《めぐ》まれた世界有数《せかいゆうすう》の農業国《のうぎょうこく》

トルコ

正式名称《せいしきめいしょう》 トルコ共和国《きょうわこく》

首《しゅ》都《と》 アンカラ

自然・地形
ボスポラス海峡《かいきょう》
黒海《こっかい》とマルマラ海《かい》を結《むす》ぶ海《かい》峡《きょう》。アジアとヨーロッパの境界《きょうかい》となっている。
ロシア
カスピ海《かい》
黒海《こっかい》
ブルガリア
ジョージア
バルカン半島《はんとう》
ボスポラス海峡《かいきょう》
アゼルバイジャン
イスタンブール
アナトリア半島《はんとう》
アンカラ
アルメニア
エーゲ海《かい》
トルコ
ユーフラテス川《がわ》
カッパドキア
トロス山脈《さんみゃく》
イラン
マルマラ海《かい》
シリア
ティグリス川《がわ》
地中海《ちちゅうかい》
キプロス
イラク

自然・地形 アジアとヨーロッパをまたぐ

トルコは、アジア大陸西端《たいりくせいたん》のアナトリア半島《はんとう》と、ボスポラス海峡《かいきょう》をはさんだ、バルカン半島《はんとう》の南東部《なんとうぶ》からなる国《くに》です。北《きた》は黒海《こっかい》、西《にし》はエーゲ海《かい》、南《みなみ》は地中海《ちちゅうかい》に囲《かこ》まれています。アナトリア高原《こうげん》が国土《こくど》の大部分《だいぶぶん》をしめます。

気候《きこう》は地域《ちいき》によって異《こと》なります。エーゲ海《かい》と地中海《ちちゅうかい》の沿岸部《えんがんぶ》は地中海《ちちゅうかい》性気候《せいきこう》で、夏《なつ》は暑《あつ》く乾燥《かんそう》し、冬《ふゆ》は暖《あたた》かく雨《あめ》が多《おお》く降《ふ》ります。北部《ほくぶ》の黒海《こっかい》沿岸《えんがん》も温暖《おんだん》ですが、1年《ねん》を通《つう》じて雨《あめ》が降《ふ》ります。内陸部《ないりくぶ》は、寒暖《かんだん》の差《さ》が大《おお》きいのが特徴《とくちょう》です。

海峡《かいきょう》をはさんでいるのに、同《おな》じ国《くに》なんだね

くらし・文化　カッパドキア

東南部《とうなんぶ》の街《まち》
カッパドキアは
変《か》わった形《かたち》の
岩《いわ》だらけの街《まち》
昔々《むかしむかし》、火山《かざん》の噴火《ふんか》で
降《ふ》り積《つ》もった溶岩《ようがん》が
長《なが》い間《あいだ》、風雨《ふうう》にさらされて
めずらしい形《かたち》に
なったものだ
寒《さむ》いね
カッパは
持《も》って
きた?
…それ
もしかして
ダジャレ?
カッパドキアだけに?
トルコの雨季《うき》は
冬《ふゆ》なんだよー
わー
先《さき》に
言《い》って
くれよお!
ザー…

歴史・人物　イスタンブール

トルコ最大《さいだい》の都市《とし》イスタンブールは、古代《こだい》ローマ帝国《ていこく》、東《ひがし》ローマ帝国《ていこく》、オスマン帝国《ていこく》と、3つの大国《たいこく》の首都《しゅと》になったことで知《し》られる。当時《とうじ》は、コンスタンチノープルとよばれた。写真中央《しゃしんちゅうおう》に見《み》える大《おお》きな建物《たてもの》は、スレイマニエモスク。

基本《きほん》データ

面積《めんせき》	78万《まん》4㎢
人口《じんこう》	7981万《まん》4871人《にん》(2016年《ねん》)
おもな言語《げんご》	トルコ語《ご》(公用語《こうようご》)
通貨《つうか》	トルコ・リラ

国旗《こっき》の由来《ゆらい》

赤《あか》は勇気《ゆうき》を表《あらわ》す。三日月《みかづき》と星《ほし》はイスラム教《きょう》の象徴《しょうちょう》であると同時《どうじ》に、月《つき》の女神《めがみ》ディアナや聖母《せいぼ》マリアの守護《しゅご》を示《しめ》す。

歴史・人物

600年《ねん》もつづいたオスマン帝国《ていこく》

アジアとヨーロッパにまたがるトルコは、古《ふる》くから交易《こうえき》の中心地《ちゅうしんち》として栄《さか》え、多《おお》くの大国《たいこく》の支配下《しはいか》に入《はい》ってきました。13世紀末《せいきまつ》におこったオスマン帝国《ていこく》は、600年《ねん》もつづきました。

歴史・人物

トルコの父《ちち》、ケマル

20世紀《せいき》の初《はじ》め、トルコは第一次世界大戦《だいいちじせかいたいせん》に敗《やぶ》れました。このとき、トルコの危機《きき》を救《すく》ったのが、軍人《ぐんじん》だったムスタファ・ケマルです。1923年《ねん》にトルコ共和国《きょうわこく》を建国《けんこく》し、初《はつ》の大統領《だいとうりょう》となりました。政治《せいじ》と宗教《しゅうきょう》を分《わ》け、ローマ字《じ》を採用《さいよう》するなど、トルコの近代化《きんだいか》を進《すす》めました。

ケマルは、女性参政権《じょせいさんせいけん》も実施《じっし》したよ

産業

オリーブ・ぶどうなどを栽培《さいばい》

温暖《おんだん》な気候《きこう》のトルコは、世界有数《せかいゆうすう》の農業国《のうぎょうこく》です。食料《しょくりょう》はほぼ自給《じきゅう》していて、多《おお》くの農産物《のうさんぶつ》が近隣諸国《きんりんしょこく》に輸出《ゆしゅつ》されています。

地中海沿岸《ちちゅうかいえんがん》では綿花《めんか》やオリーブ、オレンジなど、エーゲ海沿岸《かいえんがん》ではオリーブ、タバコ、ぶどうなど、黒海《こっかい》沿岸《えんがん》ではとうもろこしやヘーゼルナッツなどが栽培《さいばい》されています。

内陸部《ないりくぶ》ではおもに小麦《こむぎ》、大麦《おおむぎ》などが栽培《さいばい》されています。レーズンの生産量《せいさんりょう》は世界《せかい》トップクラスです。

ぶどうの生産量《せいさんりょう》は世界《せかい》6位《い》(2014年《ねん》)だよ

産業

観光資源《かんこうしげん》が豊富《ほうふ》

トルコの産業《さんぎょう》の中心《ちゅうしん》は、食品工業《しょくひんこうぎょう》や毛織物《けおりもの》、綿織物《めんおりもの》などの繊維産業《せんいさんぎょう》でした。1960年代《ねんだい》からは鉄鋼《てっこう》や金属精錬《きんぞくせいれん》、自動車《じどうしゃ》、電気機器《でんききき》などの工業化《こうぎょうか》が図《はか》られました。近年《きんねん》では、工業《こうぎょう》の中心《ちゅうしん》は自動車《じどうしゃ》や電化製品《でんかせいひん》の製造《せいぞう》になっています。

また、奇岩地帯《きがんちたい》のカッパドキア、ビザンチン帝国《ていこく》の都《みやこ》として栄《さか》えたイスタンブールなど、観光資源《かんこうしげん》も豊富《ほうふ》で、観光業《かんこうぎょう》もさかんです。

カッパドキア。トルコ中央部《ちゅうおうぶ》の山岳地帯《さんがくちたい》で、ヒッタイト王国《おうこく》の中心地《ちゅうしんち》だった。侵食《しんしょく》と風化《ふうか》によってできた奇岩群《きがんぐん》があり、観光地《かんこうち》となっている。

アジア　トルコ

くらし・文化　イスラム教徒が多い

トルコに住む人のほとんどは、トルコ人です。イラン、イラクとの国境地帯には、約300万人のクルド人が住み、各地に少数のアルメニア人、ギリシャ人、アラブ人、ユダヤ人などが住んでいます。

宗教は、おもにイスラム教徒です。ケマルの近代化政策によって、イスラム教は国教ではなくなりましたが、礼拝や巡礼、断食など、宗教的行事は今も見られます。

言語はトルコ語で、1928年以降、アラビア文字に代わってローマ字が使われています。

トルコで使われるローマ字は、29文字なんだって

くらし・文化　世界三大料理の1つ　トルコ料理

トルコ料理は、フランス料理、中国料理とともに、世界三大料理の1つに数えられています。アジアとヨーロッパにまたがるトルコは、それぞれの影響を受けながら発展してきました。

主食はパンです。代表的な料理に、ケバブとよばれる焼肉料理や、エゾゲリン・チョルバスというレンズ豆のスープ、ドンドルマという長くのびるアイスなどがあります。

肉を回転させながら焼くドネルケバブ。肉の表面をけずって、野菜といっしょにパンにはさんで食べる。

もっと知りたい！　15世紀からつづく屋内市場「グランドバザール」

イスタンブールにあるグランドバザールは、15世紀に建設され、ヨーロッパとアジアを結ぶ世界貿易の拠点となっていた屋内市場です。くり返し増築され、現在では東京ドームの約3分の2の広さの敷地に、4000以上の店があります。

グランドバザール。貴金属や宝石、陶器、衣類、食料品などをあつかっている。

69　世界の国クイズ　Q25 イランの首都は？

周辺諸国《しゅうへんしょこく》との対立《たいりつ》がつづく

イスラエル

正式名称《せいしきめいしょう》 イスラエル国《こく》

首都《しゅと》 エルサレム*

*国際的《こくさいてき》にはみとめられていない。

基本《きほん》データ

面積《めんせき》	2万《まん》2072㎢
人口《じんこう》	約《やく》868万人《まんにん》(2017年《ねん》)
おもな言語《げんご》	ヘブライ語《ご》(公用語《こうようご》)、アラビア語《ご》(公用語《こうようご》)
通貨《つうか》	新《しん》シェケル

国旗《こっき》の由来《ゆらい》

中央《ちゅうおう》の星《ほし》は伝統的《でんとうてき》なユダヤ教《きょう》のシンボル「ダビデの盾《たて》」。青《あお》は空《そら》の美《うつく》しさ、白《しろ》は清浄《せいじょう》な心《こころ》を表《あらわ》す。

自然・地形

温暖《おんだん》な気候《きこう》の穀倉地帯《こくそうちたい》

地中海《ちちゅうかい》の東部《とうぶ》に面《めん》した西《にし》アジアの国《くに》です。北部《ほくぶ》の丘陵地帯《きゅうりょうちたい》から地中海《ちちゅうかい》沿《ぞ》いの海岸地帯《かいがんちたい》にかけては、温暖《おんだん》な気候《きこう》の豊《ゆた》かな穀倉地帯《こくそうちたい》です。

ヨルダン川《がわ》は、シリアとレバノンの国境付近《こっきょうふきん》から流《なが》れるイスラエル最《さい》長《ちょう》の川《かわ》です。北東部《ほくとうぶ》にあるティベリアス湖《こ》を通《とお》り、塩分濃度《えんぶんのうど》が濃《こ》いことで有名《ゆうめい》な湖《みずうみ》、死海《しかい》に流《なが》れこみます。

国土《こくど》の南半分《みなみはんぶん》は砂漠《さばく》で、夏場《なつば》には46℃にも上《あ》がることがあります。

歴史・人物

戦争《せんそう》がくり返《かえ》される

3千年以上前《ぜんねんいじょうまえ》、ユダヤ人《じん》の祖先《そせん》であるヘブライ人《じん》がイスラエル王国《おうこく》を建国《けんこく》します。しかし、135年《ねん》にローマ帝国《ていこく》の支配《しはい》に抵抗《ていこう》したことをきっかけに、ユダヤ人《じん》は世界各地《せかいかくち》に散《ち》っていきました。

19世紀《せいき》に入《はい》ると、ユダヤ人《じん》が祖国《そこく》に帰還《きかん》し始《はじ》めますが、そこにはパレスチナ人《じん》が住《す》んでいました。ユダヤ人《じん》はイスラエル国《こく》の建国《けんこく》を宣言《せんげん》しますが、これをみとめない周辺《しゅうへん》のアラブ諸国《しょこく》との間《あいだ》で、1948年《ねん》から1973年《ねん》にかけて4度《ど》の中東戦争《ちゅうとうせんそう》が起《お》きました。1994年《ねん》にはパレスチナ人《じん》にも自治区《じちく》があたえられましたが、対立《たいりつ》はつづいています。

自然・地形

体《からだ》が水《みず》に浮《う》く死海《しかい》

産業

ハイテク産業《さんぎょう》が経済《けいざい》を支《ささ》える

電機部品《でんきぶひん》や医療品《いりょうひん》、通信《つうしん》、IT関連《アイティーかんれん》、兵器《へいき》などのハイテク産業《さんぎょう》が経済《けいざい》を支《ささ》えています。ダイヤモンドの研磨産業《けんまさんぎょう》もさかんで、輸出品《ゆしゅつひん》の4分《ぶん》の1をしめています。

農業《のうぎょう》もさかんで、かんきつ類《るい》や野菜《やさい》などが輸出《ゆしゅつ》されています。

くらし・文化

ユダヤ教《きょう》の食事《しょくじ》の決《き》まりを守《まも》る

ユダヤ人《じん》が約《やく》75%、ほかはアラブ人《じん》などの民族《みんぞく》が暮《く》らしています。ユダヤ教《きょう》が主流《しゅりゅう》で、人々《ひとびと》はユダヤ教《きょう》の「コーシェル」とよばれる食事規定《しょくじきてい》を厳格《げんかく》に守《まも》っています。ユダヤ教《きょう》、キリスト教《きょう》、イスラム教《きょう》それぞれの聖地《せいち》・エルサレムがあります。

エルサレムにあるユダヤ教《きょう》の聖地《せいち》・嘆《なげ》きの壁《かべ》と、イスラム教《きょう》の聖地《せいち》・岩《いわ》のドーム。付近《ふきん》には、キリスト教《きょう》の聖地《せいち》・聖墳墓記念聖堂《せいふんぼきねんせいどう》もある。

世界《せかい》の国《くに》クイズ　Q26 インドの首都《しゅと》は?

アジア
その他《ほか》の国《くに》

バングラデシュ

- **正式名称** バングラデシュ人民共和国《じんみんきょうわこく》
- **首都** ダッカ
- **面積** 14万《まん》7570㎢
- **人口** 1億《おく》6175万人《まんにん》(2017年《ねん》)
- **言語** ベンガル語《ご》(公用語《こうようご》)
- **通貨** タカ

ネパール

- **正式名称** ネパール連邦《れんぽう》民主共和国《みんしゅきょうわこく》
- **首都** カトマンズ
- **面積** 14万《まん》7181㎢
- **人口** 2898万人《まんにん》(2016年《ねん》)
- **言語** ネパール語《ご》(公用語《こうようご》)
- **通貨** ネパール・ルピー

ミャンマー

- **正式名称** ミャンマー連邦共和国《れんぽうきょうわこく》
- **首都** ネーピードー
- **面積** 67万《まん》6553㎢
- **人口** 5141万人《まんにん》(2014年《ねん》)
- **言語** ミャンマー語《ご》(公用語《こうようご》)
- **通貨** チャット

ブータン

- **正式名称** ブータン王国《おうこく》
- **首都** ティンプー
- **面積** 3万《まん》8394㎢
- **人口** 約《やく》79万《まん》7千人《せんにん》(2016年《ねん》)
- **言語** ゾンカ語《ご》(公用語《こうようご》)など
- **通貨** ニュルタム

伝統文化《でんとうぶんか》を大切《たいせつ》にする国《くに》

ブータンでは、男性《だんせい》は「ゴ」、女性《じょせい》は「キラ」という民族衣装《みんぞくいしょう》の着用《ちゃくよう》が義務《ぎむ》づけられ、学校《がっこう》に行《い》くときも民族衣装《みんぞくいしょう》を身《み》につけています。また、建物《たてもの》の外観《がいかん》も伝統的《でんとうてき》なデザインでそろえる規制《きせい》があり、独自《どくじ》の伝統文《でんとうぶん》化《か》を大切《たいせつ》に守《まも》っています。

民族衣装《みんぞくいしょう》を身《み》につけるブータンの人々《ひとびと》。

ラオス

- **正式名称** ラオス人民《じんみん》民主共和国《みんしゅきょうわこく》
- **首都** ビエンチャン
- **面積** 23万《まん》6800㎢
- **人口** 約《やく》649万人《まんにん》(2015年《ねん》)
- **言語** ラオス語《ご》(公用語《こうようご》)
- **通貨** キープ

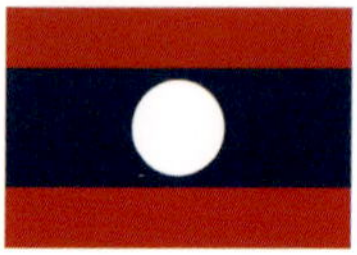

東《ひがし》ティモール

正式名称 東《ひがし》ティモール民主共和国《みんしゅきょうわこく》

首都 ディリ

人口 約《やく》118万《まん》3千人《ぜんにん》(2015年《ねん》)

面積 1万《まん》4919㎢

言語 テトゥン語《ご》(公用語《こうようご》)、ポルトガル語《ご》(公用語《こうようご》)、インドネシア語《ご》、英語《えいご》、その他多数《ほかたすう》の部族語《ぶぞくご》

通貨 米《べい》ドル

東《ひがし》ティモールは、21世紀最初《せいきさいしょ》の独立国《どくりつこく》なんだって

ブルネイ

正式名称 ブルネイ・ダルサラーム国《こく》

首都 バンダルスリブガワン

面積 5765㎢

人口 42万3千人《まんぜんにん》(2016年《ねん》)

言語 マレー語《ご》(公用語《こうようご》)、英語《えいご》、中国語《ちゅうごくご》

通貨 ブルネイ・ドル

モルディブ

正式名称 モルディブ共和国《きょうわこく》

首都 マレ

面積 300㎢

人口 40万7千人《まんせんにん》(2014年《ねん》)

言語 ディベヒ語《ご》(公用語《こうようご》)

通貨 ルフィア

スリランカ

正式名称 スリランカ民主《みんしゅ》社会主義共和国《しゃかいしゅぎきょうわこく》

首都 スリジャヤワルダナプラコッテ

面積 6万《まん》5610㎢

人口 約《やく》2103万人《まんにん》(2016年《ねん》)

言語 シンハラ語《ご》(公用語《こうようご》)、タミール語《ご》(公用語《こうようご》)、英語《えいご》

通貨 ルピー

紅茶《こうちゃ》をよく飲《の》むスリランカ人《じん》

スリランカは世界有数《せかいゆうすう》の紅茶《こうちゃ》の産地《さんち》であり、スリランカ産《さん》の紅茶《こうちゃ》は「セイロンティー」として広《ひろ》く知《し》られています。標高《ひょうこう》が高《たか》く涼《すず》しい気候《きこう》のため、紅茶《こうちゃ》の栽培《さいばい》に適《てき》していて、山《やま》の斜面《しゃめん》には紅茶《こうちゃ》を生産《せいさん》する農園《のうえん》が広《ひろ》がっています。

紅茶農園《こうちゃのうえん》の茶《ちゃ》つみのようす。

スリランカの人《ひと》は、1日《にち》に5回《かい》も紅茶《こうちゃ》を飲《の》むんだって！

タジキスタン

正式名称　タジキスタン共和国《きょうわこく》
首都　ドゥシャンベ
面積　14万《まん》2600㎢
人口　870万人《まんにん》(2016年《ねん》)
言語　タジク語《ご》(公用語《こうようご》)、ロシア語
通貨　ソモニ

キルギス

正式名称　キルギス共和国《きょうわこく》
首都　ビシュケク
面積　19万《まん》9949㎢
人口　600万人《まんにん》(2016年《ねん》)
言語　キルギス語《ご》(公用語《こうようご》)、ロシア語《ご》(公用語《こうようご》)
通貨　ソム

カザフスタン

正式名称　カザフスタン共和国《きょうわこく》
首都　アスタナ
面積　272万《まん》4902㎢
人口　1820万人《まんにん》(2017年《ねん》)
言語　カザフ語《ご》(国語《こくご》・公用語《こうようご》)、ロシア語《ご》(公用語《こうようご》)
通貨　テンゲ

キプロス

正式名称　キプロス共和国《きょうわこく》
首都　ニコシア
面積　9251㎢
人口　84万《まん》7千人《せんにん》(2014年《ねん》)
言語　ギリシャ語《ご》(公用語《こうようご》)、トルコ語《ご》(公用語《こうようご》)、英語《えいご》
通貨　ユーロ

トルクメニスタン

正式名称　トルクメニスタン
首都　アシガバット
面積　48万《まん》8100㎢
人口　580万人《まんにん》(2017年《ねん》)
言語　トルクメン語《ご》(公用語《こうようご》)、ロシア語《ご》
通貨　マナト

ウズベキスタン

正式名称　ウズベキスタン共和国《きょうわこく》
首都　タシケント
面積　44万《まん》8969㎢
人口　3190万人《まんにん》(2017年《ねん》)
言語　ウズベク語《ご》(公用語《こうようご》)、ロシア語《ご》
通貨　スム

ヨルダン

正式名称　ヨルダン・ハシェミット王国《おうこく》
首都　アンマン
面積　8万《まん》9318㎢
人口　945万《まん》5千人《せんにん》(2016年《ねん》)
言語　アラビア語《ご》(公用語《こうようご》)、英語《えいご》
通貨　ヨルダン・ディナール

シリア

正式名称　シリア・アラブ共和国《きょうわこく》
首都　ダマスカス
面積　18万《まん》5180㎢
人口　2240万人《まんにん》(2012年《ねん》)
言語　アラビア語《ご》(公用語《こうようご》)
通貨　シリア・ポンド

レバノン

正式名称　レバノン共和国《きょうわこく》
首都　ベイルート
面積　1万《まん》452㎢
人口　約《やく》598万《まん》8千人《せんにん》(2016年《ねん》)
言語　アラビア語《ご》(公用語《こうようご》)、英語《えいご》、フランス語《ご》
通貨　レバノン・ポンド

ジョージア

正式名称　ジョージア
首都　トビリシ
面積　6万《まん》6900㎢
人口　400万人《まんにん》(2016年《ねん》)
言語　ジョージア語《ご》(公用語《こうようご》)
通貨　ラリ

クレオパトラも愛《あい》したワイン

ジョージアはカフカス山脈《さんみゃく》の南側《みなみがわ》に位置《いち》する国《くに》で、隣国《りんごく》のアゼルバイジャン、アルメニアとともに「南《みなみ》カフカス」または「カフカス」とよばれています。

カフカス地方《ちほう》はぶどうの栽培《さいばい》の起源《きげん》の地《ち》といわれ、世界《せかい》で初《はじ》めてワインが生産《せいさん》された地《ち》ともされています。ここでつくられたワインがエジプトへわたり、世《せ》界三大美女《かいさんだいびじょ》のひとり・クレオパトラも愛《あい》したといわれています。ジョージアに伝《つた》わるワインの伝統的《でんとうてき》な製法《せいほう》は、世界遺産《せかいいさん》にも登録《とうろく》されています。

ぶどうを入《い》れた「クヴェヴリ」というつぼを地中《ちちゅう》にうめて、ワインをつくっているよ

昔《むかし》ながらの製法《せいほう》でつくられる、ジョージアのワイン。

クウェート

正式名称　クウェート国《こく》
首都　クウェート
面積　1万《まん》7818㎢
人口　428万人《まんにん》(2016年《ねん》)
言語　アラビア語《ご》(公用語《こうようご》)
通貨　クウェート・ディナール

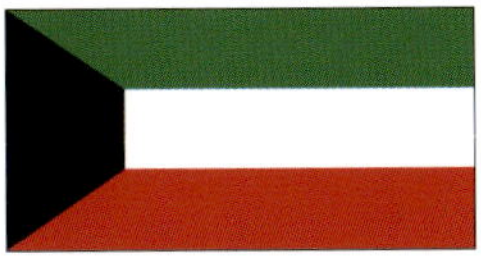

アルメニア

正式名称　アルメニア共和国《きょうわこく》
首都　エレバン
面積　2万《まん》9743㎢
人口　300万人《まんにん》(2016年《ねん》)
言語　アルメニア語《ご》(公用語《こうようご》)
通貨　ドラム

アゼルバイジャン

正式名称　アゼルバイジャン共和国《きょうわこく》
首都　バクー
面積　8万《まん》6600㎢
人口　990万人《まんにん》(2017年《ねん》)
言語　アゼルバイジャン語《ご》(公用語《こうようご》)
通貨　マナト

イエメン

正式名称 イエメン共和国《きょうわこく》
首都 サヌア
面積 52万《まん》7968㎢
人口 約《やく》2747万人《まんにん》（2016年《ねん》）
言語 アラビア語《ご》（公用語《こうようご》）
通貨 イエメン・リアル

オマーン

正式名称 オマーン国《こく》
首都 マスカット
面積 30万《まん》9500㎢
人口 456万人《まんにん》（2017年《ねん》）
言語 アラビア語《ご》（公用語《こうようご》）、英語《えいご》
通貨 オマーン・リアル

バーレーン

正式名称 バーレーン王国《おうこく》
首都 マナーマ
面積 778㎢
人口 142万《まん》4千人《せんにん》（2017年《ねん》）
言語 アラビア語《ご》（公用語《こうようご》）
通貨 バーレーン・ディナール

カタール

正式名称 カタール国《こく》
首都 ドーハ
面積 1万《まん》1607㎢
人口 約《やく》267万人《まんにん》（2016年《ねん》）
言語 アラビア語《ご》（公用語《こうようご》）
通貨 カタール・リヤル

第《だい》2のドバイをめざして

カタールは、世界有数《せかいゆうすう》の天然《てんねん》ガスの埋蔵量《まいぞうりょう》をほこり、天然《てんねん》ガスや石油《せきゆ》の輸出《ゆしゅつ》が国《くに》の経済《けいざい》の大部分《だいぶぶん》をまかなっています。近年《きんねん》では国際会議《こくさいかいぎ》やスポーツの国際大《こくさいたい》会《かい》の開催《かいさい》を積極的《せっきょくてき》によびかけるなど、観光業《かんこうぎょう》にも力《ちから》を入《い》れ、第《だい》2のドバイをめざしています。

また、カタールの首都《しゅと》・ドーハには、中東《ちゅうとう》の情報《じょうほう》を発信《はっしん》する「アルジャジーラ」という衛星《えいせい》テレビ局《きょく》があり、欧米《おうべい》とは異《こと》なる視点《してん》で報道《ほうどう》することが特徴《とくちょう》とされています。

高層《こうそう》ビルがならんでいるね！

真珠《しんじゅ》をモチーフにした巨大《きょだい》リゾート地《ち》「ザ・パール・カタール」。

アジア おさらいクイズ

アジアの国《くに》のことならまかせてよ！

アジアの国々《くにぐに》のクイズにチャレンジ！
3つの中《なか》から選《えら》んでね！

くらし・文化
Q1
成人男性《せいじんだんせい》が一生《いっしょう》に一度《いちど》は出家《しゅっけ》する国《くに》はどこ？

① タイ
② インド
③ シンガポール

自然・地形
Q2
長江《ちょうこう》と黄河《こうが》が流《なが》れる国《くに》はどこ？

① 中国《ちゅうごく》
② モンゴル
③ ミャンマー

歴史・人物
Q3
フィリピンの島《しま》にふくまれるのは？

① ジュロン島《とう》
② ジャワ島《とう》
③ ルソン島《とう》

歴史・人物
Q4
非暴力《ひぼうりょく》での独立《どくりつ》をうったえたインドの人《ひと》は？

① クレオパトラ
② ガンディー
③ フビライ・ハン

産業
Q5
トルコの観光地《かんこうち》はどれ？

① カッパドキア
② アンコール＝ワット
③ アユタヤ

くらし・文化
Q6
ハングル文字《もじ》を使《つか》っている国《くに》はどこ？

① マレーシア
② 韓国《かんこく》
③ ヨルダン

答《こた》えは、237ページにのっています。

観光客《かんこうきゃく》の多《おお》いヨーロッパの国々《くにぐに》

ヨーロッパは アジアの国々《くにぐに》もある ユーラシア大陸《たいりく》の 西側《にしがわ》の地域《ちいき》よ
あ、わりと 知《し》ってる国《くに》が 多《おお》いみたい！
ヨーロッパ
世界中《せかいじゅう》からの 観光客《かんこうきゃく》が 多《おお》い地域《ちいき》なの
ヨーロッパ旅行《りょこう》の おみやげを もらったことが あるよ
古《ふる》くからある建物《たてもの》や 遺跡《いせき》が目的《もくてき》の人《ひと》も 多《おお》いよ
観光《かんこう》のほかにも、工業《こうぎょう》がさかんね。 世界《せかい》をリード してきたの
今《いま》でもフランスや ドイツの技術力《ぎじゅつりょく》は とても高《たか》いのよ！
旅行《りょこう》に行《い》く人《ひと》が 多《おお》いから知《し》ってる 国《くに》が多《おお》いのかな？
行《い》ってみたい国《くに》を さがしてみてよ。 じっくり見《み》て いってね！

ヨーロッパの国々《くにぐに》

ユーラシア大陸《たいりく》の西側《にしがわ》には、たくさんの国《くに》があるね
北《きた》の地域《ちいき》は、寒《さむ》さが厳《きび》しいよ

0°
30°
60°
90°
120°
150°
180°
ロシア
P.82
60°
30°
0°
30°
60°
南極大陸《なんきょくたいりく》

0°
30°
グリーンランド
（デンマーク）
スバーバル諸島《しょとう》
（ノルウェー）
アイスランド
P.134
60°
スウェーデン
P.88
デンマーク
P.92
フィンランド
P.86
ノルウェー
P.90
エストニア
P.130
イギリス
P.118
リヒテンシュタイン
P.133
ラトビア
P.130
オランダ
P.110
スロバキア
P.132
リトアニア
P.130
ベルギー
P.134
アイルランド
P.122
ドイツ
P.98
ポーランド
P.94
ベラルーシ
P.131
ルクセンブルク
P.134
チェコ
P.132
ウクライナ
P.131
フランス
P.114
オーストリア
P.102
モルドバ
P.131
スイス
P.104
ハンガリー
P.132
ルーマニア
P.131
モナコ
P.133
イタリア
P.106
セルビア
P.132
アンドラ
P.134
ブルガリア
P.131
ポルトガル
P.128
スペイン
P.124
サンマリノ
P.133
コソボ
P.131
スロベニア
P.133
クロアチア
P.132
アルバニア
P.131
マケドニア
P.131
バチカン
P.133
30°
ボスニア・
ヘルツェゴビナ
P.132
モンテネグロ
P.131
ギリシャ
P.96
マルタ
P.133

ユーラシア大陸《たいりく》の北半分《きたはんぶん》をしめる

ロシア

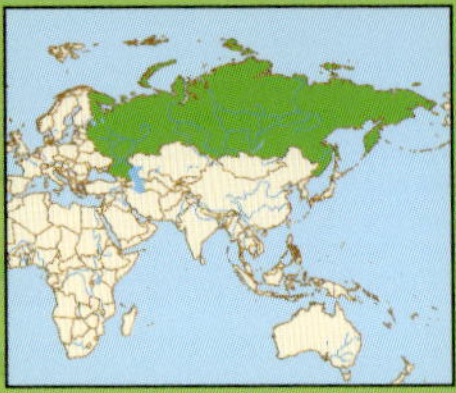

正式名称《せいしきめいしょう》 ロシア連邦《れんぽう》

首《しゅ》都《と》 モスクワ

北極海《ほっきょくかい》
ボルガ川《がわ》
シベリア
エニセイ川《がわ》
ロシア
レナ川《がわ》
オビ川《がわ》
ウラル山脈《さんみゃく》
ベーリング海《かい》
オホーツク海《かい》
バイカル湖《こ》
アムール川《がわ》
カザフスタン
モンゴル
ウラジオストク
日本《にほん》
中国《ちゅうごく》
太平洋《たいへいよう》
自然・地形
バイカル湖《こ》
ロシア南東部《なんとうぶ》にある湖《みずうみ》。世界《せかい》で最《もっと》も深《ふか》いことで知《し》られる。
産業
ウラジオストク
ウラジオストクとモスクワの間《あいだ》には、シベリア鉄道《てつどう》が通《とお》っている。世界最長《せかいさいちょう》の路《ろ》線《せん》で、約《やく》9300kmある。

自然・地形

世界最大《せかいさいだい》の国土《こくど》をほこる

ロシアはユーラシア大陸《たいりく》の北部《ほくぶ》に位置《いち》し、世界《せかい》で最《もっと》も面積《めんせき》の広《ひろ》い国《くに》です。東《ひがし》はオホーツク海《かい》から、西《にし》はバルト海《かい》まで、アジアとヨーロッパにまたがっています。その面積《めんせき》は日本《にほん》の45倍《ばい》にもなります。

国土《こくど》の西部《せいぶ》にはウラル山脈《さんみゃく》が南北《なんぼく》に走《はし》っています。この西側《にしがわ》はヨーロッパ・ロシアとよばれ、豊《ゆた》かなヨーロッパ平原《へいげん》が広《ひろ》がっています。東側《ひがしがわ》はシベリアで、タイガとよばれる針《しん》葉樹林帯《ようじゅりんたい》の大地《だいち》です。また、北極海《ほっきょくかい》に面《めん》した緯度《いど》の高《たか》い地域《ちいき》には、1年《ねん》のほとんどが氷《こおり》と雪《ゆき》におおわれるツンドラがつづいています。

国土《こくど》のほとんどは冷帯《れいたい》で、冬《ふゆ》は非《ひ》常《じょう》に冷《ひ》えこみ、モスクワの1月《がつ》の平《へい》均気温《きんきおん》は約《やく》マイナス7℃です。

ヨーロッパ　ロシア

シベリア鉄道

サンクトペテルブルク

ロシア帝国時代の都。ピョートル宮殿やエルミタージュ美術館などがある。

東と西では時差が9時間もあるんだって！

基本データ

面積	1709万8246km²
人口	1億4680万人（2017年）
おもな言語	ロシア語（連邦公用語）
通貨	ルーブル

国旗の由来
白は高貴と素直さ、青は名誉と純粋さ、赤は勇気と寛大さを表す。もともとロシア帝国の国旗で、ソ連崩壊後に復活した。

世界の国クイズ　Q30 エチオピアの首都は？

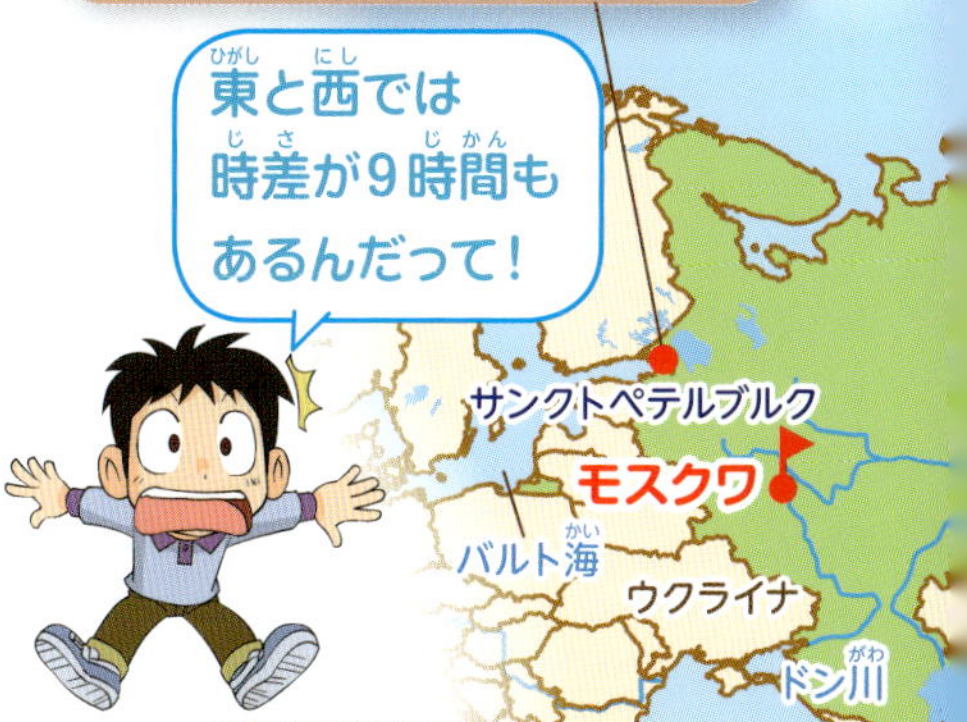

ロシアの革命《かくめい》家《か》・レーニン。

歴史・人物

史上初《しじょうはつ》の社会主義国家《しゃかいしゅぎこっか》

9世紀《せいき》に建設《けんせつ》されたキエフ公国《こうこく》が、現在《げんざい》のロシアの起源《きげん》です。18世紀初《せいきはじ》めからは、ロシア帝国《ていこく》のピョートル1世《せい》のもと、芸術《げいじゅつ》や工業《こうぎょう》が大《おお》きく発展《はってん》します。

1917年《ねん》にはレーニンの共産党《きょうさんとう》がロシア革命《かくめい》を起《お》こし、世界初《せかいはつ》の社《しゃ》会主義国《かいしゅぎこく》であるソビエト社会主義共《しゃかいしゅぎきょう》和国連邦《わこくれんぽう》（ソ連《れん》）ができました。すべての産業《さんぎょう》を国有化《こくゆうか》し、国《くに》が計画《けいかく》して生産《せいさん》するという社会主義体制《しゃかいしゅぎたいせい》のもと、発展《はってん》していきました。

歴史・人物

東西冷戦《とうざいれいせん》からソ連崩壊《れんほうかい》へ

ソ連《れん》はレーニンの後《あと》をついだスターリンによって成長《せいちょう》をつづけます。やがてソ連《れん》の率《ひき》いる東《ひがし》ヨーロッパ諸国《しょこく》を中心《ちゅうしん》とした社会主義諸国《しゃかいしゅぎしょこく》と、アメリカを中心《ちゅうしん》とする西《にし》ヨーロッパ諸国《しょこく》や日本《にほん》など資本主義諸国《しほんしゅぎしょこく》との間《あいだ》で対立《たいりつ》が深《ふか》まっていきました。これを「東西冷戦《とうざいれいせん》」とよびます。

しかし社会主義政策《しゃかいしゅぎせいさく》が経済的《けいざいてき》な行《い》きづまりを見《み》せたことで、1985年《ねん》に書記長《しょきちょう》に就任《しゅうにん》したゴルバチョフは「ペレストロイカ（改革《かいかく》）」を進《すす》めます。1991年《ねん》には共産党《きょうさんとう》が解散《かいさん》し、共和国《きょうわこく》は次々《つぎつぎ》に独立《どくりつ》しました。ソ連《れん》は崩壊《ほうかい》し、東西冷戦《とうざいれいせん》は終《お》わり、ロシア連邦《れんぽう》に引《ひ》きつがれました。

産業

世界有数《せかいゆうすう》の資源国《しげんこく》

広大《こうだい》な国土《こくど》のロシアは、さまざまな天然資源《てんねんしげん》に恵《めぐ》まれています。生産《せいさん》量《りょう》は石油《せきゆ》が世界《せかい》1位《い》、天然《てんねん》ガスが世《せ》界《かい》2位《い》です（2014年《ねん》）。ほかに鉄《てつ》鉱石《こうせき》やコークスなども産出《さんしゅつ》し、経済《けいざい》の柱《はしら》となっています。こうした資源《しげん》は、日本《にほん》へも輸出《ゆしゅつ》されています。

また国土《こくど》の南西部《なんせいぶ》は世界有数《せかいゆうすう》の農《のう》業《ぎょう》地帯《ちたい》です。小麦《こむぎ》や大麦《おおむぎ》、ライ麦《むぎ》、じゃがいもなどの大規模農業《だいきぼのうぎょう》が行《おこな》われています。またタイガでの林業《りんぎょう》や、オホーツク海《かい》やベーリング海《かい》での漁《ぎょ》業《ぎょう》もさかんです。

近年《きんねん》は外国資本《がいこくしほん》を取《と》り入《い》れたことで、工業《こうぎょう》も発展《はってん》しています。

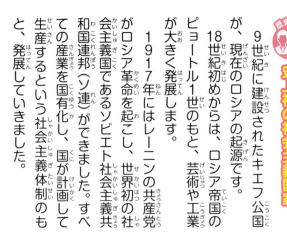

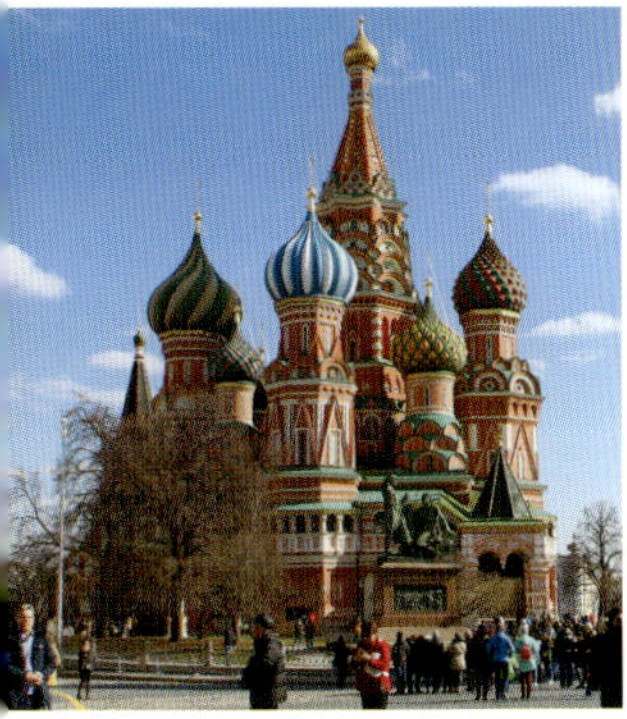

モスクワにあるロシア正《せい》教《きょう》の聖《せい》ワシリー大聖堂《だいせいどう》。

100以上《いじょう》の民族《みんぞく》からなる国《くに》

くらし・文化

人口《じんこう》の大多数《だいたすう》はロシア人《じん》です。ほかに100以上《いじょう》の民族《みんぞく》がそれぞれの文化《ぶんか》を守《まも》って暮《く》らしています。

言語《げんご》はロシア語《ご》で、宗教《しゅうきょう》はキリスト教《きょう》のロシア正教《せいきょう》が中心《ちゅうしん》ですが、民《みん》族《ぞく》ごとに言葉《ことば》や信仰《しんこう》をもっています。仏教《ぶっきょう》の信者《しんじゃ》も住《す》んでいます。

人口《じんこう》の多《おお》い民族《みんぞく》は、ロシア連邦《れんぽう》の中《なか》でアルタイやブリヤートなどの共《きょう》和国《わこく》をつくっており、独自《どくじ》の議会《ぎかい》や憲法《けんぽう》がみとめられています。ロシアはこうした21の共和国《きょうわこく》で構成《こうせい》される、多民族国家《たみんぞくこっか》です。

芸術《げいじゅつ》がさかんな国《くに》

くらし・文化

ロシアは芸術《げいじゅつ》の国《くに》でもあり、ドストエフスキーやトルストイなどの文《ぶん》豪《ごう》を生《う》み出《だ》しました。バレエもさかんで、世界的《せかいてき》に有名《ゆうめい》なバレエ団《だん》もあります。また、サンクトペテルブルクにあるエルミタージュ美術館《びじゅつかん》は、世界三大美術館《せかいさんだいびじゅつかん》の1つです。

エルミタージュ美術館《びじゅつかん》。歴代皇帝《れきだいこうてい》によって集《あつ》められた名画《めいが》などを収蔵《しゅうぞう》している。

もっと知りたい　豊《ゆた》かな食文化《しょくぶんか》

ロシア料理《りょうり》は野菜《やさい》をたくさん使《つか》います。代表的《だいひょうてき》なメニューはビートという大根《だいこん》の一《いっ》種《しゅ》やたまねぎ、にんじんなどをふんだんに入《い》れ、肉《にく》と煮込《にこ》んだ赤《あか》いスープ、ボルシチです。肉《にく》や魚《さかな》、野菜《やさい》、ゆで卵《たまご》などを、パン生地《きじ》でつつんでオーブンで焼《や》いたピロシキも、ロシア料理《りょうり》には欠《か》かせません。

また、中国《ちゅうごく》から入《はい》ってきたペリメニという水餃子《すいぎょうざ》や、中央《ちゅうおう》アジアで広《ひろ》く食《た》べられる麺《めん》料理《りょうり》ラグメンや串焼《くしや》きなど、多民族国家《たみんぞくこっか》らしい豊《ゆた》かな食文化《しょくぶんか》が見《み》られます。

ロシア料理《りょうり》のピロシキ（上《うえ》）とボルシチ（右《みぎ》）、ペリメニ（左《ひだり》）。ボルシチには、サワークリームをまぜて食《た》べる。

85　世界《せかい》の国《くに》クイズ　Q31 オーストリアの首都《しゅと》は？

クリスマスにはサンタクロースが活《かつ》やく

フィンランド

正式名称《せいしきめいしょう》 フィンランド共和国《きょうわこく》

首《しゅ》都《と》 ヘルシンキ

基本《きほん》データ

面《めん》積《せき》	33万《まん》6861㎢*
人《じん》口《こう》	約《やく》550万人《まんにん》（2017年《ねん》）
おもな言語《げんご》	フィンランド語《ご》（公用語《こうようご》）、スウェーデン語《ご》（公用語《こうようご》）
通《つう》貨《か》	ユーロ

*オーランド諸島《しょとう》をのぞく。

国旗《こっき》の由来《ゆらい》

詩人《しじん》のザクリス・トペリウスの詩《し》が元《もと》になっていて、青《あお》はフィンランドの湖《みずうみ》、白《しろ》は雪《ゆき》を表《あらわ》す。

自然・地形

森林《しんりん》でおおわれる

スカンディナビア半島《はんとう》のつけ根《ね》にある南北《なんぼく》に長《なが》い国《くに》で、国土《こくど》の70％以《い》上《じょう》が森林《しんりん》でおおわれています。湖《みずうみ》も多《おお》く、その数《かず》は18万《まん》以上《いじょう》にもおよびます。

6、7月《がつ》には真夜中《まよなか》でも太陽《たいよう》のしずまない白夜《びゃくや》となり、12、1月《がつ》ごろには一日中《いちにちじゅう》太陽《たいよう》がのぼらない極夜《きょくや》がつづきます。9～4月《がつ》は、オーロラが観測《かんそく》できます。

歴史・人物

戦後《せんご》にオリンピック開催《かいさい》

フィンランドには1世紀《せいき》ごろからアジア系《けい》のフィン人《じん》が生活《せいかつ》していましたが、12世紀《せいき》にスウェーデンの侵《しん》略《りゃく》を受《う》け、支配下《しはいか》におかれました。1809年《ねん》にはスウェーデンからロシアにわたりましたが、1917年《ねん》のロシア革命《かくめい》をきっかけに独立《どくりつ》を果《は》たしました。

第二次世界大戦《だいにじせかいたいせん》では、ソ連《れん》（今《いま》のロシア）の侵攻《しんこう》を受《う》けて広大《こうだい》な領土《りょうど》を失《うしな》いますが、戦後《せんご》は中立的《ちゅうりつてき》な立場《たちば》をとっています。1952年《ねん》にはヘルシンキで夏季《かき》オリンピックの開催《かいさい》を実現《じつげん》し、1995年《ねん》にEU《イーユー》（ヨーロッパ連合《れんごう》）に加盟《かめい》しました。

「フィンランド」という国名《こくめい》は、「フィン人《じん》の国《くに》」という意味《いみ》なんだって

くらし・文化　サンタクロースのふるさと

産業　世界有数《せかいゆうすう》のIT《アイティー》産業国《さんぎょうこく》に

木材《もくざい》の加工《かこう》や紙《かみ》の原料《げんりょう》となるパルプを生産《せいさん》する産業《さんぎょう》が発達《はったつ》していましたが、1990年代《ねんだい》に携帯電話《けいたいでんわ》などのIT《アイティー》（情報技術《じょうほうぎじゅつ》）産業《さんぎょう》が急成長《きゅうせいちょう》しました。世界有数《せかいゆうすう》のIT産業国《アイティーさんぎょうこく》として、小学校《しょうがっこう》でもプログラミングの授業《じゅぎょう》が取《と》り入《い》れられています。

くらし・文化　サンタクロースが暮《く》らす国《くに》

フィンランド北部《ほくぶ》のラップランド地方《ちほう》にはトナカイの牧畜《ぼくちく》を行《おこな》うサーミ人《じん》が暮《く》らしています。また、ラップランド地方《ちほう》にはサンタクロースが暮《く》らす村《むら》があり、毎年《まいとし》クリスマスには、世界中《せかいじゅう》の子《こ》どもから手紙《てがみ》が届《とど》きます。

トナカイの世話《せわ》をするサーミ人《じん》の男性《だんせい》。色《いろ》あざやかな民族衣装《みんぞくいしょう》を着《き》ている。

ノーベル賞《しょう》が生《う》まれた国《くに》

スウェーデン

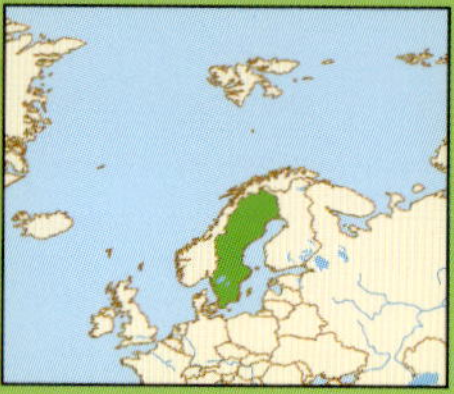

正式名称《せいしきめいしょう》 スウェーデン王国《おうこく》

首《しゅ》　都《と》 ストックホルム

基本《きほん》データ

面《めん》　積《せき》	43万《まん》8574㎢
人《じん》　口《こう》	約《やく》1012万人《まんにん》（2017年《ねん》）
おもな言語《げんご》	スウェーデン語《ご》（公用語《こうようご》）
通《つう》　貨《か》	クローナ

国旗《こっき》の由来《ゆらい》

スウェーデン王室《おうしつ》の紋章《もんしょう》に由《ゆ》来《らい》する色《いろ》で、青《あお》はすんだ空《そら》、黄色《きいろ》は自由《じゆう》と独立《どくりつ》、十字《じゅうじ》はキリスト教《きょう》を表《あらわ》す。

自然・地形

国土《こくど》の約《やく》6割《わり》が森林《しんりん》

スカンディナビア山脈《さんみゃく》をはさんでノルウェーのとなりにある南北《なんぼく》に長《なが》い国《くに》で、東側《ひがしがわ》はバルト海《かい》とボスニア湾《わん》に面《めん》しています。面積《めんせき》はヨーロッパで3番目《ばんめ》の大《おお》きさです。国土《こくど》の約《やく》6割《わり》が森林《しんりん》でおおわれ、シラカバなどの樹木《じゅもく》が自生《じせい》しています。

冬《ふゆ》の気温《きおん》は、南部《なんぶ》ではマイナス1℃ほどですが、北部《ほくぶ》ではマイナス10℃以下《いか》になり、地域差《ちいきさ》があります。

歴史・人物

2度《ど》の世界大戦《せかいたいせん》で中立《ちゅうりつ》を守《まも》る

9世紀《せいき》ごろから活動《かつどう》していた海賊《かいぞく》のバイキングによって、1250年《ねん》に国家統一《こっかとういつ》されました。

18世紀《せいき》に入《はい》り勢力《せいりょく》がおとろえると、しだいに国民《こくみん》の不満《ふまん》が高《たか》まり、革《かく》命《めい》が起《お》きてフランスから国王《こくおう》をむかえました。このころからスウェーデンは中立政策《ちゅうりつせいさく》をとり、第一《だいいち》次《じ》、第二《だいに》次《じ》世界大戦《せかいたいせん》には参戦《さんせん》しませんでした。1995年《ねん》には、EU《イーユー》（ヨーロッパ連《れん》合《ごう》）に加盟《かめい》します。

歴史・人物

ノーベル賞《しょう》の創設《そうせつ》

ダイナマイトの発明《はつめい》によって富《とみ》を得《え》たアルフレッド・ノーベルは、遺言《ゆいごん》によりノーベル賞《しょう》を創設《そうせつ》しました。授賞式《じゅしょうしき》は1901年《ねん》から始《はじ》まり、毎《まい》年《とし》「過去《かこ》1年間《ねんかん》に人類《じんるい》に対《たい》して最大《さいだい》の貢献《こうけん》をした者《もの》」に授与《じゅよ》されます。

ノーベル賞《しょう》

歴史・人物

Alfred Bernhard Nobel
ノーベル賞《しょう》は
ダイナマイトを発明《はつめい》した
ノーベルの遺言《ゆいごん》で
つくられたんだよ
アインシュタイン
物理学賞《ぶつりがくしょう》
キュリー夫人
化学賞《かがくしょう》
ヘミングウェイ
文学賞《ぶんがくしょう》
マザー・テレサ
平和賞《へいわしょう》
人類《じんるい》に役立《やくだ》つことを
した人《ひと》におくられる
賞《しょう》なんだ
ぼくだって
がんばれば将来《しょうらい》
とれるかもしれない！
すとーん
こらこら
ズボンが落《お》ちてる
このズボンは
ノーベルトで賞《しょう》
ダジャレが
くだらないで賞《しょう》

産業

南部《なんぶ》は自動車産業《じどうしゃさんぎょう》がさかん

工業《こうぎょう》のなかでも自動車《じどうしゃ》が重要《じゅうよう》な産業《さんぎょう》となっていて、南部《なんぶ》には世界的《せかいてき》な自動車企業《じどうしゃきぎょう》の本社《ほんしゃ》があります。北部《ほくぶ》を中心《ちゅうしん》に、豊富《ほうふ》な森林《しんりん》を利用《りよう》した林業《りんぎょう》がさかんです。中部《ちゅうぶ》より南《みなみ》では、寒《さむ》くても育《そだ》つ小麦《こむぎ》や大麦《おおむぎ》などの穀物《こくもつ》を多《おお》く生産《せいさん》しています。

くらし・文化

仕事《しごと》も育児《いくじ》も男女平等《だんじょびょうどう》に

スウェーデンの福祉《ふくし》は世界的《せかいてき》に高《たか》い水準《すいじゅん》で、女性《じょせい》の社会進出《しゃかいしんしゅつ》もさかんです。出産《しゅっさん》・育児《いくじ》を、男女平等《だんじょびょうどう》に行《おこな》う制度《せいど》が整《ととの》っています。また、環境保護《かんきょうほご》においても先進国《せんしんこく》で、4歳《さい》から小学校《しょうがっこう》で環境教育《かんきょうきょういく》が行《おこな》われています。

ストックホルムにある市庁舎《しちょうしゃ》。ノーベル賞《しょう》の授賞式《じゅしょうしき》のあとには、市庁舎《しちょうしゃ》の中《なか》で晩《ばん》さん会《かい》や舞踏会《ぶとうかい》が行《おこな》われる。

氷河《ひょうが》がつくったフィヨルドからの恵《めぐ》み

ノルウェー

正式名称《せいしきめいしょう》 ノルウェー王国《おうこく》

首都《しゅと》 オスロ

※海外領土《かいがいりょうど》にスバールバル諸島《しょとう》、ヤン・マイエン島《とう》がある。

基本《きほん》データ

面積《めんせき》 32万《まん》3772㎢

人口《じんこう》 525万《まん》8317人《にん》（2018年《ねん》）

おもな言語《げんご》 ノルウェー語《ご》（公用語《こうようご》）

通貨《つうか》 ノルウェー・クローネ

国旗《こっき》の由来《ゆらい》

デンマーク国旗《こっき》に青十字《あおじゅうじ》を加《くわ》えたもの。赤《あか》は熱情《ねつじょう》、青《あお》は海《うみ》と国土《こくど》、白《しろ》は雪《ゆき》を表《あらわ》す。

自然・地形

フィヨルドがつづく白夜《びゃくや》の国《くに》

スカンディナビア半島《はんとう》の西側《にしがわ》に位置《いち》する南北《なんぼく》に細長《ほそなが》い国《くに》です。西側《にしがわ》の海岸《かいがん》には、氷河期《ひょうがき》に氷河《ひょうが》によって複雑《ふくざつ》な形《かたち》にけずられたフィヨルドという湾《わん》がつづいています。

スカンディナビア半島《はんとう》の北端《ほくたん》に位置《いち》するノール岬《みさき》はヨーロッパ最北《さいほく》の地《ち》として知《し》られます。真夜中《まよなか》でも太陽《たいよう》のしずまない白夜《びゃくや》が2か月以上《げついじょう》つづきます。

歴史・人物

EU《イーユー》に加盟《かめい》せず、独立《どくりつ》をつらぬく

ノルウェーでは9世紀《せいき》ごろから、海賊《かいぞく》のバイキングが勢力《せいりょく》を拡大《かくだい》し、王国《おうこく》がつくられました。14世紀《せいき》に入《はい》ると伝染病《でんせんびょう》が流行《りゅうこう》して勢力《せいりょく》がおとろえ、ノルウェーはデンマークによって統治《とうち》されることになります。

その後《ご》、19世紀《せいき》にはスウェーデンの支配下《しはいか》におかれましたが、住民《じゅうみん》のなかから独立《どくりつ》をもとめる声《こえ》が高《たか》まり、1905年《ねん》にノルウェーの独立《どくりつ》がみとめられました。

1972年《ねん》と1994年《ねん》の国民投票《こくみんとうひょう》ではEU《イーユー》（ヨーロッパ連合《れんごう》）への加盟《かめい》が否決《ひけつ》され、EU《イーユー》非加盟国《ひかめいこく》です。

EU《イーユー》非加盟国《ひかめいこく》には、ほかにスイスやアイスランド、モナコ、バチカンなどがあるよ

自然・地形

フィヨルド

氷河《ひょうが》がけずった谷《たに》に
海水《かいすい》が流《なが》れこんで
できた湾《わん》がフィヨルドだ
この入《い》り組《く》んだ海岸《かいがん》で
おいしい魚《さかな》が育《そだ》つ
こんなふうに
ギザギザしているの？
いや、もっと
こんなふうかな
説明《せつめい》のふりして
カステラのつまみ食《ぐ》いは
やめなさい
もぐもぐ
ごめん
なさい

ノルウェーの海《うみ》は、フィヨルドによって両岸《りょうぎし》が高《たか》いがけに囲《かこ》まれている。そのため水面《すいめん》がおだやかで、水力発電《すいりょくはつでん》や養殖業《ようしょくぎょう》に適《てき》している。

産業

海《うみ》の資源《しげん》をいかした産業《さんぎょう》

世界有数《せかいゆうすう》の水産物《すいさんぶつ》の輸出国《ゆしゅつこく》で、日本《にほん》へもサケ（サーモン）やサバなどがノルウェーから輸出《ゆしゅつ》されています。北海《ほっかい》にある油田《ゆでん》からは原油《げんゆ》が産出《さんしゅつ》され、バレンツ海《かい》では天然《てんねん》ガスも採掘《さいくつ》されるなど、天然資源《てんねんしげん》に恵《めぐ》まれた国《くに》でもあります。

くらし・文化

イースターには休《やす》みに

住民《じゅうみん》の大半《たいはん》がゲルマン系《けい》のノルウェー人《じん》で、公用語《こうようご》はノルウェー語《ご》です。北部《ほくぶ》に住《す》む少数民族《しょうすうみんぞく》のサーミ人《じん》は、サーミ語《ご》を使《つか》います。宗教《しゅうきょう》はキリスト教徒《きょうと》が多《おお》く、イースターやクリスマスの前後《ぜんご》には、学校《がっこう》や会社《かいしゃ》などが休《やす》みになります。

世界《せかい》の国《くに》クイズ　Q34 カナダの首都《しゅと》は？

酪農《らくのう》と風力発電《ふうりょくはつでん》がさかんな国《くに》

デンマーク

正式名称《せいしきめいしょう》 デンマーク王国《おうこく》

首《しゅ》　都《と》 コペンハーゲン

基本《きほん》データ

面《めん》　積《せき》	4万《まん》2921㎢*
人《じん》　口《こう》	約《やく》578万人《まんにん》*（2018年《ねん》）
おもな言語《げんご》	デンマーク語《ご》（公用語《こうようご》）
通《つう》　貨《か》	デンマーク・クローネ

*フェロー諸島《しょとう》およびグリーンランドを除《のぞ》く。

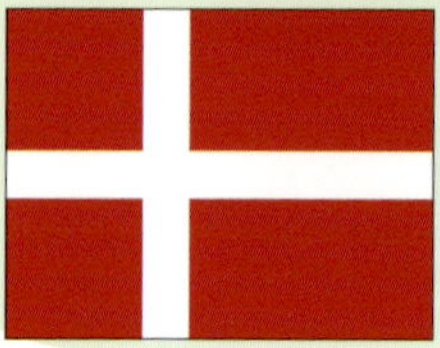

国旗《こっき》の由来《ゆらい》

「ダンネブロ」とよばれる国旗《こっき》。エストニアとの戦《たたか》いの最中《さいちゅう》に、空《そら》からこの旗《はた》が降《ふ》ってきたと伝《つた》えられる。

ノルウェー
スウェーデン
デンマーク
コペンハーゲン
ユーラン半島《はんとう》
北海《ほっかい》
フュン島《とう》
シェラン島《とう》
バルト海《かい》
ドイツ

自然・地形

夏《なつ》は涼《すず》しく、冬《ふゆ》は温暖《おんだん》

北海《ほっかい》とバルト海《かい》との間《あいだ》につき出《で》たユーラン半島《はんとう》の北部《ほくぶ》とフュン島《とう》、シェラン島《とう》など400以上《いじょう》の島々《しまじま》からなる国《くに》です。高《たか》い山《やま》がなく、国土《こくど》は平《へい》たんです。

北海道《ほっかいどう》よりも緯度《いど》が高《たか》いところにありますが、海《うみ》からの暖流《だんりゅう》の影響《えいきょう》で、冬《ふゆ》でも寒《さむ》さはそれほど厳《きび》しくなりません。夏《なつ》は比較的《ひかくてき》涼《すず》しく、過《す》ごしやすい気候《きこう》です。

歴史・人物

北《きた》ヨーロッパを支配《しはい》

9世紀《せいき》から11世紀《せいき》ごろは、海賊《かいぞく》のバイキングがデンマークやその周辺《しゅうへん》の国々《くにぐに》を統治《とうち》していました。14世紀《せいき》になると、マルグレーテ1世《せい》がスウェーデン、ノルウェーをおさえ、広大《こうだい》な領土《りょうど》を支配《しはい》します。

しかし16世紀《せいき》にスウェーデンが独立《どくりつ》し、19世紀《せいき》にはナポレオン戦争《せんそう》に敗《やぶ》れてノルウェーを失《うしな》うなど、領土《りょうど》は縮小《しゅくしょう》していきました。第二次世界《だいにじせかい》大戦中《たいせんちゅう》はドイツに占領《せんりょう》されました。

1973年《ねん》に、現在《げんざい》のEU《イーユー》（ヨーロッパ連合《れんごう》）の前身《ぜんしん》となるEC《イーシー》（ヨーロッパ共同体《きょうどうたい》）に加盟《かめい》しました。

北大西洋《きたたいせいよう》のフェロー諸島《しょとう》、
カナダの北東《ほくとう》にある
グリーンランドも
デンマークの領土《りょうど》だよ

産業　風力《ふうりょく》発電《はつでん》の先進国《せんしんこく》

農地《のうち》が国土《こくど》の半分《はんぶん》以上《いじょう》をしめ、豚《ぶた》肉《にく》やバター、チーズなどの酪農製品《らくのうせいひん》の生産《せいさん》がさかんです。また、偏西風《へんせいふう》をいかした風力発電《ふうりょくはつでん》が発展《はってん》していて、2020年《ねん》までに電力供給《でんりょくきょうきゅう》の50%を風力《ふうりょく》でまかなうことを計画《けいかく》しています。

くらし・文化　消費税《しょうひぜい》は日本《にほん》の2倍《ばい》以上《いじょう》

デンマークの消費税《しょうひぜい》は25%で、世界《せかい》でも税金《ぜいきん》が高《たか》い国《くに》です。その分《ぶん》、福祉制度《ふくしせいど》が充実《じゅうじつ》しています。高齢者《こうれいしゃ》、障害者《しょうがいしゃ》に必要《ひつよう》なサービス、医療費《いりょうひ》、出産《しゅっさん》にかかる費用《ひよう》は無料《むりょう》です。

デンマークは、作家《さっか》アンデルセンの出身地《しゅっしんち》としても知《し》られます。

首都《しゅと》のコペンハーゲンにあるアンデルセン像《ぞう》。アンデルセンは、『人魚姫《にんぎょひめ》』など約《やく》150の童話《どうわ》を書《か》いた。

歴史人物　童話作家《どうわさっか》アンデルセン

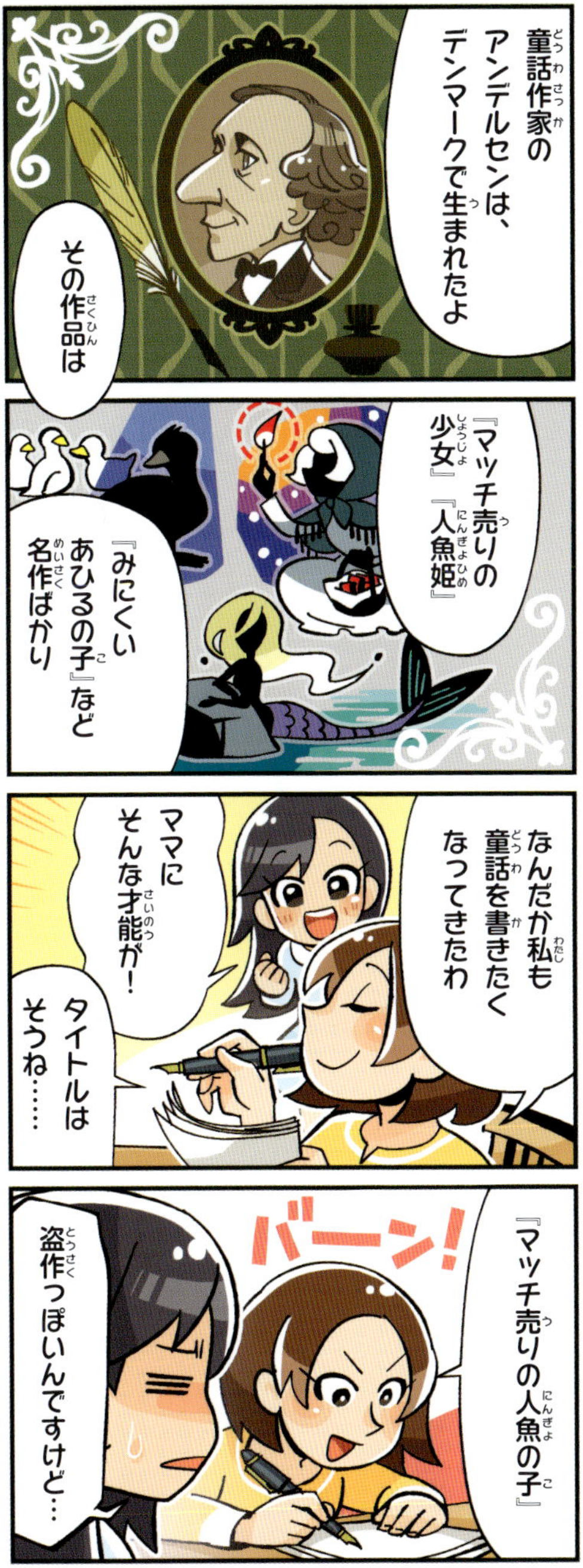
童話作家《どうわさっか》のアンデルセンは、デンマークで生《う》まれたよ
その作品《さくひん》は
『マッチ売《う》りの少女《しょうじょ》』『人魚姫《にんぎょひめ》』
『みにくいあひるの子《こ》』など名作《めいさく》ばかり
なんだか私《わたし》も童話《どうわ》を書《か》きたくなってきたわ
ママにそんな才能《さいのう》が!
タイトルはそうね……
バーーン!
『マッチ売《う》りの人魚《にんぎょ》の子《こ》』
盗作《とうさく》っぽいんですけど…

周辺諸国《しゅうへんしょこく》に分割《ぶんかつ》・占領《せんりょう》された歴史《れきし》をもつ

ポーランド

正式名称《せいしきめいしょう》 ポーランド共和国《きょうわこく》

首《しゅ》 都《と》 ワルシャワ

基本《きほん》データ

面《めん》 積《せき》	31万《まん》2679㎢
人《じん》 口《こう》	約《やく》3844万人《まんにん》（2016年《ねん》）
おもな言語《げんご》	ポーランド語《ご》（公用語《こうようご》）
通《つう》 貨《か》	ズロチ

国旗《こっき》の由来《ゆらい》

赤《あか》は独立《どくりつ》や国《くに》のために流《なが》された血《ち》、白《しろ》は喜《よろこ》びを表《あらわ》す。

自然・地形

7か国《こく》と接《せっ》する

ヨーロッパの中央部《ちゅうおうぶ》にある国《くに》で、7か国《こく》に接《せっ》しています。国土《こくど》の約《やく》4分《ぶん》の1を森林《しんりん》がしめています。東部《とうぶ》には原生林《げんせいりん》が広《ひろ》がる森《もり》があり、一時《いちじ》は絶滅《ぜつめつ》が伝《つた》えられたヨーロッパバイソンも生息《せいそく》しています。

バルト海沿岸《かいえんがん》や西部《せいぶ》は冬《ふゆ》でも温暖《おんだん》な西岸海洋性気候《せいがんかいようせいきこう》ですが、南《みなみ》へ行《い》くにつれて寒《さむ》さが厳《きび》しくなります。

歴史・人物

世界地図《せかいちず》から姿《すがた》を消《け》した国《くに》

10世紀《せいき》に建国《けんこく》され、15〜16世紀《せいき》にヤゲウォ朝《ちょう》のもとで勢力《せいりょく》を拡大《かくだい》し、社会的《しゃかいてき》・文化的《ぶんかてき》に栄《さか》えました。

しかし、18世紀末《せいきすえ》にロシア、プロイセン、オーストリアの3か国《こく》に分割《ぶんかつ》されると、第一次世界大戦《だいいちじせかいたいせん》が終《お》わるまでの約《やく》120年間《ねんかん》、世界地図《せかいちず》から姿《すがた》を消《け》しました。1918年《ねん》に独立《どくりつ》しますが、第二次世界大戦《だいにじせかいたいせん》ではソ連《れん》（今《いま》のロシア）とドイツに支配《しはい》されます。

戦後《せんご》、ポーランド人民共和国《じんみんきょうわこく》が誕生《たんじょう》しますが、民主化《みんしゅか》をもとめる声《こえ》が高《たか》まり、1989年《ねん》にポーランド共和国《きょうわこく》になりました。EU《イーユー》加盟国《かめいこく》です。

民主化運動《みんしゅかうんどう》を指揮《しき》したレフ・ワレサは、ノーベル平和賞《へいわしょう》を受賞《じゅしょう》したよ

歴史・人物 ポーランド出身者《しゅっしんしゃ》

物理学者《ぶつりがくしゃ》のキュリー夫人《ふじん》や
きゅうり？
作曲家《さっきょくか》でピアニストのショパン
食《しょく》パン？
彼《かれ》らはポーランドで生《う》まれました
あのー先生《せんせい》、おなかがすいているんですか？
今日《きょう》の授業《じゅぎょう》はポーランドの食《た》べ物《もの》の話《はなし》ばかりですね
おなかすいたね
給食《きゅうしょく》まだかかな
パンたべたい
あちゃ〜

産業 外国《がいこく》企業《きぎょう》も進出《しんしゅつ》

ヨーロッパ有数《ゆうすう》の石炭《せきたん》の産地《さんち》で、銅《どう》や銀《ぎん》、鉛《なまり》などの金属資源《きんぞくしげん》に恵《めぐ》まれています。資源《しげん》をいかした金属製品《きんぞくせいひん》の生産《せいさん》がさかんでしたが、2004年《ねん》にEU《イーユー》に加盟《かめい》してからは外国企業《がいこくきぎょう》の進出《しんしゅつ》がふえ、自動車《じどうしゃ》や電子機器《でんしきき》の部品《ぶひん》の製造《せいぞう》なども行《おこな》っています。

くらし・文化 祖国《そこく》の伝統《でんとう》、文化《ぶんか》を守《まも》る

ポーランドでは、祖国《そこく》の伝統《でんとう》や文化《ぶんか》を守《まも》る運動《うんどう》がたびたび起《お》こりました。ポーランド出身《しゅっしん》の作曲家《さっきょくか》・ショパンも、ポロネーズやマズルカなど、ポーランドの民族音楽《みんぞくおんがく》を数多《かずおお》く作曲《さっきょく》しました。現在《げんざい》でも愛《あい》される名曲《めいきょく》となっています。

第二次世界大戦時《だいにじせかいたいせんじ》、ナチス・ドイツによってつくられたアウシュビッツ強《きょう》制収容所《せいしゅうようじょ》の門《もん》。ここで多《おお》くのユダヤ人《じん》が殺害《さつがい》され、1979年《ねん》には「負《ふ》の世界遺《せかいい》産《さん》」に登録《とうろく》された。

ヨーロッパ文明《ぶんめい》やオリンピックが生《う》まれた

ギリシャ

正式名称《せいしきめいしょう》 ギリシャ共和国《きょうわこく》

首《しゅ》都《と》 アテネ

基本《きほん》データ

面《めん》積《せき》	13万《まん》1957㎢
人《じん》口《こう》	約《やく》1081万人《まんにん》（2015年《ねん》）
おもな言語《げんご》	ギリシャ語《ご》（公用語《こうようご》）
通《つう》貨《か》	ユーロ

国旗《こっき》の由来《ゆらい》

青《あお》は海《うみ》と空《そら》、白《しろ》は自由《じゆう》と独立《どくりつ》を表《あらわ》し、9本《ほん》の線《せん》は「自由《じゆう》か、死《し》か」というスローガンの音節《おんせつ》に由来《ゆらい》する。

コソボ
マケドニア
ブルガリア
アルバニア
ギリシャ
イタリア
トルコ
アテネ
バルカン半島《はんとう》
地中海《ちちゅうかい》
エーゲ海《かい》
イオニア海《かい》

自然・地形

本土《ほんど》と島々《しまじま》からなる列島国家《れっとうこっか》

ギリシャは、バルカン半島《はんとう》の南端《なんたん》とエーゲ海《かい》、イオニア海《かい》、地中海《ちちゅうかい》に点在《てんざい》する島《しま》から成《な》り立《た》っています。

面積《めんせき》は日本《にほん》の3分《ぶん》の1ほどで、険《けわ》しい山《やま》が多《おお》く、平地《へいち》が少《すく》ない地形《ちけい》です。気候《きこう》は地中海性気候《ちちゅうかいせいきこう》で、海岸沿《かいがんぞ》いでは1年《ねん》を通《つう》じて暖《あたた》かく、夏《なつ》は南《みなみ》から「シロッコ」という熱風《ねっぷう》がふくため、乾燥《かんそう》して暑《あつ》くなります。南部《なんぶ》では、40℃を超《こ》えることもあります。

歴史・人物

ヨーロッパ文明《ぶんめい》の誕生《たんじょう》

ギリシャには古《ふる》くから文明《ぶんめい》がおこり、ヨーロッパ文明発祥《ぶんめいはっしょう》の地《ち》ともされています。紀元前《きげんぜん》16世紀《せいき》ごろにミケーネ文明《ぶんめい》が築《きず》かれ、その後《ご》、アテネやスパルタなどの都市《とし》（ポリス）が成立《せいりつ》しました。ギリシャ神話《しんわ》や民主主義《みんしゅしゅぎ》の制度《せいど》がつくられたのも、このころといわれています。

その後《ご》、ギリシャはローマ帝国《ていこく》やオスマン帝国《ていこく》などの強国《きょうこく》の支配下《しはいか》におかれますが、1829年《ねん》に独立《どくりつ》し、現在《げんざい》のギリシャの元《もと》となる王国《おうこく》を築《きず》きました。第二次世界大戦中《だいにじせかいたいせんちゅう》はドイツに占領《せんりょう》されますが、戦後《せんご》に解放《かいほう》され、1974年《ねん》に王制《おうせい》を廃止《はいし》して共和国《きょうわこく》となりました。

2009年《ねん》に国《くに》の赤字《あかじ》が発覚《はっかく》して、世界経済《せかいけいざい》に影響《えいきょう》をあたえたね

歴史人物

オリンピック誕生《たんじょう》の地《ち》

オリンピックは古代《こだい》ギリシャで生《う》まれた
聖火《せいか》の点火式《てんかしき》はここで行《おこな》われる
バトンタッチ
聖火《せいか》はリレー方式《ほうしき》で
オリンピックの開催地《かいさいち》まで運《はこ》ばれるのだ
弟《おとうと》よ、ぼくたちも聖火《せいか》リレーの練習《れんしゅう》をしよう
うん!
えっ
さあ弟《おとうと》よついてこーい!
ベチャ
ドタタタタ
ベチャ
やめなさ〜〜い!

産業

農業《のうぎょう》、観光業《かんこうぎょう》がさかん

古《ふる》くからの海運業《かいうんぎょう》に加《くわ》え、オリーブ、ぶどう、綿花《めんか》などの農産物《のうさんぶつ》の栽培《さいばい》がさかんで、とくにオリーブ油《ゆ》は主要《しゅよう》な輸出品《ゆしゅつひん》です。また、古代《こだい》ギリシャ時代《じだい》の遺跡《いせき》や、地中海《ちちゅうかい》の温暖《おんだん》な気候《きこう》をもとめて観光客《かんこうきゃく》がおとずれ、観光業《かんこうぎょう》にも力《ちから》を入《い》れています。

くらし・文化

オリンピック発祥《はっしょう》の地《ち》

オリンピックは、古代《こだい》ギリシャで行《おこな》われていた神話《しんわ》の神々《かみがみ》にささげた祭《まつ》りが元《もと》になっています。当時《とうじ》は191mのコースを走《はし》る「競走《きょうそう》」の1種目《しゅもく》だけでしたが、その後《ご》、幅跳《はばと》びや円盤《えんばん》投《な》げ、やり投《な》げと競技《きょうぎ》がふえ、発展《はってん》していきました。

古代《こだい》ギリシャの時代《じだい》に建設《けんせつ》されたパルテノン神殿《しんでん》。丘《おか》の上《うえ》に築《きず》かれ、敵《てき》の侵入《しんにゅう》を防《ふせ》ぐ要塞《ようさい》の役割《やくわり》も果《は》たした。

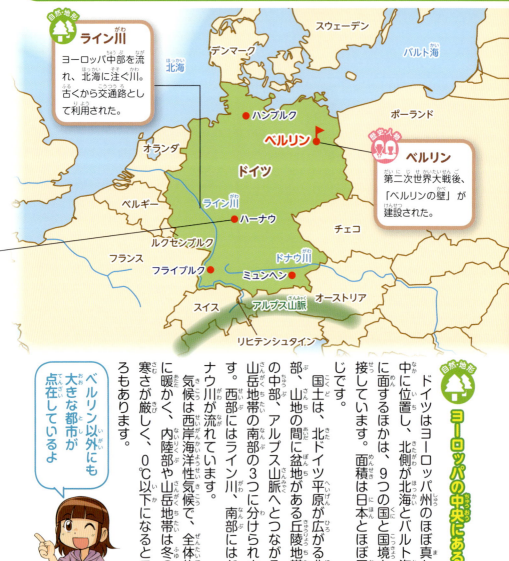

ヨーロッパ中央部《ちゅうおうぶ》の工業国《こうぎょうこく》

ドイツ

正式名称《せいしきめいしょう》 ドイツ連邦共和国《れんぽうきょうわこく》

首都《しゅと》 ベルリン

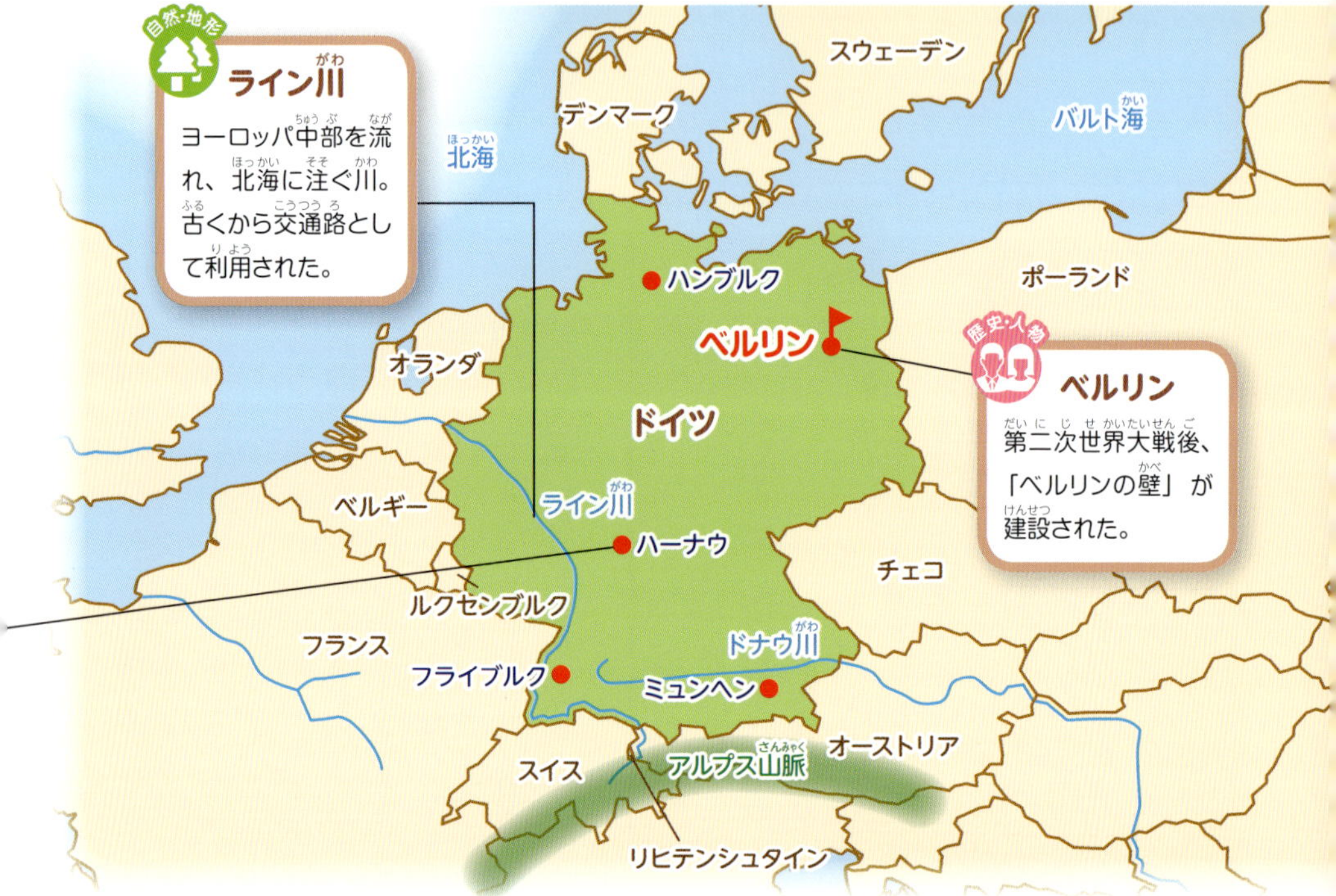

自然・地形
ライン川《がわ》
ヨーロッパ中部《ちゅうぶ》を流《なが》れ、北海《ほっかい》に注《そそ》ぐ川《かわ》。古《ふる》くから交通路《こうつうろ》として利用《りよう》された。
歴史・人物
ベルリン
第二次世界大戦後《だいにじせかいたいせんご》、「ベルリンの壁《かべ》」が建設《けんせつ》された。
スウェーデン
デンマーク
バルト海《かい》
北海《ほっかい》
ハンブルク
ポーランド
ベルリン
オランダ
ドイツ
ベルギー
ライン川《がわ》
ハーナウ
チェコ
ルクセンブルク
フランス
ドナウ川《がわ》
フライブルク
ミュンヘン
オーストリア
スイス
アルプス山脈《さんみゃく》
リヒテンシュタイン

自然・地形

ヨーロッパの中央《ちゅうおう》にある

ドイツはヨーロッパ州《しゅう》のほぼ真《ま》ん中《なか》に位置《いち》し、北側《きたがわ》が北海《ほっかい》とバルト海《かい》に面《めん》するほかは、9つの国《くに》と国境《こっきょう》を接《せっ》しています。面積《めんせき》は日本《にほん》とほぼ同《おな》じです。

国土《こくど》は、北《きた》ドイツ平原《へいげん》が広《ひろ》がる北部《ほくぶ》、山地《さんち》の間《あいだ》に盆地《ぼんち》がある丘陵地帯《きゅうりょうちたい》の中部《ちゅうぶ》、アルプス山脈《さんみゃく》へとつながる山岳地帯《さんがくちたい》の南部《なんぶ》の3つに分《わ》けられます。西部《せいぶ》にはライン川《がわ》、南部《なんぶ》にはドナウ川《がわ》が流《なが》れています。

気候《きこう》は西岸海洋性気候《せいがんかいようせいきこう》で、全体的《ぜんたいてき》に暖《あたた》かく、内陸部《ないりくぶ》や山岳地帯《さんがくちたい》は冬《ふゆ》の寒《さむ》さが厳《きび》しく、0℃以下《いか》になるところもあります。

ベルリン以外《いがい》にも大《おお》きな都市《とし》が点在《てんざい》しているよ

くらし・文化

グリム童話《どうわ》のふるさと

ドイツで生《う》まれたグリム童話《どうわ》は
グリム兄弟《きょうだい》が集《あつ》めた昔話《むかしばなし》
赤《あか》ずきん
「ヘンゼルとグレーテル」もグリム童話《どうわ》
この物語《ものがたり》にはおかしの家《いえ》が登場《とうじょう》する
私《わたし》も小《ちい》さいころはおかしの家《いえ》に行《い》ってみたかったな
今《いま》は行《い》ってみたくないの?
今《いま》は…
これを食《た》べたら太《ふと》るかな
虫歯《むしば》になるかも
なるほどね

基本《きほん》データ

面積《めんせき》	35万《まん》7386㎢
人口《じんこう》	約《やく》8245万人《まんにん》(2016年《ねん》)
おもな言語《げんご》	ドイツ語《ご》(公用語《こうようご》)
通貨《つうか》	ユーロ

国旗《こっき》の由来《ゆらい》

東西《とうざい》ドイツ統一後《とういつご》、西《にし》ドイツで使用《しよう》されていた国旗《こっき》がそのまま使《つか》われている。黒《くろ》は力《ちから》、赤《あか》は血《ち》、金《きん》は栄光《えいこう》を表《あらわ》す。

歴史・人物

グリム兄弟《きょうだい》(ハーナウ)

ハーナウは、グリム兄弟《きょうだい》の出生地《しゅっせいち》。『グリム童話《どうわ》』はドイツの民話《みんわ》を集《あつ》めた童話集《どうわしゅう》で、「赤《あか》ずきん」や「ブレーメンの音楽隊《おんがくたい》」などが知《し》られる。ハーナウ市庁舎前《しちょうしゃまえ》には、グリム兄弟《きょうだい》の銅像《どうぞう》がある。

歴史・人物

神聖《しんせい》ローマ帝国《ていこく》の長《なが》い支配《しはい》

ドイツは、9世紀《せいき》にゲルマン人《じん》のフランク王国《おうこく》が東西《とうざい》に分裂《ぶんれつ》して成立《せいりつ》した東《ひがし》フランク王国《おうこく》から始《はじ》まったとされています。その後《ご》、神聖《しんせい》ローマ帝国《ていこく》が850年《ねん》つづきます。その間《あいだ》、宗教改革《しゅうきょうかいかく》や戦争《せんそう》が起《お》こり、約《やく》300の独立《どくりつ》主権国家《しゅけんこっか》に分裂《ぶんれつ》しました。

19世紀《せいき》に入《はい》ると、北部《ほくぶ》のプロイセン王国《おうこく》が勢力《せいりょく》を強《つよ》め、1871年《ねん》、ドイツ帝国《ていこく》が誕生《たんじょう》しました。

ドイツ帝国《ていこく》は、ビスマルク首相《しゅしょう》の指導《しどう》のもと、ヨーロッパの強国《きょうこく》としての地位《ちい》をかためます。しかし、第《だい》一次世界大戦《いちじせかいたいせん》での敗戦後《はいせんご》、ドイツ帝《てい》国《こく》は終《お》わりをむかえました。

何度《なんど》も分裂《ぶんれつ》をくり返《かえ》したんだね

歴史・人物

東西冷戦《とうざいれいせん》の象徴《しょうちょう》「ベルリンの壁《かべ》」

1929年《ねん》に起《お》こった世界的《せかいてき》な不《ふ》況《きょう》を背景《はいけい》に、ドイツではヒトラー率《ひき》いるナチスが政権《せいけん》をとり、勢力《せいりょく》を拡《かく》大《だい》しました。そして、第二次世界大《だいにじせかいたい》戦《せん》を引《ひ》き起《お》こします。

この大戦《たいせん》に敗《やぶ》れたドイツは、西《にし》ドイツと東《ひがし》ドイツに分断《ぶんだん》されます。その後《ご》、西《にし》ベルリンを取《と》り囲《かこ》むベルリンの壁《かべ》が建設《けんせつ》されました。

1980年代後半《ねんだいこうはん》から、民主化運《みんしゅかうん》動《どう》が始《はじ》まり、1989年《ねん》、ベルリンの壁《かべ》がこわされ、翌年《よくとし》、東西《とうざい》ドイツの再統一《さいとういつ》が実現《じつげん》しました。

ベルリンの壁《かべ》の跡《あと》。こちら側《がわ》が東《ひがし》ベルリン。

産業

自動車産業《じどうしゃさんぎょう》が世界《せかい》をリード

国土《こくど》の約半分《やくはんぶん》を農地《のうち》がしめ、小麦《こむぎ》や大麦《おおむぎ》、ライ麦《むぎ》などの穀物《こくもつ》の栽培《さいばい》がさかんです。じゃがいもやさとうだいこん、かぶなどの野菜《やさい》も生産《せいさん》しています。牧草地《ぼくそうち》では酪農《らくのう》も行《おこな》われていて、ヨーロッパでの豚肉《ぶたにく》や生乳《せいにゅう》の主要《しゅよう》な生産地《せいさんち》となっています。

また、ビールやワインの世界有数《せかいゆうすう》の生産国《せいさんこく》としても知《し》られています。

ドイツのおもな工業《こうぎょう》は、自動車《じどうしゃ》、鉄鋼《てっこう》、機械《きかい》、化学《かがく》、通信機器《つうしんきき》などです。なかでも自動車産業《じどうしゃさんぎょう》では、世界《せかい》をリードする大手自動車《おおてじどうしゃ》メーカーが競《きそ》い合《あ》っています。

メルセデス・ベンツやBMW《ビーエムダブリュー》は、ドイツの車《くるま》よね!

くらし・文化

保存食《ほぞんしょく》が発達《はったつ》した

キリスト教《きょう》のなかでもプロテスタントとカトリック教徒《きょうと》が、それぞれ人口《じんこう》の30%近《ちか》くをしめています。

また、ドイツでは、古《ふる》くから保存食《ほぞんしょく》が発達《はったつ》しました。ザワークラウトやソーセージ、マリネなどです。なかでもソーセージは、1500種類《しゅるい》以上《いじょう》あるといわれています。

パンの種類《しゅるい》も豊富《ほうふ》で、ブレッツェルという結《むす》び目《め》の形《かたち》のパンは、ドイツが発祥《はっしょう》とされています。

ブレッツェル。パン屋《や》のシンボルとなっている。

もっと知りたい

環境先進国《かんきょうせんしんこく》・ドイツ

工業《こうぎょう》の発達《はったつ》により、ドイツは早《はや》くから環《かん》境問題《きょうもんだい》になやまされてきました。そこで、自然保護《しぜんほご》の法律《ほうりつ》がつくられ、さまざまな対策《たいさく》を行《おこな》っています。

ドイツでは、できるだけゴミをへらし、リサイクルすることを徹底《てってい》しています。多《おお》くの飲料《いんりょう》は容器代《ようきだい》をふくめて販売《はんばい》され、びんやボトルを店《みせ》にもどすと返金《へんきん》されるしくみです。

南西部《なんせいぶ》の都市《とし》、フライブルクでは、車《くるま》の排気《はいき》ガスをへらすため、街《まち》の中心部《ちゅうしんぶ》への車《くるま》の乗《の》り入《い》れを制限《せいげん》しています。郊外《こうがい》からやってきた人々《ひとびと》は、市街地《しがいち》の外《そと》に車《くるま》をとめ、路面電車《ろめんでんしゃ》や自転車《じてんしゃ》を利用《りよう》します。

自動車《じどうしゃ》がほとんど走《はし》っていないんだね!?

路面電車《ろめんでんしゃ》が走《はし》るフライブルクの市街地《しがいち》。

ハプスブルク家《け》が栄光《えいこう》を築《きず》いた国《くに》

オーストリア

正式名称《せいしきめいしょう》 オーストリア共和国《きょうわこく》

首《しゅ》都《と》 ウィーン

基本《きほん》データ

面《めん》積《せき》	8万《まん》3882km²
人《じん》口《こう》	約《やく》880万人《まんにん》（2018年《ねん》）
おもな言語《げんご》	ドイツ語《ご》（公用語《こうようご》）
通《つう》貨《か》	ユーロ

国旗《こっき》の由来《ゆらい》

レオポルト5世《せい》が、敵《てき》の戦士《せんし》の返《かえ》り血《ち》を浴《あ》び、ベルト部《ぶ》分《ぶん》を残《のこ》して白《しろ》い軍服《ぐんぷく》が赤《あか》く染《そ》まったという逸話《いつわ》に基《もと》づく。

ドイツ
ライン川《がわ》
チェコ
ドナウ川《がわ》
スロバキア
ウィーン
オーストリア
スイス
ハンガリー
アルプス山脈《さんみゃく》
スロベニア
クロアチア
リヒテン
シュタイン
イタリア
アドリア海《かい》
サンマリノ

自然・地形

アルプス山脈《さんみゃく》が連《つら》なる国《くに》

まわりを8つの国《くに》に囲《かこ》まれた内陸《ないりく》国《こく》です。南側《みなみがわ》にはアルプス山脈《さんみゃく》が連《つら》なり、北側《きたがわ》にはドナウ川《がわ》が流《なが》れています。国土《こくど》の3分《ぶん》の2を山地《さんち》がしめています。

気候《きこう》には地域差《ちいきさ》があり、アルプス地方《ちほう》は夏涼《なつすず》しく、冬《ふゆ》は雪《ゆき》が積《つ》もり寒《さむ》さが厳《きび》しくなります。一方《いっぽう》、夏《なつ》の日《ひ》差《ざ》しが厳《きび》しく気温《きおん》が40℃近《ちか》くになる地域《ちいき》もあります。

歴史・人物

ハプスブルク家《け》が繁栄《はんえい》した地《ち》

中世《ちゅうせい》ヨーロッパに神聖《しんせい》ローマ帝国《ていこく》が生《う》まれると、現在《げんざい》のオーストリアは帝国《ていこく》の領域《りょういき》となり、1156年《ねん》に神聖《しんせい》ローマ帝国内《ていこくない》の独立国《どくりつこく》としてオーストリア公国《こうこく》が誕生《たんじょう》しました。

やがて、ヨーロッパの貴族《きぞく》・ハプスブルク家《け》が神聖《しんせい》ローマ帝国《ていこく》の皇帝《こうてい》に選《えら》ばれると、13〜19世紀《せいき》にかけてはハプスブルク家《け》が繁栄《はんえい》しました。

しかし、第一次世界大戦《だいいちじせかいたいせん》に敗《やぶ》れると、オーストリアはドイツの一部《いちぶ》になります。第二次世界大戦後《だいにじせかいたいせんご》、あらゆる戦争《せんそう》に介入《かいにゅう》しない「永世中立国《えいせいちゅうりつこく》」となることを宣言《せんげん》して、独立《どくりつ》を果《は》たしました。EU《イーユー》加盟国《かめいこく》です。

ハプスブルク家《け》は、スペインやポルトガルなどでも君主《くんしゅ》となったよ

くらし・文化

ウィーン少年合唱団《しょうねんがっしょうだん》

ウィーン少年合唱団《しょうねんがっしょうだん》は10～14歳《さい》の男子《だんし》だけの聖歌隊《せいかたい》
声《こえ》がわりする前《まえ》だよ
その声《こえ》は天使《てんし》の歌声《うたごえ》といわれるほど美《うつく》しくすんでいる
パパって音痴《おんち》のはずなのに天使《てんし》の歌声《うたごえ》っていわれているのよね
ぼく見《み》たことある！すごいよ
カラオケの点数《てんすう》が4しか出《で》ないんだ
4点
あれこそまさに点4《てんし》の歌声《うたごえ》
スゴイ!!
そっちか～

ウィーンにあるシェーンブルン宮殿《きゅうでん》。ハプスブルク家《け》をついで女王《じょおう》となったマリア＝テレジアが完成《かんせい》させた。宮殿《きゅうでん》の一角《いっかく》には日本庭園《にほんていえん》がある。

産業

機械工業《きかいこうぎょう》と観光業《かんこうぎょう》がさかん

機械工業《きかいこうぎょう》がさかんで、オーストリアで生産《せいさん》された自動車《じどうしゃ》やオートバイの部品《ぶひん》は日本《にほん》にも輸出《ゆしゅつ》されています。また、アルプスの山々《やまやま》の景観《けいかん》が美《うつく》しいチロル地方《ちほう》や、芸術《げいじゅつ》の中心地《ちゅうしんち》である首都《しゅと》ウィーンなどがあり、観光業《こうぎょう》がさかんです。

くらし・文化

世界的《せかいてき》な音楽家《おんがくか》が生《う》まれた

ハプスブルク家《け》の皇帝《こうてい》は音楽《おんがく》を愛好《あいこう》し、すぐれた音楽家《おんがくか》を宮廷《きゅうてい》にまねきました。モーツァルト、ベートーベンなどもウィーンをおとずれ、名曲《めいきょく》を生《う》み出《だ》しました。ハプスブルク家《け》が建《た》てたウィーン国立歌劇場《こくりつかげきじょう》では、今《いま》も公演《こうえん》が行《おこな》われています。

世界《せかい》の国《くに》クイズ　Q40 ギリシャの首都《しゅと》は？

雄大《ゆうだい》なアルプスが広《ひろ》がる永世中立国《えいせいちゅうりつこく》

スイス

正式名称《せいしきめいしょう》　スイス連邦《れんぽう》

首《しゅ》　都《と》　ベルン

基本《きほん》データ

面《めん》　積《せき》	4万《まん》1291㎢
人《じん》　口《こう》	842万人《まんにん》（2017年《ねん》）
おもな言語《げんご》	ドイツ語《ご》（公用語《こうようご》）、フランス語《ご》（公用語《こうようご》）、イタリア語《ご》（公用語《こうようご》）、ロマンシュ語《ご》（公用語《こうようご》）
通《つう》　貨《か》	スイスフラン

国旗《こっき》の由来《ゆらい》

赤《あか》は主権《しゅけん》、白十字《しろじゅうじ》はキリスト教《きょう》の精神《せいしん》を表《あらわ》す。神聖《しんせい》ローマ帝国《ていこく》の皇帝《こうてい》がシュビーツ州《しゅう》にあたえた旗《はた》を元《もと》にしている。

ライン川《がわ》
ドイツ
フランス
ベルン
スイス
オーストリア
ジュネーブ
モンテローザ
リヒテンシュタイン
マッターホルン
アルプス山脈《さんみゃく》
イタリア
地中海《ちちゅうかい》

自然・地形

国土《こくど》の半分以上《はんぶんいじょう》が山岳地帯《さんがくちたい》

ヨーロッパ中央部《ちゅうおうぶ》にあり、まわりを5か国《こく》に囲《かこ》まれています。国土《こくど》の約《やく》6割《わり》を「ヨーロッパの屋根《やね》」とよばれるアルプス山脈《さんみゃく》がしめ、モンテローザ、マッターホルンなどの4千《せん》m級《きゅう》の山々《やまやま》が連《つら》なっています。アルプス山脈《さんみゃく》は水源地《すいげんち》で、国土《こくど》には河川《かせん》や湖《みずうみ》が多《おお》く、水《みず》は豊富《ほうふ》です。

南部《なんぶ》は温暖《おんだん》で、北部《ほくぶ》はおだやかな気候《きこう》です。

歴史・人物

戦争《せんそう》に参加《さんか》しない永世中立国《えいせいちゅうりつこく》

13世紀《せいき》、スイスのあたりは神聖《しんせい》ローマ帝国《ていこく》の領地《りょうち》でしたが、3つの地域《ちいき》が同盟《どうめい》を結《むす》び、これが現在《げんざい》のスイスの元《もと》となりました。その後《ご》、同盟地域《どうめいちいき》がふえ、1648年《ねん》には神聖《しんせい》ローマ帝国《ていこく》から独立《どくりつ》します。

16世紀《せいき》から17世紀《せいき》にかけて、ヨーロッパ各地《かくち》で宗教戦争《しゅうきょうせんそう》が起《お》こりましたが、人種《じんしゅ》や宗教《しゅうきょう》が多様《たよう》なスイスは、国内《こくない》の分裂《ぶんれつ》をさけるために中立《ちゅうりつ》の立場《たちば》をとりました。そして、1815年《ねん》のウィーン会議《かいぎ》で、国際的《こくさいてき》に永世中立国《えいせいちゅうりつこく》とみとめられます。2度《ど》の世界大戦《せかいたいせん》でも、周辺諸国《しゅうへんしょこく》が争《あらそ》うなか、中立《ちゅうりつ》を守《まも》りました。このためジュネーブには、国連《こくれん》など多《おお》くの国際機関《こくさいきかん》の本部《ほんぶ》がおかれています。

2002年《ねん》に国連《こくれん》に加盟《かめい》したよ

ヨーロッパ　スイス

アルプホルン

牛の放牧。山岳地帯では、冬には村で家畜を育て、夏は牧草地で放牧する「移牧」が行われている。

産業 世界がみとめる時計の品質

時計をはじめとする精密機器の製造がさかんです。スイスでつくられた時計の品質は世界的にみとめられていて、95％が輸出されています。また、山の牧草地では、放牧による酪農が行われ、チーズやバターなどの乳製品も製造されています。

くらし・文化 4つ以上の言語が使われる

スイスでは、ドイツ語、フランス語など4つの言語が公用語となっています。また、人口の25％が外国人のスイスでは、スペイン語やポルトガル語なども使われます。直接民主制で、18歳以上になると国民投票に参加します。

105　世界の国クイズ　Q41 ケニアの首都は？

古代《こだい》ローマの遺跡《いせき》が残《のこ》る観光大国《かんこうたいこく》

イタリア

正式名称《せいしきめいしょう》 イタリア共和国《きょうわこく》

首《しゅ》都《と》 ローマ

産業
ミラノ
イタリア最大《さいだい》の工《こう》業《ぎょう》都《と》市《し》。トリノ、ジェノバとの三角《さんかく》地帯《ちたい》が工業《こうぎょう》の中心《ちゅうしん》地《ち》となっている。
スイス
オーストリア
アルプス山脈《さんみゃく》
スロベニア
クロアチア
ボスニア・ヘルツェゴビナ
フランス
ミラノ
トリノ
ジェノバ
サンマリノ
モナコ
ピサ
フィレンツェ
バチカン
アドリア海《かい》
コルス島《とう》
ローマ
イタリア
アペニン山脈《さんみゃく》
イタリア半島《はんとう》
ナポリ
サルデーニャ島《とう》
シチリア島《とう》
地中海《ちちゅうかい》
エトナ山《さん》
マルタ
自然・地形
エトナ山《さん》
シチリア島《とう》にある火山《かざん》。地中海《ちちゅうかい》の島《しま》で最高峰《さいこうほう》。
サンマリノとバチカン、モナコは、イタリアとはべつの国《くに》だよ

自然・地形

長靴《ながぐつ》の形《かたち》をした国《くに》

イタリアは、地中海《ちちゅうかい》につき出《だ》した長靴形《ながぐつがた》のイタリア半島《はんとう》と、シチリア島《とう》やサルデーニャ島《とう》などの島々《しまじま》からなる国《くに》です。北部《ほくぶ》の国境沿《こっきょうぞ》いには、アルプス山脈《さんみゃく》があります。

半島部《はんとうぶ》には南北《なんぼく》にアペニン山脈《さんみゃく》が走《はし》っています。南部《なんぶ》には火山《かざん》が多《おお》く、大地震《おおじしん》がくり返《かえ》し起《お》きています。シチリア島《とう》のエトナ山《さん》（3330m）は、ヨーロッパ最大《さいだい》の活火山《かっかざん》です。

気候《きこう》は地域《ちいき》によって差《さ》があります。北部《ほくぶ》は温暖湿潤気候《おんだんしつじゅんきこう》で、夏《なつ》は暑《あつ》く冬《ふゆ》は寒《さむ》くなります。南部《なんぶ》は地中海《ちちゅうかい》性気候《せいきこう》で、冬《ふゆ》も温暖《おんだん》で雨《あめ》が多《おお》く、夏《なつ》は乾燥《かんそう》して暑《あつ》くなります。

半島《はんとう》の北《きた》は、フランスなど4つの国《くに》と接《せっ》しているね

くらし・文化

ピザとパスタ

ピザとパスタはイタリアの代表食《だいひょうしょく》
今《いま》では日本《にほん》でもおなじみの食《た》べ物《もの》
Pizza
Pasta
ねえねえ! イタリアには、ピザ用《よう》の砂糖《さとう》があるって知《し》ってた?
そうなんだ
へえ〜〜
ピザを甘《あま》くして食《た》べるのかな
有名《ゆうめい》なんだってさ「ピザのさとう」
それってまさか…
「ピサの斜塔《しゃとう》」では?
イタリア観光《かんこう》の定番《ていばん》!!
あれ?

基本《きほん》データ

面積《めんせき》	30万《まん》2073㎢
人口《じんこう》	6050万人《まんにん》(2018年《ねん》)
おもな言語《げんご》	イタリア語《ご》(公用語《こうようご》)、ドイツ語《ご》、フランス語《ご》など
通貨《つうか》	ユーロ

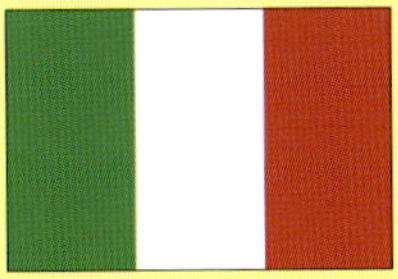

国旗《こっき》の由来《ゆらい》

緑《みどり》は美《うつく》しい国土《こくど》、白《しろ》はアルプスの雪《ゆき》、赤《あか》は愛国《あいこく》の熱血《ねっけつ》を表《あらわ》す。共和《きょうわ》国《こく》になる前《まえ》は、中央《ちゅうおう》に国章《こくしょう》が入《はい》っていた。

歴史・人物

コロッセオ(ローマ)

古代《こだい》ローマ時代《じだい》につくられた円形闘技場《えんけいとうぎじょう》。「ピサの斜塔《しゃとう》」などイタリアには世界遺産《せかいいさん》が多《おお》く、観光業《かんこうぎょう》が重要《じゅうよう》な産業《さんぎょう》の1つとなっている。

歴史・人物 古代《こだい》に栄《さか》えたローマ

紀元前《きげんぜん》7世紀《せいき》ごろ、イタリアではさまざまな民族《みんぞく》が住《す》み、それぞれ都市国家《としこっか》を形成《けいせい》していました。そのなかで、都市国家《としこっか》ローマは周辺《しゅうへん》の都市《とし》国家《こっか》との戦争《せんそう》を経《へ》て、イタリア半島《はんとう》全体《ぜんたい》を支配下《しはいか》におきます。

その後《ご》、紀元前《きげんぜん》27年《ねん》にはローマ帝国《ていこく》が誕生《たんじょう》しました。ローマ帝国《ていこく》は、さらに勢力《せいりょく》を広《ひろ》げ、ヨーロッパの大部分《だいぶぶん》とイギリス、西《にし》アジア、北《きた》アフリカを支配《しはい》します。

3世紀《せいき》になると、ローマ帝国《ていこく》の力《ちから》はしだいにおとろえます。4世紀末《せいきすえ》には帝国《ていこく》は東西《とうざい》に分裂《ぶんれつ》し、その後《ご》、帝国《ていこく》は滅亡《めつぼう》しました。

古代《こだい》ローマは大帝国《だいていこく》だったのね

歴史・人物 王国《おうこく》から共和国《きょうわこく》へ

14世紀《せいき》には、イタリアでルネサンスという文化《ぶんか》・芸術運動《げいじゅつうんどう》が始《はじ》まりました。ルネサンスは、やがてヨーロッパ全土《ぜんど》に広《ひろ》がりました。

19世紀《せいき》になると、統一国家《とういつこっか》に向《む》けての動《うご》きが高《たか》まり、1861年《ねん》にイタリア王国《おうこく》が生《う》まれます。

第一次世界大戦後《だいいちじせかいたいせんご》、1922年《ねん》にファシスト党《とう》のムッソリーニが首相《しゅしょう》になり、独裁国家《どくさいこっか》となりました。しかし、第二次世界大戦《だいにじせかいたいせん》では敗戦国《はいせんこく》となります。1946年《ねん》、王制《おうせい》を廃止《はいし》し、1948年《ねん》にはイタリア共和国《きょうわこく》になりました。

第二次世界大戦《だいにじせかいたいせん》では、日本《にほん》と同盟《どうめい》を結《むす》んでいたよ

産業 特色《とくしょく》ある各都市《かくとし》の産業《さんぎょう》

イタリア北部《ほくぶ》のミラノ、トリノ、ジェノバを結《むす》ぶ三角地帯《さんかくちたい》が、工業《こうぎょう》の中心地《ちゅうしんち》となっています。自動車《じどうしゃ》、機械《きかい》、繊維《せんい》などの工業《こうぎょう》がさかんです。

また、伝統工業《でんとうこうぎょう》も重要《じゅうよう》な産業《さんぎょう》です。中部《ちゅうぶ》のフィレンツェでは、良質《りょうしつ》の革製品《かわせいひん》がつくられています。

一方《いっぽう》、南部《なんぶ》は農業《のうぎょう》がさかんで、小麦《こむぎ》、オリーブ、トマト、ぶどうなどを栽培《さいばい》しています。ぶどうからつくるワインも多《おお》く輸出《ゆしゅつ》しています。

貿易港《ぼうえきこう》として栄《さか》えるジェノバ。

ヨーロッパ　イタリア

くらし・文化
イタリア発祥の食文化

いろいろなパスタ。

国民の大部分はイタリア人で、公用語はイタリア語です。北部ではフランス語やドイツ語が使われています。国民の80％以上がキリスト教のカトリック教徒です。

イタリアの主食は、パスタです。スパゲティだけでなく、ペンネやマカロニ、ラザニアなど、500種類以上のパスタがあるといわれています。ピッツァやリゾットも、イタリア発祥の料理です。また、ティラミスやパンナコッタなどは、イタリアのデザート（ドルチェ）です。

もっと知りたい　ルネサンス文化が花開いた地

イタリアのフィレンツェで始まったルネサンスは、ヨーロッパ文化の大きな転換点となりました。

ルネサンスには、美術、文芸、音楽、科学の分野で、多くの芸術家が生まれました。

美術では、『モナ・リザ』『最後の晩餐』をえがいたレオナルド・ダ・ヴィンチ、彫刻『ダビデ像』をつくったミケランジェロ、多くの聖母画をかいたラファエロなどが有名です。

ダ・ヴィンチは芸術だけでなく、医学、科学、天文学、建築などの分野でも才能を発揮しました。人体解剖図などをつくったほか、ヘリコプターの原理などの考案もしています。

ミケランジェロ広場のダビデ像。

フィレンツェの町なみ。

世界の国クイズ　Q43 コロンビアの首都は？

チューリップと風車《ふうしゃ》の国《くに》

オランダ

正式名称《せいしきめいしょう》 オランダ王国《おうこく》

首《しゅ》 都《と》 アムステルダム

北海《ほっかい》
西《にし》フリージア諸島《しょとう》
オランダ
アイセル湖《こ》
ハーグ
アムステルダム
キンデルダイク
ドイツ
ベルギー
ライン川《がわ》
フランス
ルクセンブルク

産業

運河《うんが》

アムステルダムなどオランダの多《おお》くの都《と》市《し》は、運河《うんが》を中心《ちゅうしん》に築《きず》かれている。

自然・地形

アイセル湖《こ》

オランダ北部《ほくぶ》の淡水《たんすい》湖《こ》。1932年《ねん》に海《うみ》を堤防《ていぼう》でさえぎってつくられた。

くらし・文化

ハーグ

オランダの議会《ぎかい》、政《せい》府《ふ》、最高裁判所《さいこうさいばんしょ》がある政治《せいじ》の中心地《ちゅうしんち》。

自然・地形

海面《かいめん》より低《ひく》い土地《とち》

オランダは、ヨーロッパの北西《ほくせい》にある九州《きゅうしゅう》ほどの大《おお》きさの国《くに》です。西《にし》と北《きた》は北海《ほっかい》に面《めん》し、東《ひがし》はドイツ、南《みなみ》はベルギーに接《せっ》しています。

ヨーロッパ中部《ちゅうぶ》を流《なが》れるライン川《がわ》の下流《かりゅう》の低湿地帯《ていしつちたい》にあり、国土《こくど》の約《やく》4分《ぶん》の1が海面《かいめん》より低《ひく》い土地《とち》です。北海沿岸部《ほっかいえんがんぶ》は人《ひと》の手《て》で陸地《りくち》をつくった干拓地《かんたくち》「ポルダー」地帯《ちたい》です。

気候《きこう》は海洋《かいよう》の影響《えいきょう》で、冬《ふゆ》でも比較《ひかく》的温暖《てきおんだん》な西岸海洋性気候《せいがんかいようせいきこう》です。沿岸《えんがん》部《ぶ》は西《にし》からの風《かぜ》を強《つよ》く受《う》けます。とくに秋《あき》から冬《ふゆ》にかけては、雨《あめ》やくもりの日《ひ》が多《おお》くなります。

オランダ語《ご》の国名《こくめい》は「ネーデルラント」。「低《ひく》い土地《とち》」という意味《いみ》よ

くらし・文化

風車《ふうしゃ》とチューリップ

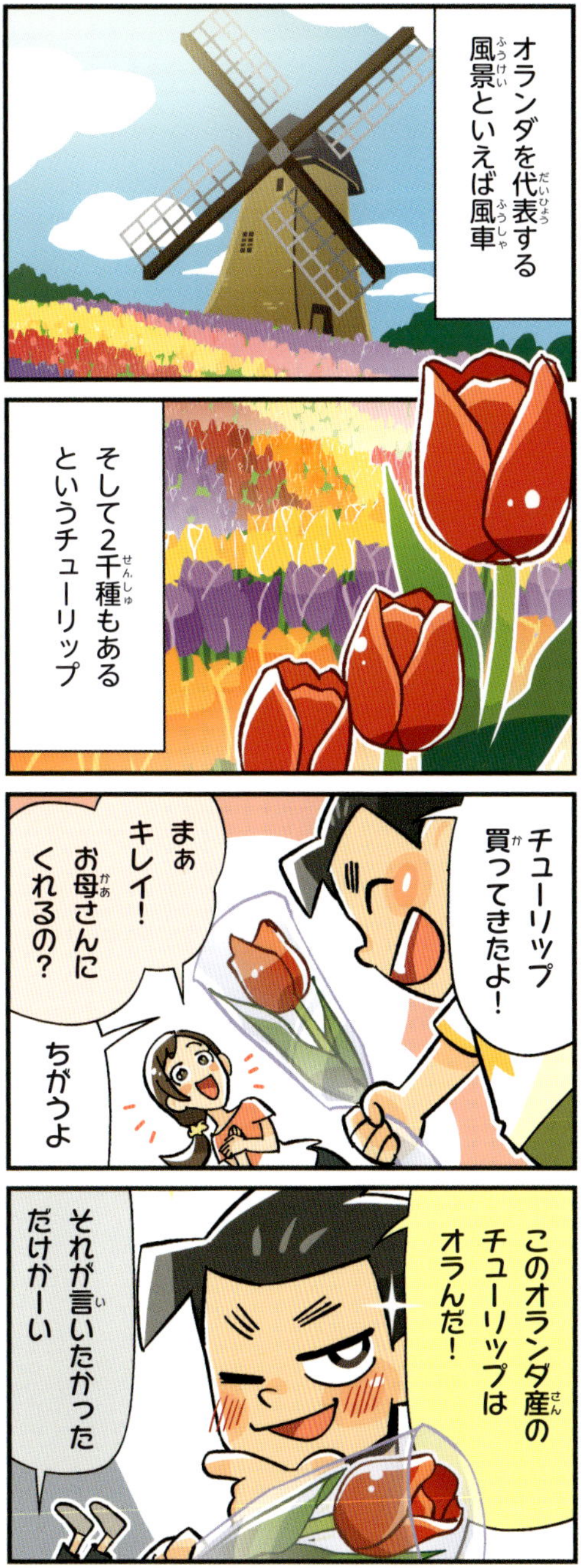
オランダを代表《だいひょう》する風景《ふうけい》といえば風車《ふうしゃ》
そして2千種《せんしゅ》もあるというチューリップ
チューリップ買《か》ってきたよ!
まぁキレイ!お母《かあ》さんにくれるの?
ちがうよ
このオランダ産《さん》のチューリップはオランんだ!
それが言《い》いたかっただけかーい

基本《きほん》データ

面《めん》積《せき》	4万《まん》1542㎢
人《じん》口《こう》	1718万《まん》4千人《せんにん》(2017年《ねん》)
おもな言語《げんご》	オランダ語《ご》(公用語《こうようご》)
通《つう》貨《か》	ユーロ

国旗《こっき》の由来《ゆらい》

オレンジ、白《しろ》、青《あお》の軍旗《ぐんき》から、オレンジが赤《あか》に変《か》わった。赤《あか》は国民《こくみん》の勇気《ゆうき》、白《しろ》は神《かみ》への信仰《しんこう》、青《あお》は祖国《そこく》への忠誠《ちゅうせい》を表《あらわ》す。

自然・地形

ポルダー

オランダで、13世紀《せいき》ごろからつくられた干拓地《かんたくち》。かつては干拓地《かんたくち》の水《みず》を排水《はいすい》するために風車《ふうしゃ》が使《つか》われたが、現在《げんざい》は動力《どうりょく》ポンプが使《つか》われている。写真《しゃしん》は、キンデルダイクの風車群《ふうしゃぐん》。

世界《せかい》の国《くに》クイズ　Q44 サグラダ・ファミリア大聖堂《だいせいどう》がある国《くに》は?

歴史・人物 東《ひがし》インド会社《がいしゃ》を設立《せつりつ》

オランダが国家《こっか》として形成《けいせい》されたのは、14世紀末《せいきすえ》からです。その後《ご》、スペインに支配《しはい》され、人々《ひとびと》は重税《じゅうぜい》と新宗教《しんしゅうきょう》の迫害《はくがい》に苦《くる》しめられます。1568年《ねん》に独立戦争《どくりつせんそう》を起《お》こし、1648年《ねん》にネーデルラント(オランダ)連邦共和国《れんぽうきょうわこく》として独立《どくりつ》しました。

1602年《ねん》には、オランダ東《ひがし》インド会社《がいしゃ》を設立《せつりつ》します。コショウなどの香辛料《こうしんりょう》を独占《どくせん》するために、インドネシアなどを植民地《しょくみんち》にしました。

しかし、イギリスとの戦争《せんそう》に敗《やぶ》れ、ナポレオンの時代《じだい》にはフランスに支《し》配《はい》されます。1815年《ねん》にベルギー、ルクセンブルクとともにネーデルラント王国《おうこく》として独立《どくりつ》しますが、その後《ご》、3つの国《くに》が分《わ》かれて独立《どくりつ》し、現《げん》在《ざい》の国土《こくど》となりました。

歴史・人物 ドイツに占領《せんりょう》される

オランダは、第一次世界大戦《だいいちじせかいたいせん》では中立《ちゅうりつ》を守《まも》りましたが、第二次世界大《だいにじせかいたい》戦《せん》では、ドイツに占領《せんりょう》されました。同《おな》じく占領《せんりょう》されたベルギー、ルクセンブルクとともに、1944年《ねん》にベネルクス三国関税同盟《さんごくかんぜいどうめい》を結《むす》びます。この同盟《どうめい》は、のちにEC《イーシー》(ヨーロッパ共同体《きょうどうたい》)、EU《イーユー》(ヨーロッパ連合《れんごう》)の発足《ほっそく》につながりました。

第二次世界大戦後《だいにじせかいたいせんご》は、インドネシアをはじめとする海外領土《かいがいりょうど》のほとんどが独立《どくりつ》しています。

BE《ベ》NE《ネ》LUX《ルクス》

ベルギー

ネーデルラント

ルクセンブルク

ベネルクスは、3つの国《くに》の頭文字《かしらもじ》を組《く》み合《あ》わせた名前《なまえ》だよ

産業 酪農《らくのう》と花《はな》の栽培《さいばい》がさかん

オランダは、ヨーロッパではフランスとならぶ農産物《のうさんぶつ》の輸出国《ゆしゅつこく》です。おもな産業《さんぎょう》は酪農《らくのう》で、牛乳《ぎゅうにゅう》、バター、チーズなどの乳製品《にゅうせいひん》を生産《せいさん》しています。養豚《ようとん》、養鶏《ようけい》などの畜産業《ちくさんぎょう》と、肉《にく》を加工《かこう》する食品加工《しょくひんかこう》もさかんです。酪農製品《らくのうせいひん》と加工食品《かこうしょくひん》を合《あ》わせた輸出《ゆしゅつ》額《がく》は、世界有数《せかいゆうすう》です。

また、農産物《のうさんぶつ》では、小麦《こむぎ》やじゃがいものほか、バラ、チューリップなどの花《はな》の栽培《さいばい》がさかんです。生花《せいか》や球根《きゅうこん》は代表的《だいひょうてき》な輸出品目《ゆしゅつひんもく》です。

また、天然《てんねん》ガスの産出《さんしゅつ》も世界上位《せかいじょうい》で、石油製品《せきゆせいひん》も多《おお》く輸出《ゆしゅつ》しています。

チューリップ畑《ばたけ》。

くらし・文化

自転車大国《じてんしゃたいこく》

オランダには、オランダ人《じん》が約《やく》8割《わり》、残《のこ》りは移民《いみん》が住《す》んでいます。国民《こくみん》の半数近《はんすうちか》くが無宗教《むしゅうきょう》といわれています。キリスト教徒《きょうと》が約《やく》40%、イスラム教徒《きょうと》は5%ほどです。

国土《こくど》が平《たい》らなオランダでは、自転車《じてんしゃ》が最《もっと》も身近《みぢか》な交通手段《こうつうしゅだん》です。国民《こくみん》ひとりあたり1台以上《だいいじょう》の自転車《じてんしゃ》を持《も》っていて、利用率《りようりつ》は世界一《せかいいち》です。国中《くにじゅう》に自転車専用道路《じてんしゃせんようどうろ》が整備《せいび》され、専用《せんよう》の信号機《しんごうき》や橋《はし》もあります。

自転車専用道路《じてんしゃせんようどうろ》を走《はし》る少年《しょうねん》たち。

もっと知りたい

日本《にほん》との交流《こうりゅう》の歴史《れきし》

オランダは、ヨーロッパのなかで日本《にほん》と最《もっと》も長《なが》い交流《こうりゅう》の歴史《れきし》がある国《くに》です。

オランダと日本《にほん》は1600年《ねん》、オランダ船《せん》のデ・リーフデ号《ごう》が臼杵湾《うすきわん》（大分県《おおいたけん》）に漂着《ひょうちゃく》したことから交流《こうりゅう》が始《はじ》まりました。徳川家康《とくがわいえやす》は乗組員《のりくみいん》を歓迎《かんげい》し、幕府《ばくふ》の相談役《そうだんやく》の地位《ちい》をあたえました。

1602年《ねん》、オランダで世界初《せかいはつ》の株式会社《かぶしきがいしゃ》「オランダ東《ひがし》インド会社《がいしゃ》」が設立《せつりつ》されると、その支店《してん》となるオランダ商館《しょうかん》が1609年《ねん》に平戸《ひらど》（長崎県《ながさきけん》）につくられます。そして1639年《ねん》、日本《にほん》が鎖国時代《さこくじだい》に入《はい》ると、オランダ商館《しょうかん》を出島《でじま》にうつし、交流《こうりゅう》をつづけました。日本《にほん》はオランダに銀《ぎん》や銅《どう》、陶磁器《とうじき》などを輸出《ゆしゅつ》し、オランダからはコショウや砂糖《さとう》、ガラス製品《せいひん》などを輸入《ゆにゅう》していました。

江戸時代《えどじだい》にオランダから入《はい》ってきたヨーロッパの学問《がくもん》や技術《ぎじゅつ》などを蘭学《らんがく》というよ

長崎出島復元模型《ながさきでじまふくげんもけい》。鎖国時代《さこくじだい》、ヨーロッパとの唯一《ゆいいつ》の経済《けいざい》・文化交流《ぶんかこうりゅう》の場《ば》だった。

113　世界《せかい》の国《くに》クイズ　Q45 シベリア鉄道《てつどう》がある国《くに》は？

西《にし》ヨーロッパ最大《さいだい》の国《くに》

フランス

正式名称《せいしきめいしょう》 フランス共和国《きょうわこく》　首都《しゅと》 パリ

イギリス
ドイツ
ドーバー海峡《かいきょう》
ベルギー
ルクセンブルク
イギリス海峡《かいきょう》
セーヌ川《がわ》
ライン川《がわ》
アルザス
パリ
ロレーヌ
ブルターニュ半島《はんとう》
ブルターニュ
ブルゴーニュ
スイス
フランス
アルプス山脈《さんみゃく》
大西洋《たいせいよう》
モンブラン山《さん》
イタリア
ボルドー
マルセイユ
モナコ
ピレネー山脈《さんみゃく》
地中海《ちちゅうかい》
コルス島《とう》
スペイン
アンドラ

自然・地形

モンブラン山《さん》

フランスとイタリアにまたがる山《やま》で、西《にし》ヨーロッパの最高《さいこう》峰《ほう》。標高《ひょうこう》4808m。

歴史・人物

コルス島《とう》

地中海西部《ちちゅうかいせいぶ》にある島《しま》。ナポレオン・ボナパルトの出生地《しゅっせいち》でもある。コルシカ島《とう》とも。

自然・地形

国土《こくど》のほとんどが平野《へいや》

ヨーロッパ西部《せいぶ》にある国《くに》で、北《きた》と西《にし》は大西洋《たいせいよう》、南《みなみ》は地中海《ちちゅうかい》に面《めん》しています。陸地《りくち》ではドイツ、イタリアなど8か国《こく》と国境《こっきょう》を接《せっ》しています。面積《めんせき》は日本《にほん》のおよそ1・5倍《ばい》で、西《にし》ヨーロッパで最《もっと》も広《ひろ》い国《くに》です。

国土《こくど》のほとんどは平野《へいや》やなだらかな丘陵《きゅうりょう》ですが、南西《なんせい》にピレネー山脈《さんみゃく》、東《ひがし》にアルプス山脈《さんみゃく》が走《はし》っています。パリ中心部《ちゅうしんぶ》を流《なが》れるセーヌ川《がわ》はフランスを代表《だいひょう》する川《かわ》です。

気候《きこう》は山岳地帯《さんがくちたい》と南部《なんぶ》をのぞき、温暖《おんだん》な西岸海洋性気候《せいがんかいようせいきこう》です。南部《なんぶ》には、夏《なつ》は乾燥《かんそう》し、冬《ふゆ》は雨《あめ》が多《おお》い地中《ちちゅう》海性気候《かいせいきこう》の地域《ちいき》もあります。

イギリスにはドーバー海峡《かいきょう》トンネルを通《とお》って鉄道《てつどう》で行《い》けるんだって!

くらし・文化 ルーブル美術館《びじゅつかん》

自然・地形 セーヌ川《がわ》

フランス北部《ほくぶ》を流《なが》れる川《かわ》。パリ盆地《ぼんち》を通《とお》り、イギリス海峡《かいきょう》に注《そそ》ぐ。河岸《かわぎし》はパリ市民《しみん》や観光客《かんこうきゃく》の散歩《さんぽ》コースとなっている。

基本《きほん》データ

面《めん》積《せき》	55万《まん》1500㎢
人《じん》口《こう》	約《やく》6718万人《まんにん》(2018年《ねん》)
おもな言語《げんご》	フランス語《ご》(公用語《こうようご》)
通《つう》貨《か》	ユーロ

国旗《こっき》の由来《ゆらい》

もともと白《しろ》はブルボン家《け》、青《あお》と赤《あか》はパリ市《し》の色《いろ》を表《あらわ》していた。現在《げんざい》、青《あお》は自由《じゆう》、白《しろ》は平等《びょうどう》、赤《あか》は博愛《はくあい》を意味《いみ》する。

世界《せかい》の国《くに》クイズ　Q46 ジャマイカの首都《しゅと》は？

歴史・人物

フランス革命《かくめい》で共和制《きょうわせい》に

9世紀《せいき》の初《はじ》めには西《にし》ヨーロッパのほとんどを支配《しはい》していたフランク王《おう》国《こく》が分裂《ぶんれつ》し、現在《げんざい》のフランスの元《もと》になりました。

16世紀末《せいきすえ》にブルボン朝《ちょう》となり、ルイ14世《せい》のときには最盛期《さいせいき》をむかえ、ベルサイユ宮殿《きゅうでん》を建《た》てました。しかし、民衆《みんしゅう》の不満《ふまん》が高《たか》まり、フランス革命《かくめい》が起《お》こり、1789年《ねん》、王制《おうせい》は廃止《はいし》されました。

ベルサイユ宮殿《きゅうでん》。

歴史・人物

フランスの英雄《えいゆう》、ナポレオン

1804年《ねん》、軍人《ぐんじん》のナポレオンが皇帝《こうてい》となり、ヨーロッパのほとんどの国《くに》を支配《しはい》しました。その後《ご》、東南《とうなん》アジアやアフリカなどに植民地《しょくみんち》を広《ひろ》げました。

歴史・人物

EU《イーユー》の中心的《ちゅうしんてき》な役割《やくわり》に

第一次世界大戦《だいいちじせかいたいせん》では、フランスは連合国軍《れんごうこくぐん》に入《はい》り、勝利《しょうり》しました。第《だい》二次世界大戦《にじせかいたいせん》では、ドイツに国土《こくど》の北半分《きたはんぶん》を占領《せんりょう》されましたが、連合軍《れんごうぐん》によって解放《かいほう》されました。戦後《せんご》、アジアやアフリカの植民地《しょくみんち》が、次々《つぎつぎ》とフランスから独立《どくりつ》しました。

フランスは、EU《イーユー》(ヨーロッパ連合《れんごう》)の中心的《ちゅうしんてき》な役割《やくわり》を担《にな》っています。

2024年《ねん》のオリンピックはパリで開催《かいさい》されるよ

産業

ヨーロッパ最大《さいだい》の農業国《のうぎょうこく》

フランスは、広《ひろ》い国土《こくど》の半分以上《はんぶんいじょう》を農地《のうち》にしているヨーロッパ最大《さいだい》の農業国《のうぎょうこく》です。平野部《へいやぶ》ではおもに小麦《こむぎ》、とうもろこしが栽培《さいばい》され、EU《イーユー》諸国《しょこく》を中心《ちゅうしん》に輸出《ゆしゅつ》されています。山岳地《さんがくち》帯《たい》では食肉《しょくにく》、乳製品《にゅうせいひん》などの畜産《ちくさん》、南《なん》部《ぶ》の丘陵地《きゅうりょうち》ではぶどうの栽培《さいばい》がさかんです。ワインも各地《かくち》で生産《せいさん》され、世界中《せかいじゅう》で飲《の》まれています。

一方《いっぽう》、工業《こうぎょう》や商業《しょうぎょう》も発達《はったつ》しています。東部《とうぶ》のロレーヌ地方《ちほう》や地中海《ちちゅうかい》に面《めん》したマルセイユでは、鉄鋼業《てっこうぎょう》などの重化学工業《じゅうかがくこうぎょう》が発達《はったつ》しています。国《こく》内最大《ないさいだい》の工業都市《こうぎょうとし》であるパリを中心《ちゅうしん》に、航空機《こうくうき》や自動車《じどうしゃ》の生産《せいさん》も行《おこな》われています。

宇宙産業《うちゅうさんぎょう》も発達《はったつ》しているよ

フランスのチーズ売《う》り場《ば》。フランスのチーズ消費量《しょうひりょう》は世界一《せかいいち》（2014年《ねん》）で、チーズの種類《しゅるい》は300以上《いじょう》といわれている。

くらし・文化

フランス料理《りょうり》の発達《はったつ》

フランスで暮《く》らす人《ひと》のほとんどは、フランス人《じん》です。アフリカやアジアからの移民《いみん》も、労働者《ろうどうしゃ》として入《はい》ってきています。宗教《しゅうきょう》はキリスト教《きょう》のカトリックが多《おお》くいます。

フランスの食文化《しょくぶんか》は、豊富《ほうふ》な農産《のうさん》物《ぶつ》と、宮廷文化《きゅうていぶんか》を背景《はいけい》に発達《はったつ》しました。チーズ、ワイン、パンのほか、フォアグラやトリュフなどの高級食《こうきゅうしょく》材《ざい》も有名《ゆうめい》です。

もっと知りたい

フランス文化《ぶんか》の中心地《ちゅうしんち》、パリ

フランスの首都《しゅと》パリは、古《ふる》くから芸術《げいじゅつ》・文化《ぶんか》が栄《さか》え、華《はな》やかな雰囲気《ふんいき》があることから「花《はな》の都《みやこ》」「芸術《げいじゅつ》の都《みやこ》」などともよばれています。

毎年《まいとし》、夏《なつ》と冬《ふゆ》に新作《しんさく》ファッションの発《はっ》表会《ぴょうかい》「パリ・コレクション」が開《ひら》かれ、世《せ》界《かい》の注目《ちゅうもく》を集《あつ》めています。

市内《しない》では、1889年《ねん》の万国博覧会《ばんこくはくらんかい》のためにつくられたエッフェル塔《とう》や、ナポレオンが戦争《せんそう》に勝《か》った記念《きねん》につくられた凱《がい》旋門《せんもん》、ベルサイユ宮殿《きゅうでん》など、多《おお》くの歴史《れきし》的建物《てきたてもの》が見《み》られます。また、ルーブル美《び》術館《じゅつかん》やオルセー美術館《びじゅつかん》など、たくさんの美術館《びじゅつかん》があります。

凱旋門《がいせんもん》。シャンゼリゼ通《どお》りのつきあたり、シャルル・ド・ゴール広場《ひろば》にある。

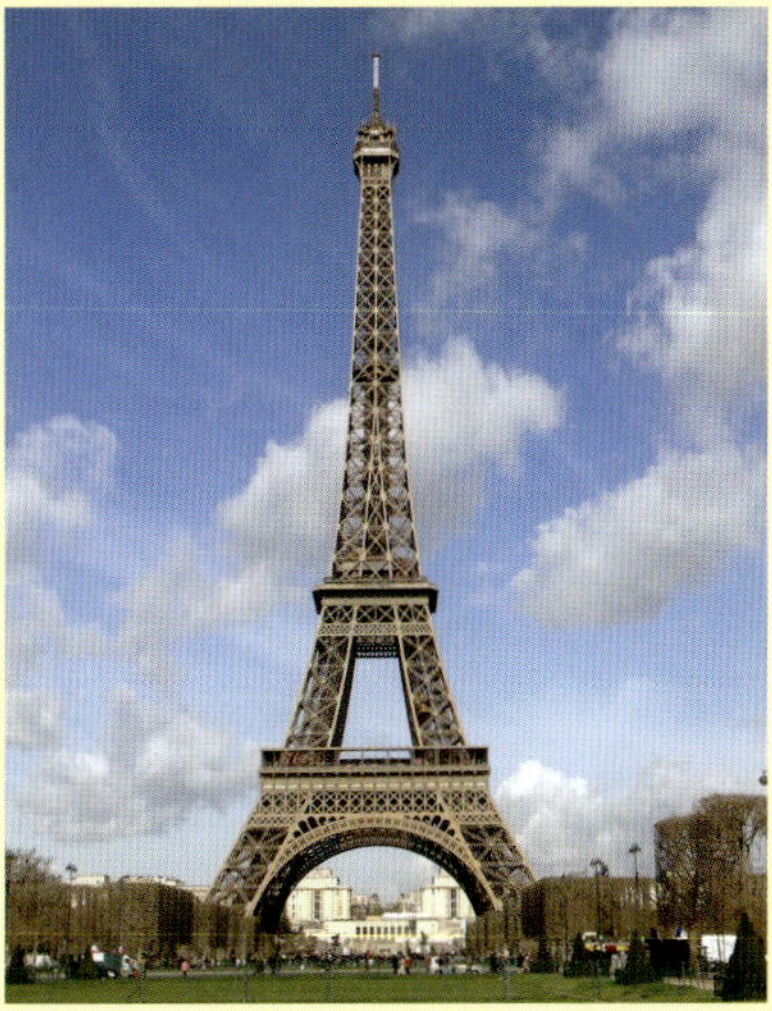

エッフェル塔《とう》は、パリのシンボルとなっている。高《たか》さは320m。

世界《せかい》の国《くに》クイズ　Q47 スウェーデンの首都《しゅと》は？

4つの国《くに》からなる連合王国《れんごうおうこく》

イギリス

正式名称《せいしきめいしょう》 グレートブリテンおよび北《きた》アイルランド連合王国《れんごうおうこく》
首《しゅ》都《と》 ロンドン

小《ちい》さな島《しま》もたくさんあるね

自然・地形

高緯度《こうい》《ど》のわりに暖《あたた》かい

ヨーロッパ北西部《ほくせいぶ》の大西洋《たいせいよう》にある島国《しまぐに》で、アイルランド島《とう》北部《ほくぶ》とグレートブリテン島《とう》、そのほか周辺《しゅうへん》にある大小《だいしょう》の島々《しまじま》からなっています。

国土《こくど》の大半《たいはん》は、なだらかな丘陵地《きゅうりょうち》や平原《へいげん》がしめています。グレートブリテン島《とう》には南北《なんぼく》にペニン山脈《さんみゃく》が走《はし》っています。スコットランドの西部《せいぶ》では、フィヨルドという氷河《ひょうが》にけずられた複雑《ふくざつ》な入《い》り江《え》がつづきます。

大西洋《たいせいよう》を北《きた》に向《む》かって流《なが》れるメキシコ湾流《わんりゅう》という海流《かいりゅう》と偏西風《へんせいふう》の影響《えいきょう》で、夏《なつ》は涼《すず》しく、冬《ふゆ》は高緯度《こういど》のわりに暖《あたた》かい西岸海洋性気候《せいがんかいようせいきこう》です。

自然・地形

湖水地方《こすいちほう》

イングランド北西部《ほくせいぶ》にある湖沼群《こしょうぐん》。ポターの『ピーターラビットのおはなし』シリーズの舞台《ぶたい》としても知《し》られる。

くらし・文化　スポーツ発祥《はっしょう》の地《ち》

イギリスはいろいろなスポーツの発祥《はっしょう》の地《ち》である
ラグビー、サッカー
ゴルフ、競馬《けいば》、クリケットなど
ルールを整備《せいび》してスポーツにした
よーし新《あたら》しいスポーツをつくろう!
手《て》を使《つか》ってもいいのがラグビー手《て》を使《つか》わないのがサッカーだから……
手《て》も足《あし》も使《つか》っちゃだめ!っていうのはどう?
それってゴールできるの?

基本《きほん》データ

面《めん》　積《せき》	24万《まん》2495km²
人《じん》　口《こう》	6565万人《まんにん》(2016年《ねん》)
おもな言語《げんご》	英語《えいご》(公用語《こうようご》)、ウェールズ語《ご》、ゲール語《ご》など
通《つう》　貨《か》	スターリング・ポンド

国旗《こっき》の由来《ゆらい》

「ユニオン・ジャック」とよばれる。イングランド、スコットランド、アイルランドの旗《はた》を重《かさ》ね合《あ》わせたもの。

くらし・文化　大英博物館《だいえいはくぶつかん》(ロンドン)

ロンドンにある国立博物館《こくりつはくぶつかん》。世界各地《せかいかくち》から集《あつ》められた発掘品《はっくつひん》や美術工芸品《びじゅつこうげいひん》を収蔵《しゅうぞう》している。

世界《せかい》の国《くに》クイズ　Q48 古代文字《こだいもじ》ヒエログリフが使《つか》われていた国《くに》は?

歴史・人物　海外《かいがい》に積極的《せっきょくてき》に進出《しんしゅつ》

5世紀《せいき》ごろ、ユーラシア大陸《たいりく》からイングランドに来《き》たゲルマン民族《みんぞく》が、9世紀《せいき》には王国《おうこく》をつくりました。11世《せい》紀《き》にはフランスに支配《しはい》されます。その後《ご》、王朝《おうちょう》ができてはほろび、13世《せい》紀《き》にはイングランドがウェールズを併合《へいごう》します。

16世紀《せいき》には、積極的《せっきょくてき》に海外《かいがい》に進出《しんしゅつ》します。1588年《ねん》に無敵《むてき》といわれたスペインの艦隊《かんたい》を破《やぶ》り、1600年《ねん》にはアジアでの貿易《ぼうえき》の拠点《きょてん》としてイギリス東《ひがし》インド会社《がいしゃ》を設立《せつりつ》しました。その後《ご》、1707年《ねん》にはスコットランドとの合併《がっぺい》により、グレートブリテン王国《おうこく》が生《う》まれました。

いろいろな民族《みんぞく》が入《はい》ってきたよ

歴史・人物　世界中《せかいじゅう》に植民地《しょくみんち》を築《きず》いた

18世紀後半《せいきこうはん》、紡績機《ぼうせきき》（糸《いと》をつくる機械《きかい》）や蒸気機関《じょうききかん》が発明《はつめい》され、工業《こうぎょう》が急速《きゅうそく》に発展《はってん》しました。この産業革命《さんぎょうかくめい》によって、イギリスは国力《こくりょく》を強《つよ》め、19世紀《せいき》には、アフリカ、アジア地域《ちいき》で広大《こうだい》な植民地《しょくみんち》を支配《しはい》しました。

1801年《ねん》には、アイルランドを併合《へいごう》し、さらに、1922年《ねん》、現在《げんざい》のグレートブリテンおよび北《きた》アイルランド連合王国《れんごうおうこく》になりました。

しかし、20世紀《せいき》に起《お》こった2度《ど》の世界大戦《せかいたいせん》で国力《こくりょく》がおとろえ、植民地《しょくみんち》も次々《つぎつぎ》と独立《どくりつ》していきました。

エリザベス女王《じょおう》は、今《いま》も16の国《くに》の元首《げんしゅ》（国《くに》の代表《だいひょう》）なんだって！

産業　北海油田《ほっかいゆでん》が経済《けいざい》を支《ささ》える

1960年代《ねんだい》から開発《かいはつ》が始《はじ》まった北海油田《ほっかいゆでん》により、ヨーロッパ有数《ゆうすう》の産油国《さんゆこく》となりました。輸出《ゆしゅつ》もさかんに行《おこな》われ、経済《けいざい》を支《ささ》えています。製《せい》造業《ぞうぎょう》では、とくに自動車産業《じどうしゃさんぎょう》がさかんで、重要《じゅうよう》な輸出品《ゆしゅつひん》となっています。また、機械工業《きかいこうぎょう》もさかんです。

農業《のうぎょう》では、寒《さむ》い気候《きこう》でもよく育《そだ》つ大麦《おおむぎ》やてんさい、なたね、小麦《こむぎ》、じゃがいもなどが栽培《さいばい》されています。酪《らく》農《のう》、牧畜《ぼくちく》も行《おこな》われ、食肉《しょくにく》のほか、羊《よう》毛《もう》、牛乳《ぎゅうにゅう》などが生産《せいさん》されています。漁業《ぎょぎょう》もさかんです。

北海油田《ほっかいゆでん》にある石油《せきゆ》プラットフォーム。海底《かいてい》から石油《せきゆ》を生産《せいさん》する。

くらし・文化　さまざまな民族《みんぞく》が暮《く》らす

イギリスには、イングランド人《じん》やスコットランド人《じん》、アイルランド人《じん》、ウェールズ人《じん》のほか、世界各地《せかいかくち》の植民地《しょくみんち》から来《き》た人々《ひとびと》の子孫《しそん》など、さまざまな民族《みんぞく》が住《す》んでいます。公用語《こうようご》は英語《えいご》ですが、ウェールズ語《ご》など、地方《ちほう》によってさまざまな言葉《ことば》があります。宗教《しゅうきょう》は、キリスト教徒《きょうと》が7割《わり》以上《いじょう》をしめています。

イギリスでは、産業革命《さんぎょうかくめい》以降《いこう》、民衆《みんしゅう》の間《あいだ》にも階級《かいきゅう》が生《う》まれました。人々《ひとびと》は、上流階級《じょうりゅうかいきゅう》、中流階級《ちゅうりゅうかいきゅう》、労働者階級《ろうどうしゃかいきゅう》という、階級《かいきゅう》を意識《いしき》しながら生活《せいかつ》しています。

階級《かいきゅう》といっても、上下関係《じょうげかんけい》ではなく、立場《たちば》を表《あらわ》すものなんだって！

くらし・文化　多《おお》くのスポーツを生《う》んだ国《くに》

イギリスは、昔《むかし》からスポーツがさかんで、多《おお》くのスポーツが生《う》まれた国《くに》でもあります。

代表的《だいひょうてき》なものに、サッカーやラグビー、野球《やきゅう》に似《に》たクリケット、ゴルフなどがあります。そのほか、テニスやバドミントン、競馬《けいば》なども、イギリスでルールが整備《せいび》され、スポーツとして世界中《せかいじゅう》で行《おこな》われるようになりました。

イギリスの伝統的球技《でんとうてききゅうぎ》、クリケットの試合《しあい》。11人《にん》ずつの２チームが戦《たたか》う。野球《やきゅう》の原型《げんけい》といわれる。

もっと知りたい　紅茶《こうちゃ》を楽《たの》しむイギリスの習慣《しゅうかん》

17世紀《せいき》にイギリスに入《はい》ってきた紅茶《こうちゃ》は、すぐに上流階級《じょうりゅうかいきゅう》に広《ひろ》まりました。そして、おかしなどといっしょに紅茶《こうちゃ》を楽《たの》しむ「アフタヌーン・ティー」の習慣《しゅうかん》が始《はじ》まりました。今《いま》では、一般《いっぱん》の人々《ひとびと》にも根《ね》づいており、イギリスは世界《せかい》でも有数《ゆうすう》の紅茶《こうちゃ》消費国《しょうひこく》となっています。

アフタヌーン・ティー。

121　世界《せかい》の国《くに》クイズ　Q49 タイの首都《しゅと》は？

宗教《しゅうきょう》の対立《たいりつ》を乗《の》りこえて独立《どくりつ》を果《は》たした

アイルランド

正式名称《せいしきめいしょう》 アイルランド　　首《しゅ》　都《と》 ダブリン

基本《きほん》データ

面《めん》　積《せき》	6万《まん》9825㎢
人《じん》　口《こう》	約《やく》476万人《まんにん》（2016年《ねん》）
おもな言語《げんご》	アイルランド語《ご》（公用語《こうようご》）、英語《えいご》（公用語《こうようご》）
通《つう》　貨《か》	ユーロ

国旗《こっき》の由来《ゆらい》

緑《みどり》はカトリック、オレンジはプロテスタントを象徴《しょうちょう》している。白《しろ》は、平和《へいわ》や結《むす》びつきを表《あらわ》す。

大西洋《たいせいよう》
グレートブリテン島《とう》
北《きた》アイルランド
アイルランド島《とう》
ダブリン
イギリス
アイルランド
セントジョーンズ海峡《かいきょう》

自然・地形

緑豊《みどりゆた》かな「エメラルドの島《しま》」

グレートブリテン島《とう》の西《にし》にある、アイルランド島《とう》の大部分《だいぶぶん》をしめる国《くに》です。

国《くに》の中央部《ちゅうおうぶ》には低地《ていち》があり、牧草《ぼくそう》地《ち》が広《ひろ》がっています。大西洋《たいせいよう》を北《きた》に向《む》かって流《なが》れる北大西洋海流《きたたいせいようかいりゅう》という暖流《だんりゅう》の影響《えいきょう》で、気温《きおん》は1年《ねん》を通《とお》しておだやかで、冬《ふゆ》でも緑《みどり》の草《くさ》が生《お》いしげっていることから「エメラルドの島《しま》」ともよばれています。

歴史・人物

20世紀《せいき》にイギリスから独立《どくりつ》

もともと、先住民族《せんじゅうみんぞく》としてケルト人《じん》が住《す》んでいましたが、12世紀《せいき》にイングランド（今《いま》のイギリス）の支配下《しはいか》となり、1801年《ねん》にイギリスに併《へい》合《ごう》されました。

しかし、キリスト教《きょう》の教派《きょうは》の1つであるカトリック教徒《きょうと》が多《おお》いアイルランドは、プロテスタントを信仰《しんこう》するイギリスから宗教的《しゅうきょうてき》に差別《さべつ》されてきました。

やがて、独立《どくりつ》をもとめる声《こえ》が高《たか》まり、1922年《ねん》にアイルランド自由《じゆう》国《こく》となり、1949年《ねん》にはイギリスの支配《しはい》から脱《だっ》し、アイルランド共和《きょうわ》国《こく》となりました。EU《イーユー》加盟国《かめいこく》です。

プロテスタントが多《おお》い
北《きた》アイルランドは、
イギリスにとどまったよ

くらし・文化

エメラルドの島《しま》

アイルランドは国土《こくど》の半分《はんぶん》が牧草地帯《ぼくそうちたい》
冬《ふゆ》でもでも緑《みどり》がいっぱいでエメラルドの島《しま》とよばれている
そして広《ひろ》い牧草地《ぼくそうち》のあちこちに羊《ひつじ》たちがいるのだ
しかしある日《ひ》っ
とつぜん羊《ひつじ》の姿《すがた》が消《き》えた!
こ…これは事件《じけん》だ!
セントパトリックデーというお祭《まつ》りでは
エメラルド色《いろ》の物《もの》を身《み》につけてお祝《いわ》いするよ
こえだけきこえる!
ココにいるよ〜
メェー

産業

ソフトウェア産業《さんぎょう》が急成長《きゅうせいちょう》

牧草地《ぼくそうち》が広《ひろ》がっていて、牧畜《ぼくちく》や酪《らく》農《のう》がさかんです。また、大麦《おおむぎ》や小麦《こむぎ》が栽培《さいばい》され、麦《むぎ》を原料《げんりょう》としたビールやウイスキーも生産《せいさん》されています。EU《イーユー》加盟後《かめいご》、経済的《けいざいてき》に急成長《きゅうせいちょう》し、医薬品《いやくひん》や医療機器《いりょうきき》の製造《せいぞう》がさかんになり、輸出《ゆしゅつ》もされています。

くらし・文化

9割《わり》がカトリック教徒《きょうと》

アイルランド人《じん》は、ケルト人《じん》の子孫《しそん》と考《かんが》えられています。日常生活《にちじょうせいかつ》では、ほとんどの人《ひと》がアイルランド語《ご》よりも英語《えいご》を使《つか》います。国民《こくみん》の9割《わり》近《ちか》くがカトリック教徒《きょうと》です。『ガリバー旅行記《りょこうき》』の作者《さくしゃ》、スウィフトが生《う》まれた国《くに》でもあります。

セントパトリックデー。アイルランドにキリスト教《きょう》を広《ひろ》めた聖人《せいじん》・セントパトリックの命日《めいにち》で、緑色《みどりいろ》のものを身《み》につけて祝《いわ》う。

スペイン

オリーブの栽培がさかんな農業国

| 正式名称 | スペイン王国 | 首都 | マドリード |

メセタ
イベリア半島中央部に広がる乾燥高原。農業がさかん。

セウタとメリリャ
北アフリカにあるスペインの領土。アフリカ北西岸沖のカナリア諸島もスペインの領土となっている。

ラ・マンチャの風車群
スペインの中央部にある乾燥した地域。小麦などの製粉に使われていた白い風車群がある。

イベリア半島の国

スペインは、ヨーロッパ南西部にあるイベリア半島の大部分をしめる国です。地中海と大西洋に面し、バレアレス諸島などもふくみます。アフリカ大陸とはジブラルタル海峡をはさんで約14kmの距離です。

フランスとの国境にあるピレネー山脈をはじめ、北部のカンタブリカ山脈、南部のシエラネバダ山脈など山が多く、中央にはメセタとよばれる高原が広がっています。

大部分は地中海性気候で、冬は温暖ですが夏は暑く乾燥します。北部の沿岸は、冬は寒く夏は雨が多く降ります。内陸部では、冬に気温が氷点下に下がることもあります。

> 地中海沿岸は年中暖かいね

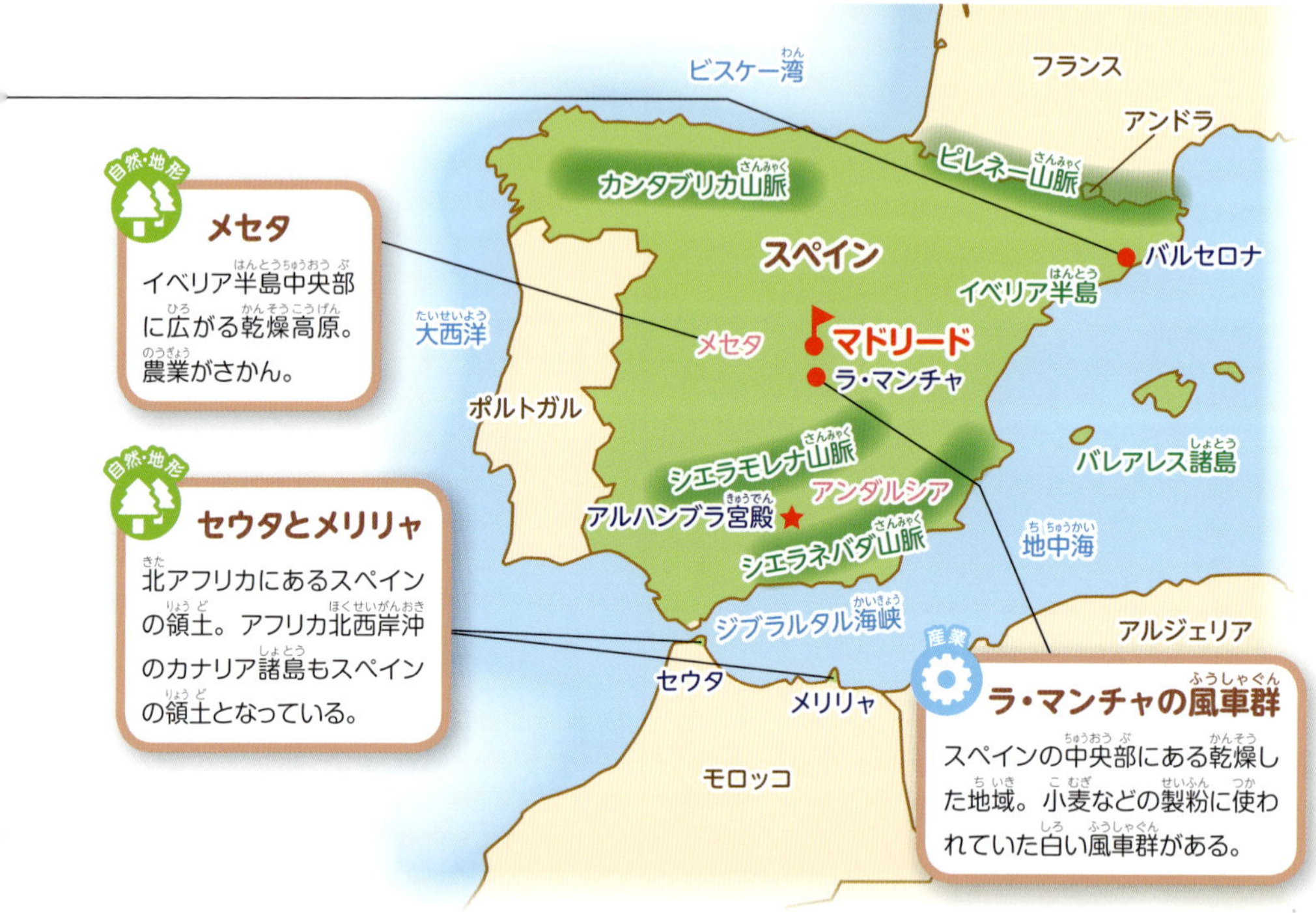

くらし・文化　サグラダ・ファミリア大聖堂《だいせいどう》

サグラダ・ファミリア大聖堂《だいせいどう》はガウディが設計《せっけい》し
1882年《ねん》に工事《こうじ》が始《はじ》まりました
現在《げんざい》も工事《こうじ》がつづけられていて
完成《かんせい》まで、あと数年《すうねん》はかかるといわれています
今日《きょう》もたくさんの人《ひと》が見物《けんぶつ》に来《き》ています
なるほど完成《かんせい》していなくても人気《にんき》があるんだ
ぼくの宿題《しゅくだい》のねんど工作《こうさく》もここまでにしておこう
ぞう
ちゃんと完成《かんせい》させなさい!

歴史・人物　サグラダ・ファミリア大聖堂《だいせいどう》（バルセロナ）

バルセロナにある教会《きょうかい》。建築家《けんちくか》・ガウディの設計《せっけい》によるもので、1882年《ねん》の着工《ちゃっこう》から現在《げんざい》も建設《けんせつ》がつづけられている。

基本《きほん》データ

面《めん》　積《せき》	50万《まん》5944㎢
人《じん》　口《こう》	約《やく》4646万人《まんにん》（2016年《ねん》）
おもな言語《げんご》	スペイン語《ご》（公用語《こうようご》）、バスク語《ご》、カタルーニャ語《ご》、ガリシア語《ご》、バレンシア語《ご》、アラン語
通《つう》　貨《か》	ユーロ

国旗《こっき》の由来《ゆらい》

赤《あか》は祖先《そせん》の勇気《ゆうき》、黄色《きいろ》は富《とみ》を表《あらわ》す。中央《ちゅうおう》は５つの王国《おうこく》の紋章《もんしょう》を組《く》み合《あ》わせている。リボンの文字《もじ》は「より彼方《かなた》の世界《せかい》へ」という意味《いみ》。

歴史・人物

世界最強《せかいさいきょう》といわれた王国《おうこく》

イベリア半島《はんとう》の大部分《だいぶぶん》は、8世紀《せいき》から、イスラム帝国《ていこく》によって支配《しはい》されました。その後《ご》、キリスト教徒《きょうと》によって国土《こくど》を回復《かいふく》するための運動《うんどう》が活発《かっぱつ》になり、1479年《ねん》、スペイン王国《おうこく》が成立《せいりつ》します。

その後《ご》、スペイン王国《おうこく》はコロンブスが発見《はっけん》した大西洋航路《たいせいようこうろ》を通《つう》じて新《しん》大陸《たいりく》に進出《しんしゅつ》しました。そして、南北《なんぼく》アメリカ大陸《たいりく》のほとんどを支配《しはい》し、大帝国《だいていこく》を築《きず》きます。

しかし、16世紀《せいき》になると、イギリスとの戦争《せんそう》に敗《やぶ》れます。18世紀《せいき》には、フランスやオランダとの戦争《せんそう》にも敗《はい》北《ぼく》しました。しだいにスペイン王国《おうこく》の力《ちから》はおとろえ、植民地《しょくみんち》も次々《つぎつぎ》と独《どく》立《りつ》しました。

一時《いちじ》は無敵《むてき》といわれたよ

アルハンブラ宮殿《きゅうでん》。スペイン最後《さいご》のイスラム政権《せいけん》であるナスル朝《ちょう》の王宮《おうきゅう》で、住宅《じゅうたく》やモスク、学校《がっこう》などの施設《しせつ》を備《そな》えている。

歴史・人物

フランコの独裁政治《どくさいせいじ》

第一次世界大戦後《だいいちじせかいたいせんご》、社会《しゃかい》の不安《ふあん》が高《たか》まるなか、1936年《ねん》にはフランコ将軍《しょうぐん》が反乱《はんらん》を起《お》こし、スペイン内《ない》戦《せん》が起《お》こります。その後《ご》、勝利《しょうり》したフランコの独裁政治《どくさいせいじ》が36年《ねん》にわたってつづきました。フランコが死去《しきょ》すると王制《おうせい》が復活《ふっかつ》しますが、1978年《ねん》の憲法《けんぽう》により民主化《みんしゅか》しました。

1986年《ねん》には、EU《イーユー》（ヨーロッパ連合《れんごう》）の前身《ぜんしん》である、EC《イーシー》（ヨーロッパ共同体《きょうどうたい》）に加入《かにゅう》しています。

産業

オリーブやぶどうを栽培《さいばい》

スペインの産業《さんぎょう》の中心《ちゅうしん》は、農業《のうぎょう》です。小麦《こむぎ》、米《こめ》などの栽培《さいばい》のほか、内《ない》陸部《りくぶ》では牧羊《ぼくよう》がさかんです。南部《なんぶ》では温暖《おんだん》な気候《きこう》を利用《りよう》してオリーブ、ぶどう、オレンジなどが栽培《さいばい》されています。また、スペインは漁業国《ぎょぎょうこく》でもあり、ムール貝《がい》、アサリ、カキなどの養殖《ようしょく》も行《おこな》われています。

近年《きんねん》、工業化《こうぎょうか》が進《すす》み、自動車《じどうしゃ》、繊《せん》維《い》、鉄鋼《てっこう》、機械《きかい》、船舶《せんぱく》などが製造《せいぞう》されています。また、食品加工業《しょくひんかこうぎょう》もさかんで、オリーブ油《ゆ》やワインの生産《せいさん》量《りょう》は、世界《せかい》トップクラスです。

名所旧跡《めいしょきゅうせき》、フラメンコ、サッカーなど、観光資源《かんこうしげん》が豊富《ほうふ》で、観光業《かんこうぎょう》も発展《はってん》しています。

ムール貝《がい》を使《つか》ったパエリアなどの料理《りょうり》は有名《ゆうめい》ね

ヨーロッパ　スペイン

くらし・文化
白い壁の家

スペインの公用語は、スペイン語です。そのほかに、カタルーニャ語、バレンシア語など、地域によってさまざまな公用語があります。国民のほとんどはキリスト教徒ですが、イスラム教徒もふえています。

夏の暑さが厳しいスペインでは、地中海沿岸の街には、強い日差しをさけるために窓が小さく、光を反射する白い壁の家がならんでいます。

地中海沿岸、アンダルシア地方の白い壁の家々。写真のマラガは、画家のピカソの出生地でもある。

もっと！知りたい　情熱あふれるフラメンコ

スペインの南部、アンダルシア地方には、フラメンコという民族舞踊が伝わっています。厳しい生活を強いられてきたロマ（ジプシー）とよばれる少数民族の喜怒哀楽を物語っているといわれています。

フラメンコには、カンテ（歌）、トケ（ギター）、バイレ（おどり）の3つの要素があり、本来は、歌い手ひとり、ギター奏者ひとり、おどり手ひとりで行われます。おどり手は、伝統的な形式を守りながら自由におどります。指を鳴らしたり、手拍子（パルマ）をとったり、足をふみ鳴らしたりといった、激しい動きが特徴です。

情熱的なおどりだね！

ギター演奏に合わせておどるフラメンコ。

127　世界の国クイズ　Q52 中国の首都は？

日本《にほん》にヨーロッパの文化《ぶんか》を伝《つた》えた

ポルトガル

正式名称《せいしきめいしょう》 ポルトガル共和国《きょうわこく》

首《しゅ》 都《と》 リスボン

基本《きほん》データ

面《めん》 積《せき》 9万《まん》2226㎢

人《じん》 口《こう》 約《やく》1030万人《まんにん》（2016年《ねん》）

おもな言語《げんご》 ポルトガル語《ご》（公用語《こうようご》）

通《つう》 貨《か》 ユーロ

国旗《こっき》の由来《ゆらい》

緑《みどり》は希望《きぼう》、赤《あか》は勇気《ゆうき》あるポルトガル人《じん》の血《ち》を表《あらわ》す。紋章《もんしょう》には、航海術《こうかいじゅつ》を象徴《しょうちょう》する天球儀《てんきゅうぎ》や盾《たて》、城《しろ》がえがかれている。

イベリア半島《はんとう》
大西洋《たいせいよう》
ポルトガル
スペイン
リスボン

自然・地形

ヨーロッパで最《もっと》も西《にし》にある国《くに》

ポルトガルは、イベリア半島《はんとう》の西《せい》部《ぶ》にある細長《ほそなが》い国《くに》です。西側《にしがわ》は大西《たいせい》洋《よう》に面《めん》していて、北側《きたがわ》と東側《ひがしがわ》はスペインと国境《こっきょう》を接《せっ》しています。

ポルトガルの南部《なんぶ》は、夏《なつ》に乾燥《かんそう》して暑《あつ》さが厳《きび》しくなる地中海性気候《ちちゅうかいせいきこう》で、北部《ほくぶ》は夏涼《なつすず》しく、冬《ふゆ》はやや雨《あめ》の多《おお》い西岸海洋性気候《せいがんかいようせいきこう》です。

また、首都《しゅと》のリスボンは坂《さか》が多《おお》いことで知《し》られる港町《みなとまち》です。

歴史・人物

日本《にほん》に鉄砲《てっぽう》を伝《つた》えた

ポルトガルは、12世紀《せいき》にアラブ人《じん》の支配《しはい》から脱《だっ》して王国《おうこく》を築《きず》きました。その後《ご》、15世紀《せいき》から16世紀《せいき》にかけて全盛期《ぜんせいき》をむかえます。世界《せかい》に先《さき》がけて次々《つぎつぎ》と新《あたら》しい航路《こうろ》を開拓《かいたく》して、アフリカ、アジア、アメリカに広大《こうだい》な植民地《しょくみんち》をつくりました。

1543年《ねん》には日本《にほん》の種子島《たねがしま》に流《なが》れつき、鉄砲《てっぽう》を伝《つた》えています。その後《ご》、日本《にほん》に天文学《てんもんがく》や医学《いがく》などが伝《つた》えられました。

しかし、しだいに勢力《せいりょく》がおとろえてスペインに併合《へいごう》され、独立後《どくりつご》も不《ふ》安定《あんてい》な情勢《じょうせい》がしばらくつづきます。1976年《ねん》に新《あたら》しい憲法《けんぽう》が制定《せいてい》され、ようやく民主化《みんしゅか》を実現《じつげん》しました。

鉄砲《てっぽう》だけじゃなく、カステラや金平糖《こんぺいとう》も伝《つた》わったよ

産業

世界一《せかいいち》のコルク生産量《せいさんりょう》

ぶどう、オリーブなどの農産物《のうさんぶつ》やタラ、イワシなどの水産物《すいさんぶつ》の生産《せいさん》がさかんです。また、コルクの原料《げんりょう》となるコルクガシの栽培数《さいばいすう》は世界一《せかいいち》で、世界《せかい》のコルクの半分以上《はんぶんいじょう》がポルトガル産《さん》です。近年《きんねん》は自動車《じどうしゃ》や機械《きかい》の加工《かこう》も発展《はってん》してきています。

くらし・文化

聖人《せいじん》をたたえる祭《まつ》り

国民《こくみん》の9割《わり》がポルトガル人《じん》で、ほとんどの人《ひと》がキリスト教徒《きょうと》です。信仰心《しんこうしん》が強《つよ》く、1年《ねん》を通《つう》じて、いくつものキリスト教《きょう》の祭《まつ》りや行事《ぎょうじ》があります。聖人《せいじん》をたたえる祭《まつ》りが多《おお》く、毎年《まいとし》6月《がつ》には、首都《しゅと》リスボンで聖《せい》アントニオ祭《さい》が開《ひら》かれます。

首都《しゅと》リスボンの町《まち》なみ。12以上《いじょう》の丘《おか》があり、市内《しない》をケーブルカーが走《はし》る。

歴史・人物

日本語《にほんご》になった言葉《ことば》

16世紀《せいき》ごろ世界《せかい》へ進出《しんしゅつ》したポルトガルは
日本《にほん》とも交流《こうりゅう》がさかんだった
ボタン
カルタ
カステラ
パン
タバコ
ジョウロ
コンペイトウ
テンプラ
そのためポルトガル語《ご》が日本語《にほんご》になったものがたくさんある
というわけでポルトガル語《ご》が元《もと》になっているものを買《か》ってきたぞー
パパ？これは何《なに》？
こんぺいとう～
カルタだ
どさくさにまぎれて！パパは禁煙中《きんえんちゅう》でしょ！
タバコ
ついつい…
ごめん～

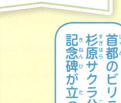

ヨーロッパ
その他《ほか》の国《くに》

ラトビア

正式名称 ラトビア共和国《きょうわこく》
首都 リガ
面積 6万《まん》4573㎢
人口 213万人《まんにん》（2017年《ねん》）
言語 ラトビア語《ご》（公用語《こうようご》）
通貨 ユーロ

エストニア

正式名称 エストニア共和国《きょうわこく》
首都 タリン
面積 4万《まん》5227㎢
人口 約《やく》132万人《まんにん》（2017年《ねん》）
言語 エストニア語《ご》（公用語《こうようご》）
通貨 ユーロ

リトアニア

正式名称 リトアニア共和国《きょうわこく》
首都 ビリニュス
面積 6万《まん》5286㎢
人口 281万人《まんにん》（2018年《ねん》）
言語 リトアニア語《ご》（公用語《こうようご》）
通貨 ユーロ

リトアニアに逃《のが》れたユダヤ人《じん》を救《すく》った杉原千畝《すぎはらちうね》

第二次世界大戦中《だいにじせかいたいせんちゅう》、ドイツの指導者《しどうしゃ》・ヒトラーが率《ひき》いるナチス党《とう》によってユダヤ人《じん》を迫害《はくがい》する政策《せいさく》がおし進《すす》められ、リトアニアには多《おお》くのユダヤ人《じん》が逃《のが》れてきました。

当時《とうじ》、日本領事館《にほんりょうじかん》に赴任《ふにん》していた外交官《がいこうかん》の杉原千《すぎはらち》畝《うね》は、彼《かれ》らのために日本《にほん》を通過《つうか》するビザを発行《はっこう》しました。このビザは、日本政府《にほんせいふ》の命令《めいれい》に背《そむ》いてまで千畝《ちうね》が手書《てが》きで発行《はっこう》したもので、6千人《せんにん》ものユダヤ人《じん》の命《いのち》を救《すく》いました。この功績《こうせき》をたたえ、リトアニアには、千《ち》畝《うね》の名前《なまえ》がつけられた通《とお》りや公園《こうえん》があります。

首都《しゅと》のビリニュスにある杉原《すぎはら》サクラ公園《こうえん》には、記念碑《きねんひ》が立《た》っているよ

モルドバ

- 正式名称　モルドバ共和国《きょうわこく》
- 首都　キシナウ
- 面積　3万《まん》3846㎢
- 人口　355万《まん》1千人《せんにん》(2017年《ねん》)
- 言語　モルドバ語《ご》(公用語《こうようご》)、ロシア語《ご》
- 通貨　レイ

ウクライナ

- 正式名称　ウクライナ
- 首都　キエフ
- 面積　60万《まん》3500㎢
- 人口　4241万人《まんにん》(2017年《ねん》)
- 言語　ウクライナ語《ご》(公用語《こうようご》)、ロシア語《ご》など
- 通貨　フリヴニャ

ベラルーシ

- 正式名称　ベラルーシ共和国《きょうわこく》
- 首都　ミンスク
- 面積　20万《まん》7600㎢
- 人口　約《やく》949万人《まんにん》(2018年《ねん》)
- 言語　ベラルーシ語《ご》(公用語《こうようご》)、ロシア語《ご》(公用語《こうようご》)
- 通貨　ベラルーシ・ルーブル

マケドニア

- 正式名称　マケドニア旧《きゅう》ユーゴスラビア共和国《きょうわこく》
- 首都　スコピエ
- 面積　2万《まん》5713㎢
- 人口　208万人《まんにん》(2015年《ねん》)
- 言語　マケドニア語《ご》(公用語《こうようご》)、アルバニア語《ご》
- 通貨　マケドニア・デナル

ブルガリア

- 正式名称　ブルガリア共和国《きょうわこく》
- 首都　ソフィア
- 面積　11万《まん》372㎢
- 人口　713万人《まんにん》(2016年《ねん》)
- 言語　ブルガリア語《ご》(公用語《こうようご》)
- 通貨　レフ

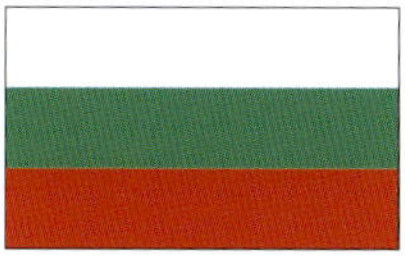

ルーマニア

- 正式名称　ルーマニア
- 首都　ブカレスト
- 面積　23万《まん》8391㎢
- 人口　約《やく》1976万人《まんにん》(2016年《ねん》)
- 言語　ルーマニア語《ご》(公用語《こうようご》)、ハンガリー語《ご》
- 通貨　レイ

モンテネグロ

- 正式名称　モンテネグロ
- 首都　ポドゴリツァ
- 面積　1万《まん》3812㎢
- 人口　62万人《まんにん》(2015年《ねん》)
- 言語　モンテネグロ語《ご》(公用語《こうようご》)、セルビア語《ご》など
- 通貨　ユーロ

コソボ

- 正式名称　コソボ共和国《きょうわこく》
- 首都　プリシュティナ
- 面積　1万《まん》908㎢
- 人口　180万《まん》5千人《せんにん》(2013年《ねん》)
- 言語　アルバニア語《ご》(公用語《こうようご》)、セルビア語《ご》(公用語《こうようご》)
- 通貨　ユーロ

アルバニア

- 正式名称　アルバニア共和国《きょうわこく》
- 首都　ティラナ
- 面積　2万《まん》8748㎢
- 人口　289万人《まんにん》(2014年《ねん》)
- 言語　アルバニア語《ご》(公用語《こうようご》)
- 通貨　レク

Q54 チリの首都《しゅと》は？

クロアチア

- 正式名称　クロアチア共和国《きょうわこく》
- 首都　ザグレブ
- 面積　5万《まん》6594㎢
- 人口　428万《まん》5千人《せんにん》(2012年《ねん》)
- 言語　クロアチア語《ご》（公用語《こうようご》）
- 通貨　クーナ

ボスニア・ヘルツェゴビナ

- 正式名称　ボスニア・ヘルツェゴビナ
- 首都　サラエボ
- 面積　5万《まん》1209㎢
- 人口　353万《まん》1千人《せんにん》(2013年《ねん》)
- 言語　ボスニア語《ご》、セルビア語《ご》、クロアチア語《ご》
- 通貨　兌換《だかん》マルク

セルビア

- 正式名称　セルビア共和国《きょうわこく》
- 首都　ベオグラード
- 面積　8万《まん》8499㎢
- 人口　712万人《まんにん》（2011年《ねん》）
- 言語　セルビア語《ご》（公用語《こうようご》）、ハンガリー語《ご》など
- 通貨　ディナール

スロバキア

- 正式名称　スロバキア共和国《きょうわこく》
- 首都　ブラチスラバ
- 面積　4万《まん》9035㎢
- 人口　544万《まん》3千人《せんにん》(2017年《ねん》)
- 言語　スロバキア語《ご》(公用語《こうようご》)
- 通貨　ユーロ

ハンガリー

- 正式名称　ハンガリー
- 首都　ブダペスト
- 面積　9万《まん》3022㎢
- 人口　約《やく》980万人《まんにん》（2017年《ねん》）
- 言語　ハンガリー語《ご》（公用語《こうようご》）
- 通貨　フォリント

湖全体《みずうみぜんたい》が温泉《おんせん》になる国《くに》

ハンガリーには、天然《てんねん》の温泉《おんせん》がわき出《で》る場所《ばしょ》がたくさんあります。ローマ時代《じだい》からある古《ふる》い温泉《おんせん》や、宮殿《きゅうでん》のような建物《たてもの》の中《なか》に浴《よく》そうとサウナがある温泉《おんせん》、湖全《みずうみぜん》体《たい》が温泉《おんせん》になっているところなど、日本《にほん》とは異《こと》なる様《よう》式《しき》が見《み》られます。

ハンガリーのヘーヴィーズ湖《こ》。天然温泉《てんねんおんせん》の湖《みずうみ》で、水着《みずぎ》で入浴《にゅうよく》する。

チェコ

- 正式名称　チェコ共和国《きょうわこく》
- 首都　プラハ
- 面積　7万《まん》8870㎢
- 人口　1060万人《まんにん》（2017年《ねん》）
- 言語　チェコ語《ご》（公用語《こうようご》）
- 通貨　チェコ・コルナ

モナコ
- 正式名称 モナコ公国
- 首都 モナコ
- 面積 2km²
- 人口 3万8400人 (2015年)
- 言語 フランス語 (公用語)
- 通貨 ユーロ

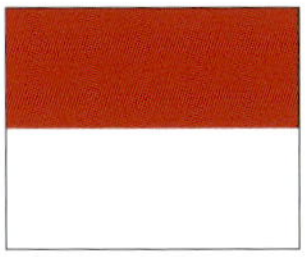

リヒテンシュタイン
- 正式名称 リヒテンシュタイン公国
- 首都 ファドーツ
- 面積 160km²
- 人口 3万7686人 (2016年)
- 言語 ドイツ語 (公用語)
- 通貨 スイスフラン

スロベニア
- 正式名称 スロベニア共和国
- 首都 リュブリャナ
- 面積 2万273km²
- 人口 約206万6千人 (2017年)
- 言語 スロベニア語 (公用語)
- 通貨 ユーロ

バチカン
- 正式名称 バチカン市国
- 首都 バチカン
- 面積 0.44km²
- 人口 809人 (2016年)
- 言語 ラテン語 (公用語)、フランス語、イタリア語
- 通貨 ユーロ

ローマ法王が治める世界一小さい国

バチカンは、イタリアの首都ローマの中にあり、1時間ほど歩けば1周できるほど小さい面積です。カトリック教徒で最も位の高いローマ法王が国を治めています。
　サンピエトロ大聖堂などの歴史的建造物が多く残り、国全体が世界遺産です。

マルタ
- 正式名称 マルタ共和国
- 首都 バレッタ
- 面積 315km²
- 人口 約43万人 (2016年)
- 言語 マルタ語 (公用語)、英語 (公用語)
- 通貨 ユーロ

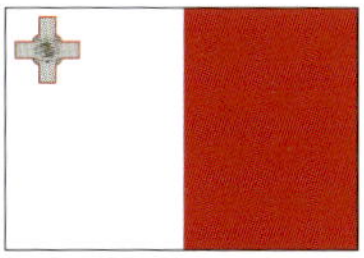

サンマリノ
- 正式名称 サンマリノ共和国
- 首都 サンマリノ
- 面積 61km²
- 人口 3万3121人 (2016年)
- 言語 イタリア語 (公用語)
- 通貨 ユーロ

サンピエトロ広場。

Q55 デンマークの首都は？

ベルギー

正式名称　ベルギー王国《おうこく》

首都　ブリュッセル

面積　3万《まん》528㎢

人口　1132万《まん》2千人《せんにん》 (2017年《ねん》)

言語　オランダ語《ご》(公用語《こうようご》)、フランス語《ご》(公用語《こうようご》)、ドイツ語《ご》(公用語《こうようご》)

通貨　ユーロ

フランスの影響《えいきょう》で発展《はってん》した食文化《しょくぶんか》

料理大国《りょうりたいこく》フランスととなり合《あ》うベルギーは、フランスの影響《えいきょう》を受《う》けて、食文化《しょくぶんか》が発展《はってん》してきました。

ベルギーを発祥《はっしょう》とする食《た》べ物《もの》には、フライドポテト(ベルギーではフリッツという) やワッフル、プラリネチョコレート(すりつぶしたナッツが入《はい》ったチョコレート) などがあります。日本《にほん》にもあるチョコレート店《てん》ゴディバは、ベルギーを代表《だいひょう》するチョコレートメーカーです。レストランの数《かず》も多《おお》く、EU《イーユー》 (ヨーロッパ連合《れんごう》) 諸国《しょこく》から多《おお》くの人《ひと》が食事《しょくじ》におとずれます。

ヨーロッパでは、イエス・キリストの復活《ふっかつ》を祝《いわ》うイースターなどにチョコレートをおくる習慣《しゅうかん》があるのよ

アイスランド

正式名称　アイスランド共和国《きょうわこく》

首都　レイキャビク

面積　10万《まん》3000㎢

人口　34万《まん》8580人《にん》 (2017年《ねん》)

言語　アイスランド語《ご》 (公用語《こうようご》)

通貨　アイスランド・クローナ

ルクセンブルク

正式名称　ルクセンブルク大公国《だいこうこく》

首都　ルクセンブルク

面積　2586㎢

人口　59万《まん》667人《にん》 (2017年《ねん》)

言語　ルクセンブルク語《ご》(公用語《こうようご》)、フランス語《ご》(公用語《こうようご》)、ドイツ語《ご》(公用語《こうようご》)

通貨　ユーロ

アンドラ

正式名称　アンドラ公国《こうこく》

首都　アンドララベリャ

面積　468㎢

人口　7万《まん》3105人《にん》 (2016年《ねん》)

言語　カタルニア語《ご》(公用語《こうようご》)、スペイン語《ご》、ポルトガル語《ご》、フランス語《ご》

通貨　ユーロ

ヨーロッパ　おさらいクイズ

わからないときは、各国《かっこく》のページを読《よ》み直《なお》してみよう！

ヨーロッパの国々《くにぐに》のクイズにチャレンジ！
3つの中《なか》から選《えら》んでね！

歴史・人物
Q1 ロシアでペレストロイカ（改革《かいかく》）を進《すす》めた人《ひと》は？
① ゴルバチョフ
② レーニン
③ スターリン

産業
Q2 イタリアの工業《こうぎょう》の中心《ちゅうしん》はトリノ、ミラノとどこ？
① フィレンツェ
② ジェノバ
③ ローマ

自然・地形
Q3 イギリスとフランスを結《むす》ぶトンネルのある海峡《かいきょう》は？
① イギリス海峡《かいきょう》
② ドーバー海峡《かいきょう》
③ ジブラルタル海峡《かいきょう》

くらし・文化
Q4 サグラダ・ファミリア大《だい》聖堂《せいどう》を設計《せっけい》した人《ひと》は？
① エリツィン
② ガウディ
③ モーツァルト

自然・地形
Q5 元《もと》は海《うみ》だったオランダ北《ほく》部《ぶ》の淡水湖《たんすいこ》は？
① アイセル湖《こ》
② ガリラヤ湖《こ》
③ カスピ海《かい》

歴史・人物
Q6 ドイツの民話《みんわ》を集《あつ》めた童話《どうわ》集《しゅう》を出版《しゅっぱん》したのはだれ？
① アンデルセン
② イソップ
③ グリム兄弟《きょうだい》

答《こた》えは、237ページにのっています。

Q56 ドイツの首都《しゅと》は？（→答《こた》えは140ページ）

たくさんの民族《みんぞく》が暮《く》らすアフリカの国々《くにぐに》

ぼくのアフリカのイメージってこれかな……
エジプトのピラミッドだね。アフリカの北部《ほくぶ》は乾燥《かんそう》している地域《ちいき》が多《おお》いよ
私《わたし》はアフリカというとライオンやゾウがいるイメージね
うん。サバンナとよばれる草原地帯《そうげんちたい》には野生動物《やせいどうぶつ》がたくさんいるよ
ぼくの母国《ぼこく》のケニアにも野生動物《やせいどうぶつ》を保護《ほご》している地域《ちいき》があるよ
SAVANNAH NATIONAL WILDLIFE REFUGE
LAUREL HILL WILDLIFE DRIVE
ただ、アフリカのどこにでも野生動物《やせいどうぶつ》がいるわけじゃなく日本《にほん》の町《まち》なみと変《か》わらない都市《とし》も多《おお》いよ
かつてアフリカの大部分《だいぶぶん》はヨーロッパの植民地《しょくみんち》で、住民《じゅうみん》が奴隷《どれい》として厳《きび》しい労働《ろうどう》を強《し》いられたり、差別《さべつ》を受《う》けたりしていたよ
独立後《どくりつご》は経済発展《けいざいはってん》をとげている地域《ちいき》もあるけれど問題《もんだい》をかかえているところも多《おお》い……
ひどい!
今《いま》のアフリカを見《み》てみてね!

アフリカの国々《くにぐに》

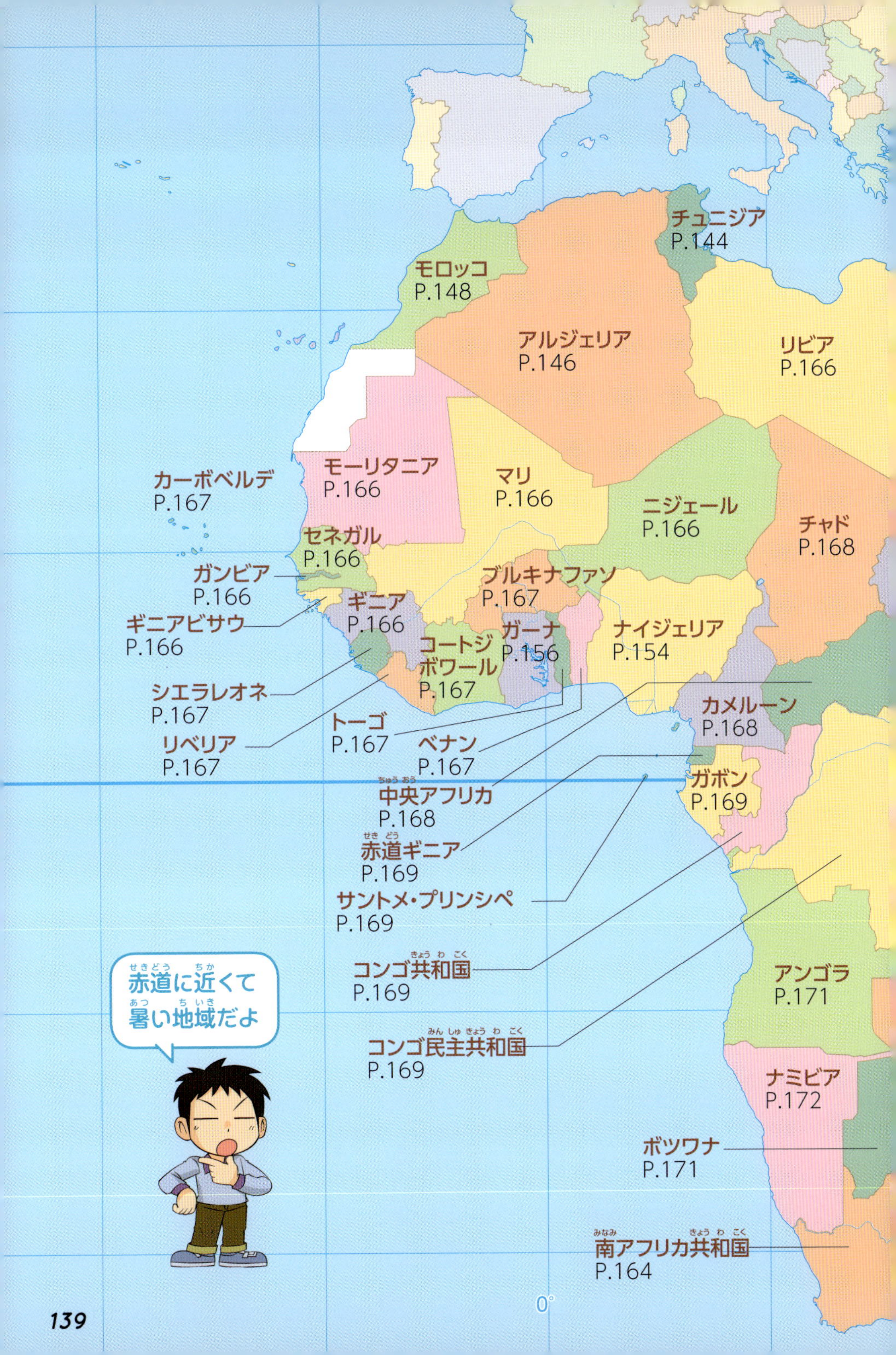

チュニジア P.144
モロッコ P.148
アルジェリア P.146
リビア P.166
モーリタニア P.166
マリ P.166
ニジェール P.166
チャド P.168
カーボベルデ P.167
セネガル P.166
ガンビア P.166
ブルキナファソ P.167
ギニア P.166
ギニアビサウ P.166
ガーナ P.156
コートジボワール P.167
ナイジェリア P.154
シエラレオネ P.167
カメルーン P.168
トーゴ P.167
リベリア P.167
ベナン P.167
ガボン P.169
中央《ちゅうおう》アフリカ P.168
赤道《せきどう》ギニア P.169
サントメ・プリンシペ P.169
アンゴラ P.171
コンゴ共和国《きょうわこく》 P.169
赤道《せきどう》に近《ちか》くて
暑《あつ》い地域《ちいき》だよ
コンゴ民主共和国《みんしゅきょうわこく》 P.169
ナミビア P.172
ボツワナ P.171
南《みなみ》アフリカ共和国《きょうわこく》 P.164
0°

ナイル川《がわ》流域《りゅういき》で栄《さか》えた

エジプト

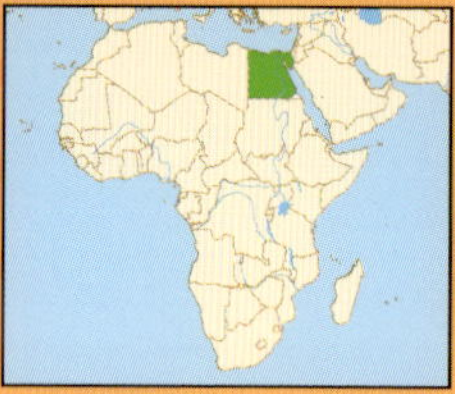

正式名称《せいしきめいしょう》 エジプト・アラブ共和国《きょうわこく》　**首《しゅ》都《と》** カイロ

キプロス
地中海《ちちゅうかい》
シリア
レバノン
イスラエル
ヨルダン
ナイル川《がわ》
スエズ運河《うんが》
ギーザ
カイロ
シナイ半島《はんとう》
サウジアラビア
エジプト
スエズ湾《わん》
リビア
アスワンハイダム
サハラ砂漠《さばく》
ナセル湖《こ》
紅海《こうかい》
スーダン

産業

スエズ運河《うんが》

1869年《ねん》に開通《かいつう》した、紅海《こうかい》と地中《ちちゅう》海《かい》を結《むす》ぶ運河《うんが》。アジア・ヨーロッパ間《かん》の最短航路《さいたんこうろ》となっている。

自然・地形

世界最長《せかいさいちょう》のナイル川《がわ》

アフリカ大陸《たいりく》と西《にし》アジアにまたがる国《くに》で、西《にし》はリビア、南《みなみ》はスーダン、東《ひがし》はイスラエルと国境《こっきょう》を接《せっ》しています。地中海《ちちゅうかい》と紅海《こうかい》にはさまれたスエズ地峡《ちきょう》には人工的《じんこうてき》につくられたスエズ運河《うんが》があります。

国土《こくど》の90%は砂漠《さばく》です。東部《とうぶ》に流《なが》れるナイル川《がわ》は世界《せかい》で最《もっと》も長《なが》く、河口付近《かこうふきん》に形成《けいせい》される三角州《さんかくす》（ナイルデルタ）では、古《ふる》くから農耕《のうこう》が行《おこな》われています。

国土《こくど》の大部分《だいぶぶん》が雨《あめ》の少《すく》ない砂漠気候《さばくきこう》です。3～7月《がつ》には「ハムシン」とよばれる、砂《すな》の混《ま》じった熱風《ねっぷう》がふきます。

産業

アスワンハイダム

ナイル川《がわ》に建設《けんせつ》された巨大《きょだい》ダム。水力発電《すいりょくはつでん》により工業《こうぎょう》が発達《はったつ》した。ナセル湖《こ》は、ダムでできた人工湖《じんこうこ》。

ナイル川《がわ》のはんらんを防《ふせ》ぐためにつくったんだって

産業

スエズ運河《うんが》

スエズ運河《うんが》は
アジアとヨーロッパを
つなぐよ
イギリス
スエズ運河《うんが》
インド
アフリカ大陸《たいりく》
インドからイギリスへは、
アフリカ大陸《たいりく》をまわるより
ここを通《とお》るほうが
近道《ちかみち》になるよ
だからぼくも
短《みじか》いルートを行《い》くぞ
だめだって!
156
152
とめないで!
マラソン大会《たいかい》では
近道《ちかみち》しちゃ
だめでしょ!
やっぱり
だめか…
ちぇっ
152
156
市民《しみん》マラソン
コース

歴史・人物

ピラミッド(ギーザ)

古代《こだい》エジプトの王《おう》の墓《はか》と考《かんが》えられている。写真《しゃしん》は、ギーザの三大《さんだい》ピラミッドの1つ。

自然・地形

サハラ砂漠《さばく》

アフリカ大陸北部《たいりくほくぶ》にある世界最大《せかいさいだい》の砂《さ》漠《ばく》。エジプト、リビア、アルジェリアの国《こく》土《ど》の大半《たいはん》をおおう。

基本《きほん》データ

面《めん》積《せき》	100万《まん》2000㎢
人《じん》口《こう》	9304万人《まんにん》(2017年《ねん》)
おもな言語《げんご》	アラビア語《ご》(公用語《こうようご》)、英語《えいご》
通《つう》貨《か》	エジプト・ポンド

国旗《こっき》の由来《ゆらい》

赤《あか》は革命《かくめい》で流《なが》れた血《ち》、白《しろ》は希望《きぼう》、黒《くろ》は暗《くら》い過去《かこ》を表《あらわ》す。中央《ちゅうおう》は国章《こくしょう》で、金色《きんいろ》でサラディンのワシがえがかれている。

Q57 フラメンコで有名《ゆうめい》な国《くに》は?

歴史・人物 ファラオのピラミッド

エジプトは、古代文明《こだいぶんめい》が発祥《はっしょう》した場所《ばしょ》です。紀元前《きげんぜん》6000年《ねん》ごろから人《ひと》が住《す》み始《はじ》め、紀元前《きげんぜん》3000年《ねん》ごろには王《おう》(ファラオ)を中心《ちゅうしん》とした統一国家《とういつこっか》がつくられました。

王《おう》の力《ちから》が強《つよ》まると、権力《けんりょく》を示《しめ》す巨大《きょだい》なピラミッドがつくられました。このころ、古代《こだい》エジプト文字《もじ》のヒエログリフや、数学《すうがく》、天文学《てんもんがく》なども発達《はったつ》しました。

しかし紀元前《きげんぜん》332年《ねん》、エジプトはマケドニアの王《おう》に征服《せいふく》されます。王《おう》の死後《しご》、女王《じょおう》クレオパトラがローマ帝国《ていこく》との戦《たたか》いに負《ま》けると、エジプトはローマ帝国《ていこく》に支配《しはい》されました。

ヒエログリフ。

歴史・人物 イスラエルとの戦争《せんそう》

エジプトは、オスマン帝国《ていこく》の支配《しはい》やナポレオン率《ひき》いるフランス軍《ぐん》からの侵攻《しんこう》、イギリスの支配《しはい》を受《う》けますが、第一次世界大戦後《だいいちじせかいたいせんご》、1922年《ねん》に独立《どくりつ》しました。

その後《ご》、エジプトはイスラエルと4回戦争《かいせんそう》をしますが、1979年《ねん》には平和条約《へいわじょうやく》を結《むす》びました。2011年《ねん》に大規模《だいきぼ》な反政府《はんせいふ》デモが起《お》こり、独裁化《どくさいか》していたムバラク政権《せいけん》が終《お》わりました。その後《ご》もテロやデモがたびたび起《お》こっています。

ムバラク大統領《だいとうりょう》に
よる政治《せいじ》は、
約《やく》30年《ねん》もつづいたよ

産業 綿花《めんか》栽培《さいばい》を中心《ちゅうしん》とした農業《のうぎょう》

国土《こくど》の大半《たいはん》は砂漠《さばく》ですが、ナイル川流域《がわりゅういき》では農業《のうぎょう》がさかんです。綿花《めんか》や小麦《こむぎ》、とうもろこし、米《こめ》などが栽培《さいばい》されています。オアシスでは、なつめやしが収穫《しゅうかく》されています。

スエズ湾《わん》の海底《かいてい》やシナイ半島《はんとう》では石油《せきゆ》、天然《てんねん》ガスなどが産出《さんしゅつ》されます。工業《こうぎょう》は、食品工業《しょくひんこうぎょう》や繊維工業《せんいこうぎょう》などの軽工業《けいこうぎょう》が中心《ちゅうしん》です。

また、古代《こだい》の遺跡《いせき》を見《み》るために国外《こくがい》からおとずれる観光客《かんこうきゃく》も多《おお》く、観光業《かんこうぎょう》も主要《しゅよう》な産業《さんぎょう》となっています。

スエズ運河《うんが》の
通航料《つうこうりょう》も大《おお》き
な収入源《しゅうにゅうげん》よ
紅海《こうかい》と地中海《ちちゅうかい》を結《むす》ぶスエズ運河《うんが》。

アフリカ　エジプト

くらし・文化 アラビア語が公用語

住民の大部分がアラブ人で、そのほか少数民族のヌビア人や、アルメニア人、ギリシャ人などもいます。公用語はアラビア語です。アラビア語やアラビア文字は、7世紀にイスラム教が伝わってから使われるようになりました。都市部では英語も使われます。

イスラム教が国の宗教と定められていますが、キリスト教コプト派を信仰している人もいます。

> キリスト教は、イスラム教が入ってくる前からエジプトにあった宗教だよ

くらし・文化 民族衣装は「ガラビア」

エジプトでは、「ガラビア」とよばれる民族衣装を着ることが多く、イスラム教徒の女性はスカーフをかぶります。

食事は、アエーシとよばれる小麦のパンや米などが主食です。イスラム教徒は豚肉を食べることが禁じられているため、牛や鶏、羊や鳩の肉が食べられます。生産がさかんなトマトやモロヘイヤを使った料理が多いのも特徴です。

アエーシはエジプトで生まれた丸いパン。高温の釜で一気に焼いてつくる。中に具を入れて食べる。

もっと！知りたい 少年だったツタンカーメン王

紀元前1300年代にファラオとして即位したツタンカーメン王はまだ少年でした。1922年にイギリスの考古学者がツタンカーメン王の墓を発見したとき、遺体の顔には黄金のマスクがついていました。

現在、このマスクはエジプト考古学博物館に所蔵されています。

ツタンカーメン王の黄金のマスク。

143　世界の国クイズ　Q58 トルコの首都は？

「アラブの春《はる》」のきっかけとなった国《くに》

チュニジア

正式名称《せいしきめいしょう》 チュニジア共和国《きょうわこく》

首《しゅ》都《と》 チュニス

基《き》本《ほん》データ

面《めん》積《せき》 16万《まん》3610㎢

人《じん》口《こう》 1140万人《まんにん》(2016年《ねん》)

おもな言語《げんご》 アラビア語《ご》(公用語《こうようご》)、フランス語《ご》

通《つう》貨《か》 チュニジア・ディナール

国旗《こっき》の由来《ゆらい》

赤《あか》は犠牲者《ぎせいしゃ》の血《ち》、白《しろ》は平和《へいわ》を意味《いみ》する。円《えん》は太陽《たいよう》であり、三日月《みかづき》と星《ほし》はイスラム教《きょう》の国《くに》であることを表《あらわ》す。

カルタゴ
チュニス
アトラス山脈《さんみゃく》
シチリア島《とう》
マルタ
地中海《ちちゅうかい》
チュニジア
サハラ砂漠《さばく》
アルジェリア
リビア

自然・地形

南《みなみ》ほど雨《あめ》が少《すく》なく乾燥《かんそう》

リビアとアルジェリアの間《あいだ》にある国《くに》で、地中海《ちちゅうかい》をはさんでイタリアの対岸《たいがん》にあります。南北《なんぼく》に長《なが》く、北部《ほくぶ》は平野《へいや》と丘陵地帯《きゅうりょうちたい》で、南部《なんぶ》にはサハラ砂漠《さばく》が広《ひろ》がります。

北部《ほくぶ》は地中海性気候《ちちゅうかいせいきこう》で、夏《なつ》は乾燥《かんそう》し冬《ふゆ》は雨《あめ》が多《おお》くなります。中部《ちゅうぶ》は雨《あめ》が少《すこ》し降《ふ》るステップ気候《きこう》、南部《なんぶ》ほど雨《あめ》の少《すく》ない砂漠気候《さばくきこう》です。

歴史・人物

国外《こくがい》に広《ひろ》がった反政府《はんせいふ》デモ

紀元前《きげんぜん》8世紀《せいき》ごろ、西《にし》アジアからフェニキア人《じん》がわたって、カルタゴ帝国《ていこく》をつくりました。その後《ご》、ローマ帝国《ていこく》など、いくつもの帝国《ていこく》に支配《しはい》される時代《じだい》がつづきます。

1881年《ねん》からはフランスの支配《しはい》下《か》におかれます。20世紀《せいき》になると独《どく》立運動《りつうんどう》が起《お》こり、1956年《ねん》にフランスから独立《どくりつ》します。1987年《ねん》に大統領《だいとうりょう》となったベン・アリは独裁政《どくさいせい》治《じ》を行《おこな》いました。しかし、2010年《ねん》には政府《せいふ》に抗議《こうぎ》するデモが起《お》こり、ベン・アリは国外《こくがい》に亡命《ぼうめい》し、新《あたら》しい政権《せいけん》が誕生《たんじょう》しました。

ほかのアラブの国《くに》にも*
反政府《はんせいふ》デモが広《ひろ》がって
「アラブの春《はる》」とよばれたよ

*アラビア語《ご》を話《はな》す人々《ひとびと》が住《す》む国《くに》。

アフリカ　チュニジア

くらし・文化　カルタゴ遺跡《いせき》

古代《こだい》カルタゴの遺跡《いせき》。世界遺産《せかいいさん》に登録《とうろく》され、人気《にんき》の観光地《かんこうち》となっている。

産業　独立後《どくりつご》は工業《こうぎょう》が発達《はったつ》

チュニジアでは、温暖《おんだん》な北部《ほくぶ》などでの、オリーブやぶどう、小麦《こむぎ》の栽培《さいばい》を中心《ちゅうしん》とした農業《のうぎょう》がさかんです。独立後《どくりつご》は工業《こうぎょう》が発達《はったつ》し、繊維《せんい》、食品加工《しょくひんかこう》などがさかんで、リン鉱石《こうせき》や石油《せきゆ》なども産出《さんしゅつ》されています。近年《きんねん》、観光業《かんこうぎょう》も経済《けいざい》を支《ささ》えています。

くらし・文化　戒律《かいりつ》のゆるやかなイスラム教《きょう》

住民《じゅうみん》のほとんどがアラブ人《じん》ですが、南部《なんぶ》には少数《しょうすう》のベルベル人《じん》が住《す》んでいます。公用語《こうようご》はアラビア語《ご》で、フランス語《ご》も広《ひろ》く使《つか》われます。

多《おお》くがイスラム教徒《きょうと》ですが、イスラム教《きょう》でみとめられている一夫多妻《いっぷたさい》制《せい》は廃止《はいし》されています。

145　世界《せかい》の国《くに》クイズ　Q59 ナイジェリアの首都《しゅと》は？

石油《せきゆ》と天然《てんねん》ガスの輸出《ゆしゅつ》がさかん

アルジェリア

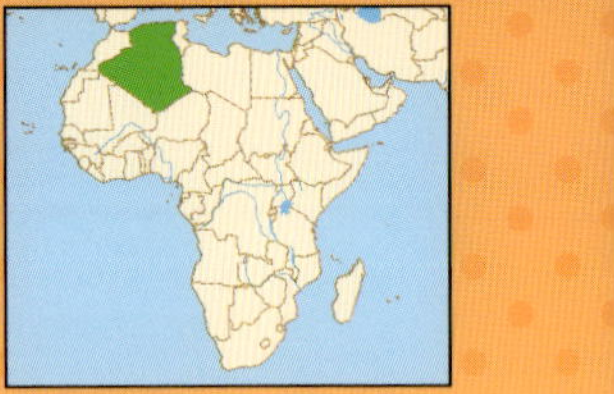

正式名称《せいしきめいしょう》 アルジェリア民主人民共和国《みんしゅじんみんきょうわこく》
首都《しゅと》 アルジェ

基本《きほん》データ

面積《めんせき》 238万《まん》1741㎢
人口《じんこう》 3967万人《まんにん》（2015年《ねん》）
おもな言語《げんご》 アラビア語《ご》（公用語《こうようご》）、ベルベル語《ご》（国語《こくご》）、フランス語《ご》
通貨《つうか》 アルジェリアン・ディナール

国旗《こっき》の由来《ゆらい》
白《しろ》は平和《へいわ》、緑《みどり》はイスラム教《きょう》、赤《あか》は自由《じゆう》を表《あらわ》す。幸運《こううん》のしるしである三日月《みかづき》が、他《ほか》のイスラム諸国《しょこく》より長《なが》い。

自然・地形 アフリカ大陸《たいりく》最大《さいだい》の国《くに》

アフリカ北西部《ほくせいぶ》にあり、地中海《ちちゅうかい》をのぞむ、アフリカ大陸《たいりく》で最《もっと》も大《おお》きな国《くに》です。アトラス山脈《さんみゃく》が東西《とうざい》に走《はし》り、その北《きた》の地中海沿岸《ちちゅうかいえんがん》にはわずかな平地《へいち》があります。南部《なんぶ》にはサハラ砂漠《さばく》が広《ひろ》がります。

国土《こくど》の80%が砂漠《さばく》です。地中海沿岸《ちちゅうかいえんがん》は比較的降水量《ひかくてきこうすいりょう》が多《おお》く、温暖《おんだん》な気候《きこう》です。春《はる》から夏《なつ》にかけて「シロッコ」とよばれる熱風《ねっぷう》がふきます。

歴史・人物 フランスからの独立戦争《どくりつせんそう》

アルジェリアにはもともとベルベル人《じん》が住《す》んでいました。7世紀末《せいきすえ》からフェニキア人《じん》やアラブ人《じん》が住《す》むようになり、8世紀以降《せいきいこう》はイスラム教徒《きょうと》の国王《こくおう》が支配《しはい》する王朝《おうちょう》がいくつも生《う》まれました。

1830年《ねん》には、フランスに支配《しはい》されます。しかし1954年《ねん》、アルジェリア人《じん》は独立戦争《どくりつせんそう》を起《お》こしました。長《なが》い戦《たたか》いのあと、1962年《ねん》に独立《どくりつ》を果《は》たしました。

独立後《どくりつご》は経済的《けいざいてき》にのびなやみ、国民《こくみん》の不満《ふまん》が高《たか》まります。このとき国政選挙《こくせいせんきょ》で大勝《たいしょう》したイスラム原理主義《げんりしゅぎ》組織《そしき》が、当時《とうじ》の政府《せいふ》と対立《たいりつ》しました。その結果《けっか》、イスラム勢力《せいりょく》によるテロ活動《かつどう》が起《お》こっています。

1日《にち》も早《はや》くテロがなくなってほしいね

アフリカ　アルジェリア

家庭料理クスクス

国の経済を支える石油

アルジェリアは、石油、天然ガスの産出国です。おもにヨーロッパに向けて輸出され、その輸出額は国の収入の半分以上をしめています。地中海沿岸の地域では、ぶどうやかんきつ類、小麦、オリーブ、なつめやしなどを栽培しています。

よく食べられるクスクス

住人はアラブ人が多数をしめますが、ベルベル人などの民族も暮らしています。言語はアラビア語、ベルベル語のほか、フランス語も話します。ほとんどがイスラム教徒です。
また、クスクスという小さなつぶ状のパスタをよく食べます。

世界最小のパスタといわれるクスクス。野菜や豆のソースをかけて食べる。

147　世界の国クイズ　Q60 ナスカの地上絵がある国は？

紀元前《きげんぜん》からのベルベル人《じん》の国《くに》

モロッコ

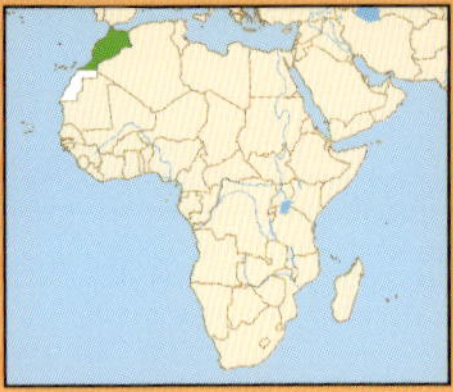

正式名称《せいしきめいしょう》 モロッコ王国《おうこく》

首都《しゅと》 ラバト

基本《きほん》データ

面積《めんせき》	44万《まん》6550㎢
人口《じんこう》	3528万人《まんにん》（2016年《ねん》）
おもな言語《げんご》	アラビア語《ご》（公用語《こうようご》）、ベルベル語《ご》（公用語《こうようご》）、フランス語《ご》
通貨《つうか》	モロッコ・ディルハム

国旗《こっき》の由来《ゆらい》

赤《あか》は王家《おうけ》を、緑《みどり》はイスラムを象徴《しょうちょう》している。中央《ちゅうおう》の星《ほし》は「ソロモンの印章《いんしょう》」とよばれる幸運《こううん》のしるし。

ポルトガル
スペイン
地中海《ちちゅうかい》
ジブラルタル海峡《かいきょう》
フェス
ラバト
大西洋《たいせいよう》
アトラス山脈《さんみゃく》
モロッコ
サハラ砂漠《さばく》
アルジェリア
（西《にし》サハラ）
モーリタニア

自然・地形

スペインに近《ちか》い位置《いち》にある

アフリカ大陸《たいりく》の北西部《ほくせいぶ》にある国《くに》で、地中海《ちちゅうかい》と大西洋《たいせいよう》に面《めん》しています。ジブラルタル海峡《かいきょう》をはさんでわずか14㎞のところに、スペインがあります。大西洋沿《たいせいようぞ》いは、平野《へいや》と高原《こうげん》です。アトラス山脈《さんみゃく》が東西《とうざい》に走《はし》り、その南部《なんぶ》は砂漠地帯《さばくちたい》です。

気候《きこう》は、北部《ほくぶ》と西部《せいぶ》が地中海性気候《ちちゅうかいせいきこう》で、夏《なつ》は乾燥《かんそう》し、冬《ふゆ》は雨《あめ》が降《ふ》ります。南部《なんぶ》は砂漠気候《さばくきこう》です。

歴史・人物

スペインとフランスの植民地《しょくみんち》に

紀元前《きげんぜん》からベルベル人《じん》が住《す》んでいましたが、7世紀以降《せいきいこう》、イスラム帝国《ていこく》などのいくつもの王朝《おうちょう》に支配《しはい》されてきました。1631年《ねん》に、アラウィー朝《ちょう》が支配《しはい》するようになり、現在《げんざい》につづいています。

19世紀末《せいきすえ》、ヨーロッパ各国《かっこく》がアフリカ大陸《たいりく》に進出《しんしゅつ》し、国土《こくど》の大半《たいはん》がフランス、一部《いちぶ》がスペインの支配下《しはいか》におかれました。その後《ご》、独立運動《どくりつうんどう》がさかんになり、1956年《ねん》にモロッコ南部《なんぶ》が独立《どくりつ》しました。そして、モロッコの支配下《しはいか》となった西《にし》サハラで、1976年《ねん》、共和国《きょうわこく》としての独立宣言《どくりつせんげん》がなされますが、モロッコとの交渉《こうしょう》は、まだ解決《かいけつ》していません。

何十年《なんじゅうねん》かかっても解決《かいけつ》できてないんだね

産業　観光業《かんこうぎょう》がさかん

世界文化遺産《せかいぶんかいさん》に登録《とうろく》された古都《こと》フェスや砂漠《さばく》のオアシスなどの観光《かんこう》資源《しげん》に恵《めぐ》まれ、観光業《かんこうぎょう》がさかんです。温暖《おんだん》な気候《きこう》で、農業《のうぎょう》もさかんで、小麦《こむぎ》や大麦《おおむぎ》、じゃがいも、オリーブなどを栽培《さいばい》しています。タコやイカなどの漁業《ぎょぎょう》もさかんです。

くらし・文化　民族衣装《みんぞくいしょう》は「ジェラバ」

住民《じゅうみん》の65％はアラブ人《じん》で30％がベルベル人《じん》です。アラビア語《ご》とベルベル語《ご》が公用語《こうようご》です。宗教《しゅうきょう》は国教《こっきょう》のイスラム教徒《きょうと》がほとんどです。

モロッコでは、「ジェラバ」という民族衣装《みんぞくいしょう》を着《き》ます。食事《しょくじ》はクスクスやタジン料理《りょうり》が代表的《だいひょうてき》です。

フードつきのワンピースのような「ジェラバ」。

くらし・文化　タジンなべ

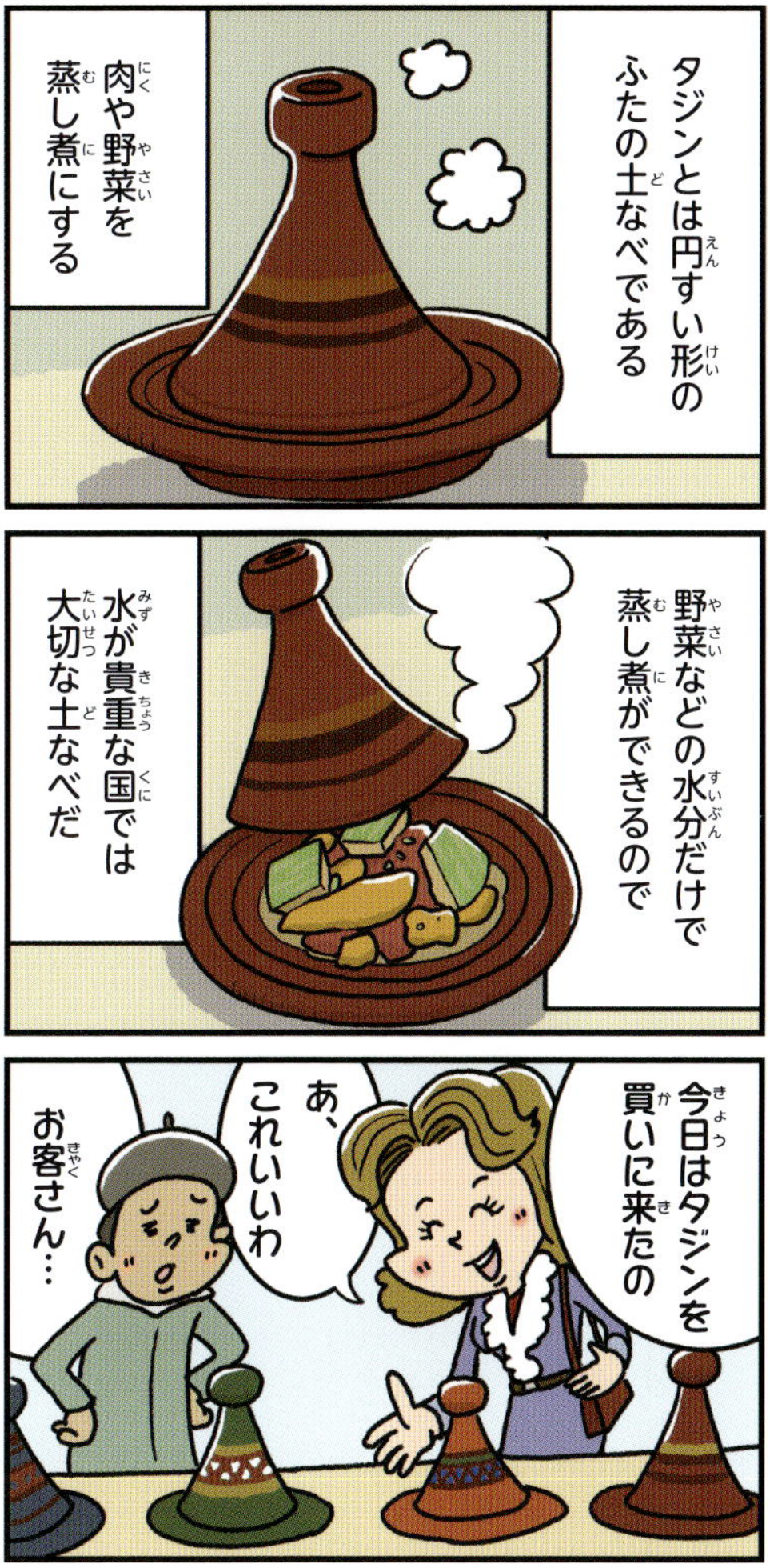
あら、毛糸《けいと》
ここはぼうし屋《や》ですよ

独立後《どくりつご》の内戦《ないせん》で、南部《なんぶ》と分《わ》かれた

スーダン

正式名称《せいしきめいしょう》 スーダン共和国《きょうわこく》

首都《しゅと》 ハルツーム

基本《きほん》データ

面積《めんせき》 188万《まん》km²

人口《じんこう》 3958万人《まんにん》(2016年《ねん》)

おもな言語《げんご》 アラビア語《ご》(公用語《こうようご》)、英語《えいご》(公《こう》用語《ようご》)、各部族語《かくぶぞくご》

通貨《つうか》 スーダン・ポンド

国旗《こっき》の由来《ゆらい》

緑《みどり》はイスラム教《きょう》と繁栄《はんえい》、赤《あか》は革命《かくめい》、白《しろ》は平和《へいわ》、黒《くろ》は国名《こくめい》の「黒《くろ》い土地《とち》」を表《あらわ》す。

自然・地形

砂漠《さばく》と熱帯雨林《ねったいうりん》がある

アフリカの北東部《ほくとうぶ》にある国《くに》です。国土《こくど》のほぼ中央《ちゅうおう》を青《あお》ナイル川《がわ》と白《しろ》ナイル川《がわ》が流《なが》れ、首都《しゅと》ハルツームで合流《ごうりゅう》しています。北部《ほくぶ》には砂漠《さばく》が広《ひろ》がり、南端《なんたん》には熱帯雨林《ねったいうりん》があります。

北部《ほくぶ》は乾燥《かんそう》した砂漠気候《さばくきこう》です。「ハブーブ」とよばれる砂嵐《すなあらし》がふく5月《がつ》、6月《がつ》が最《もっと》も暑《あつ》い時期《じき》となります。南部《なんぶ》はステップ気候《きこう》で、2月《がつ》が最《もっと》も暑《あつ》くなります。

エジプト
ナイル川《がわ》
サハラ砂漠《さばく》
紅海《こうかい》
チャド
ハルツーム
エリトリア
青《あお》ナイル川《がわ》
スーダン
白《しろ》ナイル川《がわ》
エチオピア
南《みなみ》スーダン

歴史・人物

南北《なんぼく》に分《わ》かれて内戦《ないせん》

スーダンには、紀元前《きげんぜん》からいくつもの王朝《おうちょう》がつくられてきましたが、1820年《ねん》に、エジプトの支配下《しはいか》におかれました。1881年《ねん》、愛国者《あいこくしゃ》のムハンマド・アフマドがエジプトへの反乱《はんらん》を起《お》こし、独立《どくりつ》します。その後《ご》、スーダンはイギリスの支配下《しはいか》におかれました。

第二次世界大戦後《だいにじせかいたいせんご》、スーダンで独立運動《どくりつうんどう》が高《たか》まり、1956年《ねん》にスーダン共和国《きょうわこく》として独立《どくりつ》しました。しかし、国内《こくない》では南北《なんぼく》に分《わ》かれて内戦《ないせん》が長《なが》くつづき、2011年《ねん》、南部《なんぶ》は南《みなみ》スーダンとして独立《どくりつ》しました。

南《みなみ》スーダンが独立《どくりつ》するまで、スーダンはアフリカで一番大《いちばんおお》きい国《くに》だったよ

産業

農業《のうぎょう》と牧畜《ぼくちく》で暮《く》らす

国《くに》の経済《けいざい》は石油産業《せきゆさんぎょう》によって発展《はってん》しましたが、油田《ゆでん》の多《おお》くが南部《なんぶ》にあったため、南《みなみ》スーダンの独立《どくりつ》により国《くに》の収入《しゅうにゅう》は大幅《おおはば》にへりました。

ナイル川流域《がわりゅういき》では、多《おお》くの人《ひと》が農業《のうぎょう》や牧畜《ぼくちく》で生活《せいかつ》を支《ささ》えています。綿花《めんか》やごまなどが栽培《さいばい》されています。

くらし・文化

数百《すうひゃく》の民族《みんぞく》が暮《く》らす

国内《こくない》には数百《すうひゃく》の民族《みんぞく》が暮《く》らすといわれますが、大半《たいはん》はアラブ人《じん》です。公用語《こうようご》はアラビア語《ご》で、英語《えいご》や部族《ぶぞく》ごとの言語《げんご》も話《はな》されています。宗教《しゅうきょう》は多《おお》くがイスラム教徒《きょうと》です。

スーダンの男性《だんせい》は、「ジャラビア」とよばれる白《しろ》い服《ふく》を着《き》ています。

「ジャラビア」を着《き》る男性《だんせい》。外出時《がいしゅつじ》には頭《あたま》に「ターバン」を巻《ま》く。

自然・地形

青《あお》ナイルと白《しろ》ナイル

ハルツームで青《あお》ナイル川《がわ》と白《しろ》ナイル川《がわ》が合流《ごうりゅう》して
ナイル川《がわ》の本流《ほんりゅう》となる
白《しろ》ナイル川《がわ》の水《みず》は底《そこ》の白《しろ》い砂《すな》などでにごっていて、青《あお》ナイル川《がわ》はすんでいる
それはまるでぼくたちのハーモニーのようだね
みんなに聞《き》いてもらおう！
実力《じつりょく》の差《さ》がスーダン(数段《すうだん》)あるね…

コーヒー豆《まめ》を世界各地《せかいかくち》に輸出《ゆしゅつ》

エチオピア

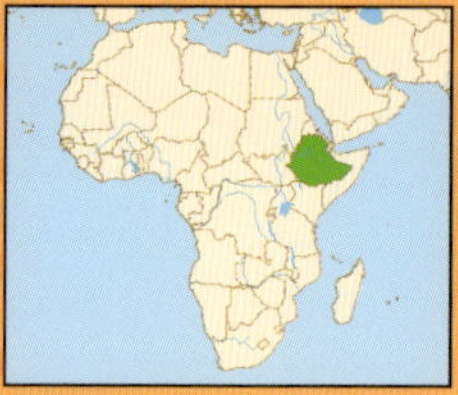

正式名称《せいしきめいしょう》 エチオピア連邦民主共和国《れんぽうみんしゅきょうわこく》

首《しゅ》 都《と》 アディスアベバ

基本《きほん》データ

面《めん》 積《せき》 110万《まん》4300㎢

人《じん》 口《こう》 約《やく》1億《おく》240万人《まんにん》（2016年《ねん》）

おもな言語《げんご》 アムハラ語《ご》（公用語《こうようご》）、英語《えいご》

通《つう》 貨《か》 ブル

国旗《こっき》の由来《ゆらい》

緑《みどり》は労働《ろうどう》、黄色《きいろ》は希望《きぼう》、赤《あか》は自由《じゆう》を表《あらわ》す。中央《ちゅうおう》には国章《こくしょう》で、国民《こくみん》の団結《だんけつ》や平等《びょうどう》を意味《いみ》する「ソロモンの星《ほし》」がある。

自然・地形

国土《こくど》の半分《はんぶん》が高原《こうげん》

アフリカ大陸《たいりく》の東部《とうぶ》に位置《いち》する内《ない》陸《りく》の国《くに》です。国土《こくど》にはアフリカ大地《だいち》溝帯《こうたい》とよばれる大陸《たいりく》プレートのさけ目《め》が南北《なんぼく》に走《はし》っています。

国土《こくど》の半分《はんぶん》はエチオピア高原《こうげん》とよばれる高原《こうげん》です。北部《ほくぶ》の高原《こうげん》にはゲラダヒヒが生息《せいそく》しています。

赤道《せきどう》に近《ちか》く、国《くに》の大部分《だいぶぶん》がサバナ気候《きこう》やステップ気候《きこう》ですが、高原《こうげん》は比較的過《ひかくてきす》ごしやすい気候《きこう》です。

紅海《こうかい》
エリトリア
イエメン
ジブチ
アデン湾《わん》
アディスアベバ
エチオピア
ソマリア
ケニア

歴史・人物

紀元前《きげんぜん》からの歴史《れきし》をもつ

エチオピアでは紀元前《きげんぜん》から北部《ほくぶ》にアクスム王国《おうこく》があり、象牙《ぞうげ》や金《きん》の貿《ぼう》易《えき》で栄《さか》えていました。4世紀《せいき》にはキリスト教《きょう》が国《くに》の宗教《しゅうきょう》として取《と》り入《い》れられました。

その後《ご》、東部《とうぶ》から勢力《せいりょく》を拡大《かくだい》していたイスラム勢力《せいりょく》との戦《たたか》いがつづきましたが、1855年《ねん》に「エチオピア王国《おうこく》」として統一《とういつ》されます。

1935年《ねん》にイタリアに支配《しはい》されますが、第二次世界大戦後《だいにじせかいたいせんご》に独立《どくりつ》し、1962年《ねん》にエリトリアを併合《へいごう》しました。エリトリアはこれに抵抗《ていこう》し、内戦《ないせん》がつづきました。1994年《ねん》には新憲法《しんけんぽう》が制定《せいてい》され、「エチオピア連《れん》邦民主共和国《ぽうみんしゅきょうわこく》」となりました。

エリトリアは1993年《ねん》に独立《どくりつ》したのよ

自然・地形

ゲラダヒヒ

ゲラダヒヒは
エチオピアの
高原《こうげん》に生息《せいそく》するサル
きばはするどく
オスの胸《むね》には赤《あか》い
マークがあるよ
ゲラダヒヒ
だよ～
あら　ホント！
夕食《ゆうしょく》はゲラダヒヒの
好物《こうぶつ》にしましょうか
エチオピア
ゲラダヒヒは
草食《そうしょく》なのよ
めしあがれ！
やだ～

産業

コーヒー豆《まめ》の栽培《さいばい》

古《ふる》くから農業《のうぎょう》がさかんです。とくにエチオピア原産《げんさん》のコーヒー豆《まめ》の生《せい》産量《さんりょう》は多《おお》く、世界各地《せかいかくち》に輸出《ゆしゅつ》されています。牧畜《ぼくちく》も行《おこな》われていて、革製《かわせい》品《ひん》も主要《しゅよう》な輸出品《ゆしゅつひん》です。国内用《こくないよう》に穀《こく》物《もつ》やとうもろこしを栽培《さいばい》していますが、食料不足《しょくりょうぶそく》がつづいています。

くらし・文化

北部《ほくぶ》ではインジェラが主食《しゅしょく》

エチオピアには約《やく》80の民族《みんぞく》が住《す》んでいます。言語《げんご》は約《やく》225あり、公用語《こうようご》はアムハラ語《ご》です。北部《ほくぶ》ではキリスト教《きょう》、南東部《なんとうぶ》ではイスラム教《きょう》を信仰《しんこう》する人《ひと》が多《おお》くいます。

北部地域《ほくぶちいき》では、クレープに似《に》たインジェラを主食《しゅしょく》として食《た》べます。

エチオピア北部《ほくぶ》の主食《しゅしょく》インジェラ（右《みぎ》）。テフというイネ科《か》の穀物《こくもつ》の粉《こな》が原料《げんりょう》となっている。

アフリカ大陸《たいりく》で最《もっと》も人口《じんこう》が多《おお》い

ナイジェリア

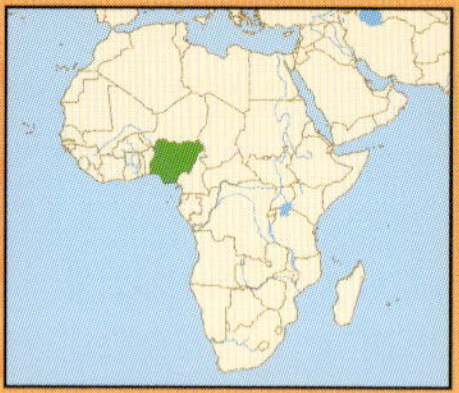

正式名称《せいしきめいしょう》　ナイジェリア連邦共和国《れんぽうきょうわこく》

首《しゅ》　都《と》　アブジャ

基本《きほん》データ

面《めん》　積《せき》	92万《まん》3768㎢
人《じん》　口《こう》	1億《おく》8599万人《まんにん》（2016年《ねん》）
おもな言語《げんご》	英語《えいご》（公用語《こうようご》）、ハウサ語《ご》、ヨルバ語《ご》、イボ語《ご》など
通《つう》　貨《か》	ナイラ

国旗《こっき》の由来《ゆらい》

緑《みどり》は農業《のうぎょう》、白《しろ》は平和《へいわ》と統一《とういつ》を表《あらわ》す。上空《じょうくう》から見《み》た森林《しんりん》と平野《へいや》が広《ひろ》がる国《くに》のすがたをイメージしたもの。

自然・地形

ニジェール川《がわ》が流《なが》れる国《くに》

アフリカ大陸《たいりく》の西部《せいぶ》にあるギニア湾《わん》に面《めん》した国《くに》です。国名《こくめい》は「ニジェール川流域《がわりゅういき》の国《くに》」という意味《いみ》で、国土《こくど》の西部《せいぶ》にはニジェール川《がわ》が流《なが》れています。その河口付近《かこうふきん》には広大《こうだい》な三角州《さんかくす》が形成《けいせい》されています。

南《みなみ》の海岸沿《かいがんぞ》いは１年中暑《ねんじゅうあつ》く、雨季《うき》には雨《あめ》が多《おお》く降《ふ》ります。内陸部《ないりくぶ》は雨季《うき》が短《みじか》くなり、北部《ほくぶ》は雨季以外《うきいがい》には雨《あめ》の少《すく》ない気候《きこう》です。

歴史・人物

民族間《みんぞくかん》で内戦《ないせん》が起《お》こる

ナイジェリアでは、紀元前《きげんぜん》6世紀《せいき》ごろから鉄器《てっき》を使《つか》った文明《ぶんめい》があったといわれています。その後《ご》、多《おお》くの民族《みんぞく》がうつり住《す》み、いくつもの王国《おうこく》ができました。その１つベニン王国《おうこく》は、15世紀《せいき》にヨーロッパの国々《くにぐに》と奴隷貿易《どれいぼうえき》を行《おこな》いました。

19世紀《せいき》になると、イギリスがアフリカ大陸《たいりく》に進出《しんしゅつ》します。１９１４年《ねん》には現在《げんざい》のナイジェリアのほとんどの地域《ちいき》が支配《しはい》されました。

その後《ご》、１９６０年《ねん》にはイギリスから独立《どくりつ》します。しかし、民族《みんぞく》の対立《たいりつ》などから内戦《ないせん》が起《お》こりました。１９９９年《ねん》に民主化《みんしゅか》が進《すす》められますが、現在《げんざい》も対立《たいりつ》はつづいています。

奴隷《どれい》が取引《とりひき》されたギニア湾岸《わんがん》は、「奴隷海岸《どれいかいがん》」とよばれたよ

くらし・文化　主食《しゅしょく》のフフ

ヤムイモ
キャッサバ
ナイジェリアの主食《しゅしょく》はヤムイモやキャッサバなどのイモ類《るい》なのよ
それをゆでてつぶしてもちのようにしたのがフフ
まるいおもち〜
トマトのスープなどにつけて食《た》べるのよ
さあできた。食《た》べましょう
おいしそう
フーフーして食《た》べてね。フフだけにね

産業　アフリカ一《いち》の産油国《さんゆこく》

ナイジェリアでは石油《せきゆ》がアフリカ一《いち》の埋蔵量《まいぞうりょう》、生産量《せいさんりょう》をほこります。石油《せきゆ》の輸出額《ゆしゅつがく》は輸出全体《ゆしゅつぜんたい》の約《やく》8割《わり》をしめます。また、近年《きんねん》では通信業《つうしんぎょう》も、主要《しゅよう》な産業《さんぎょう》となっています。

農業《のうぎょう》ではイモ類《るい》のキャッサバとヤムイモ、落花生《らっかせい》の生産《せいさん》がさかんです。

くらし・文化　多《おお》くの民族《みんぞく》が暮《く》らす

ナイジェリアは、アフリカで最《もっと》も人口《じんこう》が多《おお》い国《くに》で、250以上《いじょう》の民族《みんぞく》が暮《く》らしています。言語《げんご》は民族《みんぞく》や地域《ちいき》で異《こと》なりますが、公用語《こうようご》は英語《えいご》です。イスラム教徒《きょうと》とキリスト教徒《きょうと》が多《おお》くいます。主食《しゅしょく》は、穀類《こくるい》やイモ類《るい》をもち状《じょう》にしたフフです。

ナイジェリアの主食《しゅしょく》、フフ。キャッサバやヤムイモ、とうもろこしなどが原料《げんりょう》で、スープといっしょに食《た》べる。

世界有数《せかいゆうすう》のカカオ豆《まめ》の生産国《せいさんこく》

ガーナ

正式名称《せいしきめいしょう》 ガーナ共和国《きょうわこく》

首《しゅ》都《と》 アクラ

基本《きほん》データ

面《めん》積《せき》	23万《まん》8537㎢
人《じん》口《こう》	2812万人《まんにん》(2016年《ねん》)
おもな言語《げんご》	英語《えいご》(公用語《こうようご》)、各民族語《かくみんぞくご》
通《つう》貨《か》	ガーナセディ

国旗《こっき》の由来《ゆらい》

赤《あか》は独立《どくりつ》のための犠牲《ぎせい》、黄色《きいろ》は国《くに》の富《とみ》、緑《みどり》は農業《のうぎょう》や森林《しんりん》を表《あらわ》す。中央《ちゅうおう》の黒《くろ》い星《ほし》はアフリカ統一《とういつ》のシンボル。

自然・地形 世界最大級《せかいさいだいきゅう》の人造湖《じんぞうこ》

アフリカ大陸《たいりく》の西部《せいぶ》にある国《くに》で、南《みなみ》はギニア湾《わん》に面《めん》しています。国土《こくど》の中央《ちゅうおう》にはボルタ川《がわ》が流《なが》れ、ギニア湾《わん》に注《そそ》いでいます。川《かわ》のとちゅうには、川《かわ》をせきとめてつくった人造湖《じんぞうこ》・ボルタ湖《こ》があります。

熱帯気候《ねったいきこう》で、1年《ねん》を通《とお》して高温多湿《こうおんたしつ》です。12〜3月《がつ》には「ハマターン」という熱風《ねっぷう》がふきよせ、気温《きおん》が40℃に達《たっ》する地域《ちいき》もあります。

歴史・人物 金《きん》と奴隷《どれい》の貿易《ぼうえき》で栄《さか》えた

11世紀《せいき》ごろに北方《ほっぽう》からの移民《いみん》がこの地《ち》に移住《いじゅう》してきたのが、現在《げんざい》のガーナのおこりといわれています。17世紀《せいき》にアシャンティ王国《おうこく》が成立《せいりつ》すると、ポルトガルをはじめとするヨーロッパ諸国《しょこく》に金《きん》と奴隷《どれい》を輸出《ゆしゅつ》して、勢力《せいりょく》を拡大《かくだい》していきました。金《きん》の産出国《さんしゅつこく》であったことから、貿易《ぼうえき》の拠点《きょてん》となったギニア湾沿《わんぞ》いは、「黄金海岸《おうごんかいがん》」と命名《めいめい》されました。

しかし、19世紀末《せいきすえ》にイギリスとの間《あいだ》で戦争《せんそう》になり、敗《やぶ》れたアシャンティ王国《おうこく》はイギリスに併合《へいごう》されます。第二次世界大戦後《だいにじせかいたいせんご》の1957年《ねん》にイギリスから独立《どくりつ》しました。

細菌学者《さいきんがくしゃ》の野口英世《のぐちひでよ》が黄熱病《おうねつびょう》の研究《けんきゅう》をしていた国《くに》が、ガーナよ

産業　カカオ豆《まめ》の生産《せいさん》

ガーナはカカオ豆《まめ》の生産量《せいさんりょう》が世界《せかい》トップレベル
日本《にほん》へもガーナからたくさんのカカオ豆《まめ》が輸出《ゆしゅつ》されているよ
カカオの豆《まめ》
カカオの実《み》
カカオ豆《まめ》はカカオの実《み》の中《なか》に30～40つぶも入《はい》っているんだって
カカオはチョコレートの原料《げんりょう》なんだよ
カカオ
さとう、バター
など
チョコ
ひとかけどーぞ
ありがとー
ちなみにカカオの量《りょう》が多《おお》いほど苦《にが》い
にがっ!!
カカオ99%チョコ

産業　カカオ豆《まめ》の輸出《ゆしゅつ》がさかん

チョコレートの原料《げんりょう》であるカカオ豆《まめ》の生産量《せいさんりょう》は世界有数《せかいゆうすう》で、日本《にほん》に輸入《ゆにゅう》されているカカオ豆《まめ》の77％（2016年《ねん》）がガーナ産《さん》です。近年《きんねん》では、ボルタ湖《こ》の南部《なんぶ》でつくられた水力発電《すいりょくはつでん》を利用《りよう》して、アルミニウムを精錬《せいれん》する試《こころ》みも行《おこな》われています。

カカオの種子《しゅし》を発酵《はっこう》、乾燥《かんそう》させたものをカカオ豆《まめ》という。チョコレートやココアの原料《げんりょう》になる。

くらし・文化　義務教育制度《ぎむきょういくせいど》を導入《どうにゅう》

ガーナには70以上《いじょう》の民族《みんぞく》が暮《く》らしていますが、教育《きょういく》や放送《ほうそう》には英語《えいご》が用《もち》いられています。ガーナは、アフリカで最初《さいしょ》に義務教育制度《ぎむきょういくせいど》が導入《どうにゅう》された国《くに》でもあります。

宗教《しゅうきょう》は、キリスト教徒《きょうと》が半数以上《はんすういじょう》ですが、イスラム教徒《きょうと》もいます。

野生動物《やせいどうぶつ》が生息《せいそく》する大草原《だいそうげん》が広《ひろ》がる

ケニア

正式名称《せいしきめいしょう》 ケニア共和国《きょうわこく》

首《しゅ》都《と》 ナイロビ

基本《きほん》データ

- 面《めん》積《せき》　59万《まん》1958㎢
- 人《じん》口《こう》　4970万人《まんにん》（2017年《ねん》）
- おもな言語《げんご》　スワヒリ語《ご》（公用語《こうようご》）、英語《えいご》（公用語《こうようご》）
- 通《つう》貨《か》　ケニア・シリング

国旗《こっき》の由来《ゆらい》

黒《くろ》はアフリカ人《じん》、赤《あか》は自由《じゆう》のための戦《たたか》い、緑《みどり》は農業《のうぎょう》、白《しろ》は平和《へいわ》を表《あらわ》す。中央《ちゅうおう》は、マサイ族《ぞく》の盾《たて》と槍《やり》をえがいている。

自然・地形

高原《こうげん》の広《ひろ》がる快適《かいてき》な気候《きこう》

赤道直下《せきどうちょっか》に位置《いち》していますが、国《こく》土《ど》の中央部《ちゅうおうぶ》には高原地帯《こうげんちたい》が広《ひろ》がっています。首都《しゅと》ナイロビも標高《ひょうこう》が高《たか》く、過《す》ごしやすい気候《きこう》です。

西部《せいぶ》にあるアフリカ最大《さいだい》の湖《みずうみ》・ビクトリア湖《こ》の周辺《しゅうへん》や、東部《とうぶ》の海岸沿《かいがんぞ》いは熱帯気候《ねったいきこう》で、高温多湿《こうおんたしつ》です。3～5月《がつ》と、10～12月《がつ》の年《ねん》2回《かい》、雨季《うき》があります。北部《ほくぶ》は砂漠地帯《さばくちたい》です。

歴史・人物

スワヒリ文明《ぶんめい》が栄《さか》えた地《ち》

7世紀《せいき》にはアラブ人《じん》が進出《しんしゅつ》し、スワヒリ文明《ぶんめい》を生《う》み、栄《さか》えました。

その後《ご》、1498年《ねん》にポルトガルがケニアに進出《しんしゅつ》して支配下《しはいか》におかれ、19世紀《せいき》にはイギリスの植民地《しょくみんち》となりました。

第二次世界大戦後《だいにじせかいたいせんご》、ジョモ・ケニヤッタを指導者《しどうしゃ》としてイギリスの支配《しはい》に抵抗《ていこう》します。1963年《ねん》に独立《どくりつ》、翌年《よくとし》には共和制《きょうわせい》となり、ケニヤッタが初代大統領《しょだいだいとうりょう》に就任《しゅうにん》しました。

歴史・人物

「もったいない」を広《ひろ》める

ワンガリ・マータイは、植林活動《しょくりんかつどう》を通《つう》じて環境保護《かんきょうほご》と民主化《みんしゅか》に取《と》り組《く》み、2004年《ねん》にノーベル平和賞《へいわしょう》を受賞《じゅしょう》しました。また、日本語《にほんご》の「もったいない」を世界《せかい》に広《ひろ》めました。

アフリカ　ケニア

くらし・文化　スワヒリ語《ご》

産業　観光客《かんこうきゃく》に人気《にんき》の野生動物《やせいどうぶつ》

産業《さんぎょう》の中心《ちゅうしん》となっているのは紅茶《こうちゃ》や花《はな》、コーヒーなどの栽培《さいばい》で、とくに紅茶《こうちゃ》の生産量《せいさんりょう》は世界有数《せかいゆうすう》です。

また、ケニアにはライオンやアフリカゾウ、キリンなどの野生動物《やせいどうぶつ》が生息《せいそく》し、多《おお》くの旅行客《りょこうきゃく》がおとずれます。観光業《かんこうぎょう》も経済《けいざい》を支《ささ》えています。

首都《しゅと》・ナイロビは、政治《せいじ》や経済《けいざい》、文化《ぶんか》の中心《ちゅうしん》となっている大都市《だいとし》。近《ちか》くには、野生動物《やせいどうぶつ》がいるナイロビ国立公園《こくりつこうえん》が広《ひろ》がる。

くらし・文化　マラソン選手《せんしゅ》が生《う》まれる環境《かんきょう》

ケニアには多数《たすう》の民族《みんぞく》が暮《く》らしていますが、なかでもマサイ族《ぞく》はケニアを象徴《しょうちょう》する存在《そんざい》とされています。また、高地《こうち》にすむケニア人《じん》は心肺機能《しんぱいきのう》が発達《はったつ》しているため陸上競技《りくじょうきょうぎ》に向《む》いているとされ、マラソンの強豪国《きょうごうこく》でもあります。

159　世界《せかい》の国《くに》クイズ　Q66 万里《ばんり》の長城《ちょうじょう》がある国《くに》は？

アフリカ最高峰《さいこうほう》のキリマンジャロ山《さん》がそびえる

タンザニア

正式名称《せいしきめいしょう》 タンザニア連合共和国《れんごうきょうわこく》　首《しゅ》都《と》 ドドマ

基本《きほん》データ

面《めん》積《せき》 94万《まん》7303㎢

人《じん》口《こう》 5557万人《まんにん》（2016年《ねん》）

おもな言語《げんご》 スワヒリ語《ご》（国語《こくご》・公用語《こうようご》）、英語《えいご》（公用語《こうようご》）

通《つう》貨《か》 タンザニア・シリング

国旗《こっき》の由来《ゆらい》

緑《みどり》は大地《だいち》、黒《くろ》はアフリカ人《じん》、青《あお》は海《うみ》（インド洋《よう》）を表《あらわ》す。2本《ほん》の黄色《きいろ》い線《せん》は豊《ゆた》かな鉱物資《こうぶつし》源《げん》を意味《いみ》している。

ウガンダ
ケニア
ビクトリア湖《こ》
ルワンダ
ブルンジ
キリマンジャロ山《さん》
タンザニア
ドドマ
ザンジバル
タンガニーカ湖《こ》
ダルエスサラーム
インド洋《よう》
ザンビア
マラウイ湖《こ》
マラウイ
モザンビーク

自然・地形

国土《こくど》のほとんどが高原地帯《こうげんちたい》

アフリカ東部《とうぶ》に位置《いち》する国《くに》で、国土《こくど》の多《おお》くは標高千《ひょうこうせん》mを超《こ》える高原地帯《こうげんちたい》です。北東部《ほくとうぶ》にはアフリカ最高峰《さいこうほう》のキリマンジャロ山《さん》（標高《ひょうこう》5895m）がそびえ、ウガンダ、ケニアとの国境《こっきょう》にはアフリカ最大《さいだい》のビクトリア湖《こ》があります。

内陸部《ないりくぶ》は、年間《ねんかん》を通《とお》して雨季《うき》と乾季《かんき》があるサバナ気候《きこう》で、沿岸部《えんがんぶ》は高《こう》温多湿《おんたしつ》な気候《きこう》です。

歴史・人物

2つの国《くに》が統合《とうごう》した

東《ひがし》アフリカでは、古《ふる》くからインド洋《よう》にふく季節風《きせつふう》を利用《りよう》した海上貿易《かいじょうぼうえき》が行《おこな》われてきました。8世紀《せいき》ごろに、インド洋沿岸《ようえんがん》の島《しま》（ザンジバル）にアラブ人《じん》が移住《いじゅう》し、貿易《ぼうえき》の拠点《きょてん》として栄《さか》えました。

19世紀末《せいきすえ》になると、ヨーロッパの国々《くにぐに》が東《ひがし》アフリカに進出《しんしゅつ》し、現在《げんざい》のタンザニアの大陸部《たいりくぶ》（タンガニーカ）はドイツ、ザンジバルはイギリスの植民地《しょくみんち》となります。

1960年代《ねんだい》にタンガニーカとザンジバルがそれぞれ独立《どくりつ》し、1964年《ねん》に両国《りょうこく》が統合《とうごう》してタンザニア連《れん》合共和国《ごうきょうわこく》となりました。

首都《しゅと》はドドマだけど、政治《せいじ》・経済《けいざい》の中心《ちゅうしん》はダルエスサラームだよ

アフリカ　タンザニア

キリマンジャロコーヒー

キリマンジャロ山。ふもとではコーヒー豆が栽培される。

産業 ロープの原料の生産がさかん

おもな産業は農業です。とくにロープの原料となるサイザル麻、コーヒー豆、香辛料などの栽培がさかんです。また、21世紀に入ってから、先進国の開発援助を受けて天然ガスの開発が進められ、天然ガスの生産量は年々増加しています。

くらし・文化 共通語として使われるスワヒリ語

国内には130もの民族があり、共通語としてスワヒリ語が使われます。スワヒリ語は、アラブの商人が話すアラビア語の影響を受けてできた言葉です。

宗教は、イスラム教徒とキリスト教徒が約40％ずつをしめます。

161　世界の国クイズ　Q67 フィリピンの首都は？

めずらしい動植物《どうしょくぶつ》が生息《せいそく》する島国《しまぐに》

マダガスカル

正式名称《せいしきめいしょう》　マダガスカル共和国《きょうわこく》
首《しゅ》都《と》　アンタナナリボ

基《き》本《ほん》データ

面《めん》積《せき》	58万《まん》7295㎢
人《じん》口《こう》	2489万人《まんにん》（2016年《ねん》）
おもな言語《げんご》	マダガスカル語《ご》（公用語《こうようご》）、フランス語《ご》（公用語《こうようご》）
通《つう》貨《か》	アリアリ

国旗《こっき》の由来《ゆらい》
赤《あか》と白《しろ》は、東南《とうなん》アジアからの移民《いみん》をルーツとする色《いろ》とされる。白《しろ》は純粋《じゅんすい》さ、赤《あか》は主権《しゅけん》、緑《みどり》は希望《きぼう》と海岸部《かいがんぶ》を示《しめ》す。

コモロ
モザンビーク
インド洋《よう》
モザンビーク海峡《かいきょう》
アンタナナリボ
マダガスカル
マダガスカル島《とう》

自然・地形

世界《せかい》で4番目《ばんめ》に大《おお》きな島《しま》

アフリカ東岸《とうがん》、インド洋《よう》に浮《う》かぶ島国《しまぐに》です。マダガスカル島《とう》は世界《せかい》で4番目《ばんめ》に大《おお》きな島《しま》で、大昔《おおむかし》に大陸《たいりく》からはなれ、動植物《どうしょくぶつ》が独自《どくじ》に進化《しんか》しました。

中央部《ちゅうおうぶ》には山地《さんち》が連《つら》なり、島《しま》の東側《ひがしがわ》は高温多湿《こうおんたしつ》な熱帯雨林気候《ねったいうりんきこう》です。島《しま》の西側《にしがわ》は乾燥《かんそう》していて、砂漠《さばく》も見《み》られます。12～4月《がつ》にはサイクロン（暴風雨《ぼうふうう》をともなう低気圧《ていきあつ》）が発生《はっせい》し、被害《ひがい》をもたらすことがあります。

歴史・人物

マレー系《けい》の移民《いみん》が定住《ていじゅう》

この島《しま》には、古《ふる》くに東南《とうなん》アジアからマレー系《けい》の人々《ひとびと》が移住《いじゅう》しました。マレー系《けい》の人々《ひとびと》が定住《ていじゅう》したあとには、アラブ人《じん》やアフリカの人々《ひとびと》がわたってきました。

やがてマレー系《けい》の人々《ひとびと》がメリナ王国《おうこく》を築《きず》き、島《しま》の3分《ぶん》の2を支配《しはい》するまでに勢力《せいりょく》を拡大《かくだい》しますが、19世紀《せいき》になると、フランスの植民地《しょくみんち》となりました。

その後《ご》、フランスの支配《しはい》に抵抗《ていこう》する運動《うんどう》がたびたび起《お》こりますが、完全《かんぜん》な独立《どくりつ》を果《は》たしたのは、1960年《ねん》になってからです。独立後《どくりつご》も、クーデターなどの政治的混乱《せいじてきこんらん》がたびたび起《お》きています。

近《ちか》くのアフリカよりもアジアとのかかわりが強《つよ》かったのよ

自然・地形　めずらしい動植物《どうしょくぶつ》

マダガスカルにはめずらしい動植物《どうしょくぶつ》がいっぱいだ
みきが太《ふと》いバオバブ
50種類《しゅるい》以上《いじょう》いるワオキツネザル
真《ま》っ赤《か》なトマトアカガエル
わぁ！
たしかにマダガスカルにはめずらしい生《い》き物《もの》がいますねぇ
悪魔《あくま》かと思《おも》った…
どうも、アイアイです
アイアイは昔《むかし》、悪魔《あくま》の使《つか》いとおそれられていた

産業　バニラの生産国《せいさんこく》

米《こめ》を主食《しゅしょく》とするマダガスカルでは稲作《いなさく》がさかんです。乾燥地帯《かんそうちたい》をのぞいた全域《ぜんいき》で米《こめ》を栽培《さいばい》しています。また、あまい香《かお》りが特徴《とくちょう》のバニラの生産量《せいさんりょう》は世界有数《せかいゆうすう》です。バニラのほか、コーヒー豆《まめ》とカカオ豆《まめ》がおもな輸出品《ゆしゅつひん》となっています。

くらし・文化　自然《しぜん》の恵《めぐ》みをいかす

マダガスカルには世界《せかい》でもめずらしい動植物《どうしょくぶつ》が生息《せいそく》しています。なかでもバオバブという木《き》は、暮《く》らしに役立《やくだ》つ木《き》とされています。樹皮《じゅひ》は家《いえ》の屋根《やね》や壁《かべ》などに使《つか》われ、果肉《かにく》と葉《は》は食用《しょくよう》になります。種《たね》からとれる油《あぶら》はせっけんに使《つか》われます。

絶滅危惧種《ぜつめつきぐしゅ》にも指定《してい》されているワオキツネザル（写真《しゃしん》）やアイアイは、世界《せかい》でマダガスカルにしか生息《せいそく》していない。

人種差別《じんしゅさべつ》を乗《の》りこえ、経済発展《けいざいはってん》をとげた

南《みなみ》アフリカ共和国《きょうわこく》

正式名称《せいしきめいしょう》 南《みなみ》アフリカ共和国《きょうわこく》

首都《しゅと》 プレトリア

基本《きほん》データ

面積《めんせき》	122万《まん》1037km²
人口《じんこう》	5590万人《まんにん》(2016年《ねん》)
おもな言語《げんご》	英語《えいご》、アフリカーンス語《ご》、ズールー語《ご》、ソト語《ご》など合計《ごうけい》11の言語《げんご》が公用語《こうようご》
通貨《つうか》	ランド

国旗《こっき》の由来《ゆらい》

横《よこ》になったY《ワイ》の字《じ》は、南《みなみ》アフリカの統一《とういつ》や、国家《こっか》の前進《ぜんしん》を示《しめ》す。色《いろ》には意味《いみ》はないとされる。

ジンバブエ
ナミビア
ボツワナ
モザンビーク
ナミブ砂漠《さばく》
プレトリア
オレンジ川《がわ》
エスワティニ
大西洋《たいせいよう》
南《みなみ》アフリカ共和国《きょうわこく》
インド洋《よう》
ケープタウン
レソト
ドラケンスバーグ山脈《さんみゃく》

自然・地形

アフリカ大陸最南端《たいりくさいなんたん》の国《くに》

アフリカ大陸《たいりく》の最南端《さいなんたん》にある国《くに》です。面積《めんせき》は日本《にほん》の約《やく》3・2倍《ばい》で、南《なん》部《ぶ》には台地《だいち》が広《ひろ》がり、内陸部《ないりくぶ》には高《こう》原《げん》が広《ひろ》がっています。南東《なんとう》の海岸《かいがん》沿《ぞ》いにはドラケンスバーグ山脈《さんみゃく》が連《つら》なり、山脈《さんみゃく》から国土《こくど》の西側《にしがわ》へ向《む》かって横断《おうだん》するオレンジ川《がわ》は、大西洋《たいせいよう》に注《そそ》ぎこんでいます。

気候《きこう》は温暖《おんだん》ですが、標高《ひょうこう》が高《たか》いため、気温《きおん》はやや低《ひく》めです。

歴史・人物

長《なが》くつづいた人種差別《じんしゅさべつ》

1652年《ねん》に、オランダ東《ひがし》インド会社《がいしゃ》の人々《ひとびと》が現在《げんざい》のケープタウンに上陸《じょうりく》して植民地経営《しょくみんちけいえい》を始《はじ》めます。やがて全域《ぜんいき》がイギリスの領土《りょうど》となり、1910年《ねん》にはイギリス自治領《じちりょう》の南《みなみ》アフリカ連邦《れんぽう》が誕生《たんじょう》します。

第二次世界大戦後《だいにじせかいたいせんご》のアフリカ連邦《れんぽう》では、白人《はくじん》を優遇《ゆうぐう》し黒人《こくじん》を差別《さべつ》する政策《せいさく》(アパルトヘイト)がおし進《すす》められました。この政策《せいさく》は、1961年《ねん》に南《みなみ》アフリカ共和国《きょうわこく》として独立《どくりつ》したあともつづき、1991年《ねん》に撤廃《てっぱい》されました。1994年《ねん》、全人種《ぜんじんしゅ》による総選挙《そうせんきょ》で、ネルソン・マンデラが初《はつ》の黒人大統領《こくじんだいとうりょう》となり、ようやく白《はく》人支配《じんしはい》の時代《じだい》が終《お》わりました。

マンデラは、ノーベル平和賞《へいわしょう》を受賞《じゅしょう》したよ

産業 金《きん》の採掘《さいくつ》が経済《けいざい》を支《ささ》える

ダイヤモンドや金《きん》などの鉱物資源《こうぶつしげん》が豊富《ほうふ》に採掘《さいくつ》されます。とくに金《きん》は、埋蔵量《まいぞうりょう》、産出量《さんしゅつりょう》ともに世界《せかい》トップクラスで、国《くに》の経済《けいざい》を支《ささ》えています。また、かんきつ類《るい》の栽培《さいばい》がさかんで、日本《にほん》でも南《みなみ》アフリカ産《さん》のグレープフルーツが出《で》まわっています。

くらし・文化 ワールドカップの開催《かいさい》

アパルトヘイト撤廃後《てっぱいご》は黒人《こくじん》に教育《きょういく》の権利《けんり》があたえられ、すべての人種《じんしゅ》の子《こ》どもたちに10年間《ねんかん》の義務教育《ぎむきょういく》が適用《てきよう》されています。

また、2010年《ねん》にはサッカーのワールドカップが行《おこな》われ、アフリカ大陸初《たいりくはつ》の大会開催《たいかいかいさい》を実現《じつげん》しました。

ケープタウン・スタジアム。2010年《ねん》サッカーワールドカップ南《みなみ》アフリカ大会《たいかい》のために建設《けんせつ》された。

産業 ビッグ・ホール

165 世界《せかい》の国《くに》クイズ Q69 ブラジルの首都《しゅと》は？

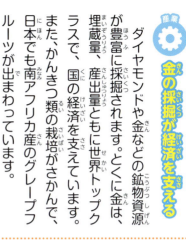

アフリカ
その他《ほか》の国《くに》

モーリタニア
正式名称 モーリタニア・イスラム共和国《きょうわこく》
首都 ヌアクショット
面積 103万《まん》700km²
人口 430万人《まんにん》(2016年《ねん》)
言語 アラビア語《ご》(国語《こくご》・公用語《こうようご》)、プラール語《ご》(国語《こくご》)、ソニンケ語《ご》(国語《こくご》)、ウォロフ語《ご》(国語《こくご》)、フランス語《ご》
通貨 ウギア

リビア
正式名称 リビア
首都 トリポリ
面積 167万《まん》6198km²
人口 628万人《まんにん》(2015年《ねん》)
言語 アラビア語《ご》(公用語《こうようご》)
通貨 リビア・ディナール

セネガル
正式名称 セネガル共和国《きょうわこく》
首都 ダカール
面積 19万《まん》6712km²
人口 1541万人《まんにん》(2016年《ねん》)
言語 フランス語《ご》(公用語《こうようご》)、ウォロフ語《ご》など各民族語《かくみんぞくご》
通貨 CFA《セーファー》フラン

ニジェール
正式名称 ニジェール共和国《きょうわこく》
首都 ニアメ
面積 126万《まん》7000km²
人口 2067万人《まんにん》(2016年《ねん》)
言語 フランス語《ご》(公用語《こうようご》)、ハウサ語《ご》など
通貨 CFA《セーファー》フラン

マリ
正式名称 マリ共和国《きょうわこく》
首都 バマコ
面積 124万《まん》192km²
人口 1799万人《まんにん》(2016年《ねん》)
言語 フランス語《ご》(公用語《こうようご》)、バンバラ語《ご》など
通貨 CFA《セーファー》フラン

ギニア
正式名称 ギニア共和国《きょうわこく》
首都 コナクリ
面積 24万《まん》5836km²
人口 1240万人《まんにん》(2016年《ねん》)
言語 フランス語《ご》(公用語《こうようご》)、マリンケ語《ご》、スースー語《ご》など
通貨 ギニア・フラン

ギニアビサウ
正式名称 ギニアビサウ共和国《きょうわこく》
首都 ビサウ
面積 3万《まん》6125km²
人口 180万人《まんにん》(2016年《ねん》)
言語 ポルトガル語《ご》(公用語《こうようご》)
通貨 CFA《セーファー》フラン

ガンビア
正式名称 ガンビア共和国《きょうわこく》
首都 バンジュール
面積 1万《まん》1295km²
人口 約204万人《まんにん》(2016年《ねん》)
言語 英語《えいご》(公用語《こうようご》)、マンディンカ語《ご》、ウォロフ語《ご》、フラ語《ご》など
通貨 ダラシ

コートジボワール

正式名称　コートジボワール共和国《きょうわこく》
首都　ヤムスクロ*
面積　32万《まん》2462km²
人口　2270万人《まんにん》（2015年《ねん》）
言語　フランス語《ご》（公用語《こうようご》）、各民族語《かくみんぞくご》
通貨　CFA《セーファー》フラン

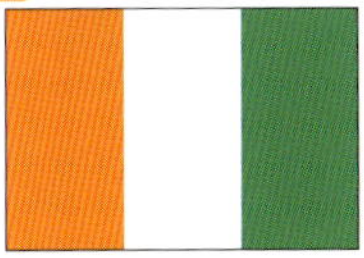

＊実質的《じっしつてき》に首都《しゅと》機能《きのう》をもっている都市《とし》はアビジャン。

リベリア

正式名称　リベリア共和国《きょうわこく》
首都　モンロビア
面積　11万《まん》1369km²
人口　461万人《まんにん》（2016年《ねん》）
言語　英語《えいご》（公用語《こうようご》）、各部族語《かくぶぞくご》
通貨　リベリア・ドル

シエラレオネ

正式名称　シエラレオネ共和国《きょうわこく》
首都　フリータウン
面積　7万《まん》2300km²
人口　740万人《まんにん》（2016年《ねん》）
言語　英語《えいご》（公用語《こうようご》）、クリオ語《ご》、メンデ語《ご》、テムネ語《ご》など
通貨　レオン

カーボベルデ

正式名称　カーボベルデ共和国《きょうわこく》
首都　プライア
面積　4033km²
人口　52万《まん》1千人《せんにん》（2015年《ねん》）
言語　ポルトガル語《ご》（公用語《こうようご》）、クレオール語
通貨　カーボベルデ・エスクード

トーゴ

正式名称　トーゴ共和国《きょうわこく》
首都　ロメ
面積　5万《まん》6785km²
人口　730万人《まんにん》（2015年《ねん》）
言語　フランス語《ご》（公用語《こうようご》）、エヴェ語《ご》、カビエ語《ご》など
通貨　CFA《セーファー》フラン

ブルキナファソ

正式名称　ブルキナファソ
首都　ワガドゥグー
面積　27万《まん》2967km²
人口　1865万人《まんにん》（2016年《ねん》）
言語　フランス語《ご》（公用語《こうようご》）、モシ語《ご》、ディウラ語《ご》、グルマンチェ語《ご》など
通貨　CFA《セーファー》フラン

ベナン

正式名称　ベナン共和国《きょうわこく》
首都　ポルトノボ
面積　11万《まん》4763km²
人口　1087万人《まんにん》（2016年《ねん》）
言語　フランス語《ご》（公用語《こうようご》）
通貨　CFA《セーファー》フラン

日本《にほん》の援助《えんじょ》で建《た》てられた小学校《しょうがっこう》

ベナンの大人《おとな》の識字率《しきじりつ》（公用語《こうようご》を読《よ》み書《か》きできる人《ひと》の割合《わりあい》）は4割《わり》ほどで、まわりの国《くに》よりも低《ひく》いといわれています。そのため、公立《こうりつ》の小学校《しょうがっこう》の授業料《じゅぎょうりょう》を無料《むりょう》にして、教育《きょういく》の機会《きかい》を広《ひろ》めています。ベナンには、日本《にほん》の援助《えんじょ》で建《た》てられた学校《がっこう》がたくさんあります。

ベナンの小学校《しょうがっこう》。©JICA

中央《ちゅうおう》アフリカ

正式名称 中央《ちゅうおう》アフリカ共和国《きょうわこく》

首都 バンギ

面積 62万《まん》2984㎢

人口 459万人《まんにん》（2016年《ねん》）

言語 サンゴ語《ご》（公用語《こうようご》・国語《こくご》）、フランス語《ご》（公用語《こうようご》）、各部族語《かくぶぞくご》

通貨 CFA《セーファー》フラン

チャドの西側《にしがわ》にあるチャド湖《こ》は、昔《むかし》は琵琶湖《びわこ》の40倍《ばい》ほどの大《おお》きさだったけれど、環境問題《かんきょうもんだい》の影響《えいきょう》などでどんどん縮小《しゅくしょう》してしまっているんだって

チャド

正式名称 チャド共和国《きょうわこく》

首都 ンジャメナ

面積 128万《まん》4000㎢

人口 約《やく》1445万人《まんにん》（2015年《ねん》）

言語 フランス語《ご》（公用語《こうようご》）、アラビア語《ご》（公用語《こうようご》）など

通貨 CFA《セーファー》フラン

カメルーン

正式名称 カメルーン共和国《きょうわこく》

首都 ヤウンデ

面積 47万《まん》5650㎢

人口 2344万人《まんにん》（2016年《ねん》）

言語 フランス語《ご》（公用語《こうようご》）、英語《えいご》（公用語《こうようご》）、各部族語《かくぶぞくご》

通貨 CFA《セーファー》フラン

サッカーを通《つう》じた交流《こうりゅう》

カメルーンは、ドイツの植民地《しょくみんち》であった時代《じだい》があり、そのころに伝《つた》わったサッカーは現在《げんざい》でも親《した》しまれています。ＦＩＦＡ《フィファ》ワールドカップなどのサッカーの国際大会《こくさいたいかい》の常連国《じょうれんこく》で、国民《こくみん》も応援《おうえん》に熱中《ねっちゅう》します。

2002年《ねん》に日韓《にっかん》ワールドカップが開催《かいさい》された際《さい》には、大分県《おおいたけん》の中津江村《なかつえむら》（現在《げんざい》の日田市《ひたし》の一部《いちぶ》）にキャンプにおとずれ、大会後《たいかいご》も交流《こうりゅう》がつづいています。カメルーンの選手《せんしゅ》が日田市《ひたし》でサッカー教室《きょうしつ》を開催《かいさい》したり、日田《ひた》市《し》の子《こ》どもたちが成長《せいちょう》してはけなくなったサッカーシューズをカメルーンの子《こ》どもたちに寄付《きふ》したりするなどの活動《かつどう》が行《おこな》われてきました。

サッカーは世界中《せかいじゅう》の子《こ》どもたちに人気《にんき》のスポーツだね

コンゴ民主共和国《みんしゅきょうわこく》

正式名称　コンゴ民主共和国《みんしゅきょうわこく》
首都　キンシャサ
面積　234万《まん》4858㎢
人口　7874万人《まんにん》(2016年《ねん》)
言語　フランス語《ご》(公用語《こうようご》)、キコンゴ語《ご》、チルバ語《ご》、リンガラ語《ご》、スワヒリ語《ご》など
通貨　コンゴ・フラン

内戦《ないせん》が絶《た》えない「アフリカの火薬庫《かやくこ》」

コンゴ民主共和国《みんしゅきょうわこく》は、ダイヤモンドや青色着色料《あおいろちゃくしょくりょう》の原料《げんりょう》となるコバルトなどの鉱物資源《こうぶつしげん》に恵《めぐ》まれた国《くに》ですが、内戦《ないせん》が絶《た》えず、「アフリカの火薬庫《かやくこ》」といわれています。現在《げんざい》も混乱《こんらん》はつづき、なかには、少年兵《しょうねんへい》として銃《じゅう》を持《も》って戦《たたか》っている子《こ》どもたちもいます。

銃《じゅう》を持《も》つ少年兵《しょうねんへい》。

赤道《せきどう》ギニア

正式名称　赤道《せきどう》ギニア共和国《きょうわこく》
首都　マラボ
面積　2万《まん》8051㎢
人口　122万人《まんにん》(2016年《ねん》)
言語　スペイン語《ご》(公用語《こうようご》)、フランス語《ご》(公用語《こうようご》)、ポルトガル語《ご》(公用語《こうようご》)、ファン語《ご》、ブビ語《ご》
通貨　CFA《セーファー》フラン

コンゴ共和国《きょうわこく》

正式名称　コンゴ共和国《きょうわこく》
首都　ブラザビル
面積　34万《まん》2000㎢
人口　約《やく》513万人《まんにん》(2016年《ねん》)
言語　フランス語《ご》(公用語《こうようご》)、リンガラ語《ご》、キトゥバ語《ご》など
通貨　CFA《セーファー》フラン

サントメ・プリンシペ

正式名称　サントメ・プリンシペ民主共和国《みんしゅきょうわこく》
首都　サントメ
面積　964㎢
人口　20万人《まんにん》(2016年《ねん》)
言語　ポルトガル語《ご》(公用語《こうようご》)など
通貨　ドブラ

ガボン

正式名称　ガボン共和国《きょうわこく》
首都　リーブルビル
面積　26万《まん》7668㎢
人口　198万人《まんにん》(2016年《ねん》)
言語　フランス語《ご》(公用語《こうようご》)
通貨　CFA《セーファー》フラン

ドイツ出身《しゅっしん》の医師《いし》・シュバイツァーは、ガボンに病院《びょういん》を建《た》てて医療活動《いりょうかつどう》を行《おこな》い、多《おお》くの人《ひと》の命《いのち》を救《すく》ったのよ

ソマリア

正式名称 ソマリア連邦共和国《れんぽうきょうわこく》
首都 モガディシュ
面積 63万《まん》7657km^2
人口 1400万人《まんにん》（2015年《ねん》）
言語 ソマリ語《ご》（公用語《こうようご》）、アラビア語《ご》（公用語《こうようご》）など
通貨 ソマリア・シリング

ジブチ

正式名称 ジブチ共和国《きょうわこく》
首都 ジブチ
面積 2万《まん》3200km^2
人口 94万《まん》2千人《せんにん》（2016年《ねん》）
言語 アラビア語《ご》（公用語《こうようご》）、フランス語《ご》（公用語《こうようご》）
通貨 ジブチ・フラン

エリトリア

正式名称 エリトリア国《こく》
首都 アスマラ
面積 11万《まん》7600km^2
人口 495万人《まんにん》（2016年《ねん》）
言語 ティグリニャ語《ご》（公用語《こうようご》）、アラビア語《ご》（公用語《こうようご》）、英語《えいご》（公用語《こうようご》）など
通貨 ナクファ

南《みなみ》スーダン

正式名称 南《みなみ》スーダン共和国《きょうわこく》
首都 ジュバ
面積 65万《まん》8841km^2
人口 1223万人《まんにん》（2016年《ねん》）
言語 英語《えいご》（公用語《こうようご》）、アラビア語《ご》、各部族語《かくぶぞくご》
通貨 南《みなみ》スーダン・ポンド

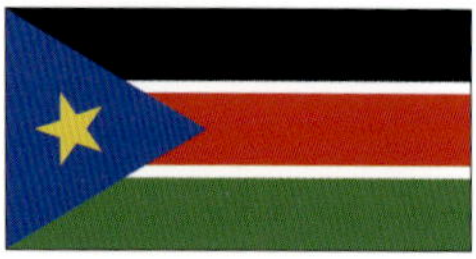

アフリカで54番目《ばんめ》にできた国《くに》

南《みなみ》スーダンは、2011年《ねん》にスーダンの南部《なんぶ》にある10州《しゅう》が独立《どくりつ》してできた国《くに》で、アフリカで54番目《ばんめ》に誕生《たんじょう》した国家《こっか》です。

スーダンと南《みなみ》スーダンのある地域《ちいき》では20年以上《ねんいじょう》も内戦《ないせん》がつづき、南部《なんぶ》では何百万人《なんびゃくまんにん》もの住民《じゅうみん》が殺《ころ》されたり住《す》む場所《ばしょ》をうばわれたりしました。内戦《ないせん》のすえに、独立《どくりつ》の賛成《さんせい》、反対《はんたい》を問《と》う住民投票《じゅうみんとうひょう》が行《おこな》われ、賛成《さんせい》が多数《たすう》であったことから独立《どくりつ》が決定《けってい》しました。

しかし、独立後《どくりつご》も国境《こっきょう》をめぐるスーダンとの紛争《ふんそう》や政党《せいとう》の対立《たいりつ》などがつづき、国《くに》の状況《じょうきょう》は不安定《ふあんてい》です。

ウガンダに逃《のが》れた南《みなみ》スーダンの難民《なんみん》たち。
©UNHCR/Will Swanson

独立後《どくりつご》も混乱《こんらん》がつづき、難民《なんみん》となる人《ひと》たちがたくさんいるよ

ブルンジ

正式名称 ブルンジ共和国《きょうわこく》
首都 ブジュンブラ
面積 2万《まん》7874km^2
人口 1050万人《まんにん》(2014年《ねん》)
言語 フランス語《ご》(公用語《こうようご》)、キルンジ語《ご》(公用語《こうようご》)
通貨 ブルンジ・フラン

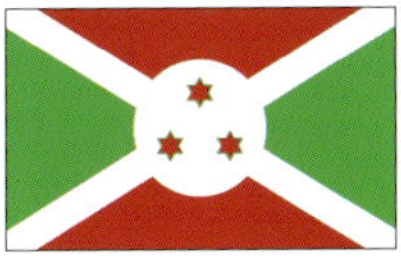

ルワンダ

正式名称 ルワンダ共和国《きょうわこく》
首都 キガリ
面積 2万《まん》6338km^2
人口 1210万人《まんにん》(2014年《ねん》)
言語 キニヤルワンダ語《ご》(公用語《こうようご》)、英語《えいご》(公用語《こうようご》)、フランス語《ご》(公用語《こうようご》)
通貨 ルワンダ・フラン

ウガンダ

正式名称 ウガンダ共和国《きょうわこく》
首都 カンパラ
面積 24万《まん》1550km^2
人口 4149万人《まんにん》(2016年《ねん》)
言語 英語《えいご》(公用語《こうようご》)、スワヒリ語《ご》(公用語《こうようご》)、ルガンダ語《ご》
通貨 ウガンダ・シリング

マラウイ

正式名称 マラウイ共和国《きょうわこく》
首都 リロングウェ
面積 11万《まん》7726km^2
人口 1721万人《まんにん》(2015年《ねん》)
言語 チェワ語《ご》(公用語《こうようご》)、英語《えいご》(公用語《こうようご》)、各民族語《かくみんぞくご》
通貨 マラウイ・クワチャ

ザンビア

正式名称 ザンビア共和国《きょうわこく》
首都 ルサカ
面積 75万《まん》2612km^2
人口 1659万人《まんにん》(2016年《ねん》)
言語 英語《えいご》(公用語《こうようご》)、ベンバ語《ご》、ニャンジャ語《ご》、トンガ語《ご》など
通貨 ザンビア・クワチャ

アンゴラ

正式名称 アンゴラ共和国《きょうわこく》
首都 ルアンダ
面積 124万《まん》6700km^2
人口 2881万人《まんにん》(2016年《ねん》)
言語 ポルトガル語《ご》(公用語《こうようご》)、ウンブンドゥ語など
通貨 クワンザ

ボツワナ

正式名称 ボツワナ共和国《きょうわこく》
首都 ハボローネ
面積 58万《まん》2000km^2
人口 225万人《まんにん》(2016年《ねん》)
言語 ツワナ語《ご》(国語《こくご》)、英語《えいご》(公用語《こうようご》)
通貨 プラ

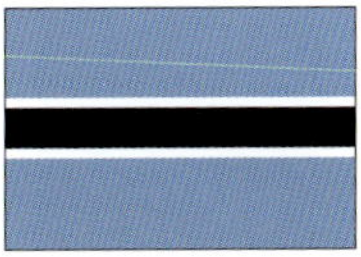

ジンバブエ

正式名称 ジンバブエ共和国《きょうわこく》
首都 ハラレ
面積 39万《まん》757km^2
人口 1560万人《まんにん》(2015年《ねん》)
言語 英語《えいご》(公用語《こうようご》)、ショナ語《ご》、ンデベレ語《ご》
通貨 米《べい》ドル、南《みなみ》アフリカ・ランド

モザンビーク

正式名称 モザンビーク共和国《きょうわこく》
首都 マプト
面積 79万《まん》9380km^2
人口 約《やく》2967万人《まんにん》(2017年《ねん》)
言語 ポルトガル語《ご》(公用語《こうようご》)など
通貨 メティカル

Q72 ペルーの首都《しゅと》は？

エスワティニ

正式名称 エスワティニ王国《おうこく》

首都 ムババーネ

面積 1万《まん》7363㎢

人口 134万人《まんにん》（2016年《ねん》）

言語 英語《えいご》（公用語《こうようご》）、スワジ語《ご》（公用語《こうようご》）

通貨 リランゲーニ

ナミビア

正式名称 ナミビア共和国《きょうわこく》

首都 ウィントフック

面積 82万《まん》4116㎢

人口 247万《まん》9千人《せんにん》（2016年《ねん》）

言語 英語《えいご》（公用語《こうようご》）、アフリカーンス語《ご》、ドイツ語《ご》、その他部族語《たぶぞくご》

通貨 ナミビア・ドル

世界最古《せかいさいこ》の砂漠《さばく》がある国《くに》

ナミビアの大西洋岸《たいせいようがん》に広《ひろ》がるナミブ砂漠《さばく》は、8千万《せんまん》年《ねん》～5千《せん》5百万年前《ひゃくまんねんまえ》にできた世界最古《せかいさいこ》の砂漠《さばく》といわれています。「ナミブ」は先住《せんじゅう》民《みん》の言葉《ことば》で「何《なに》もない土地《とち》」という意味《いみ》ですが、ところどころにダイヤモンドなどの鉱物《こうぶつ》をふくむ場所《ばしょ》があります。

世界《せかい》で最《もっと》も美《うつく》しい砂漠《さばく》ともいわれる。

レソト

正式名称 レソト王国《おうこく》

首都 マセル

面積 3万《まん》355㎢

人口 220万人《まんにん》（2016年《ねん》）

言語 英語《えいご》（公用語《こうようご》）、ソト語《ご》（公用語《こうようご》）

通貨 ロチ

モーリシャス

正式名称 モーリシャス共和国《きょうわこく》

首都 ポートルイス

面積 1979㎢

人口 126万《まん》5千人《せんにん》（2017年《ねん》）

言語 英語《えいご》（公用語《こうようご》）、フランス語《ご》、クレオール語《ご》

通貨 モーリシャス・ルピー

コモロ

正式名称 コモロ連合《れんごう》

首都 モロニ

面積 2235㎢

人口 約《やく》79万《まん》5千人《せんにん》（2016年《ねん》）

言語 フランス語《ご》（公用語《こうようご》）、アラビア語《ご》（公用語《こうようご》）、コモロ語《ご》（公用語《こうようご》）

通貨 コモロ・フラン

セーシェル

正式名称 セーシェル共和国《きょうわこく》

首都 ビクトリア

面積 457㎢

人口 約《やく》9万《まん》4677人《にん》（2016年《ねん》）

言語 英語《えいご》（公用語《こうようご》）、フランス語《ご》（公《こう》用語《ようご》）、クレオール語《ご》（公用語《こうようご》）

通貨 セーシェル・ルピー

アフリカ　おさらいクイズ

アスワンハイダムがあるのはエジプトだったね！

アフリカの国々《くにぐに》のクイズにチャレンジ！
3つの中《なか》から選《えら》んでね！

Q1（自然・地形）
アフリカ大陸《たいりく》で一番面積《いちばんめんせき》が広《ひろ》い国《くに》はどこ？

① ナイジェリア
② アルジェリア
③ 中央《ちゅうおう》アフリカ

Q2（産業）
アスワンハイダムの建設《けんせつ》でできた人工湖《じんこうこ》は？

① ナセル湖《こ》
② ボルタ湖《こ》
③ ビクトリア湖《こ》

Q3（歴史・人物）
アルジェリアにもともと住《す》んでいた民族《みんぞく》は？

① フェニキア人《じん》
② ベルベル人《じん》
③ ローマ人《じん》

Q4（くらし・文化）
モロッコの民族衣装《みんぞくいしょう》はどれ？

① ジャラビア
② ガラビア
③ ジェラバ

Q5（自然・地形）
青《あお》ナイル川《がわ》と白《しろ》ナイル川《がわ》の合流地点《ごうりゅうちてん》がある国《くに》はどこ？

① ナミビア
② スーダン
③ ケニア

Q6（くらし・文化）
アフリカで最初《さいしょ》に義務教育制度《ぎむきょういくせいど》を導入《どうにゅう》した国《くに》は？

① タンザニア
② ケニア
③ ガーナ

答《こた》えは、237ページにのっています。

文化《ぶんか》が入《い》り混《ま》じる南北《なんぼく》アメリカの国々《くにぐに》

南《みなみ》アメリカのブラジルはカーニバルが有名《ゆうめい》だよね
リオのカーニバル
北《きた》アメリカのメキシコには、古代文明《こだいぶんめい》の遺跡《いせき》が残《のこ》っているわ
マヤ文明《ぶんめい》
同《おな》じ北《きた》アメリカでも、アメリカ合衆国《がっしゅうこく》といえばビル群《ぐん》かな
南《みなみ》も北《きた》も、アメリカ大陸《たいりく》にはいろいろな民族《みんぞく》の人《ひと》がいるわ！
17世紀以降《せいきいこう》、アメリカ大陸《たいりく》にはヨーロッパから多《おお》くの人《ひと》がやってきたの
もともと住《す》んでいた人《ひと》たちの文明《ぶんめい》はほろぼされたり追《お》い出《だ》されたりしたこともあったわ
今《いま》ではアメリカ大陸《たいりく》はいろんな人種《じんしゅ》の人々《ひとびと》が暮《く》らす、文化《ぶんか》が入《い》り混《ま》じった地域《ちいき》になっているの
どこの国《くに》の影響《えいきょう》を受《う》けているか、見《み》てみてね！

南北《なんぼく》アメリカの国々《くにぐに》

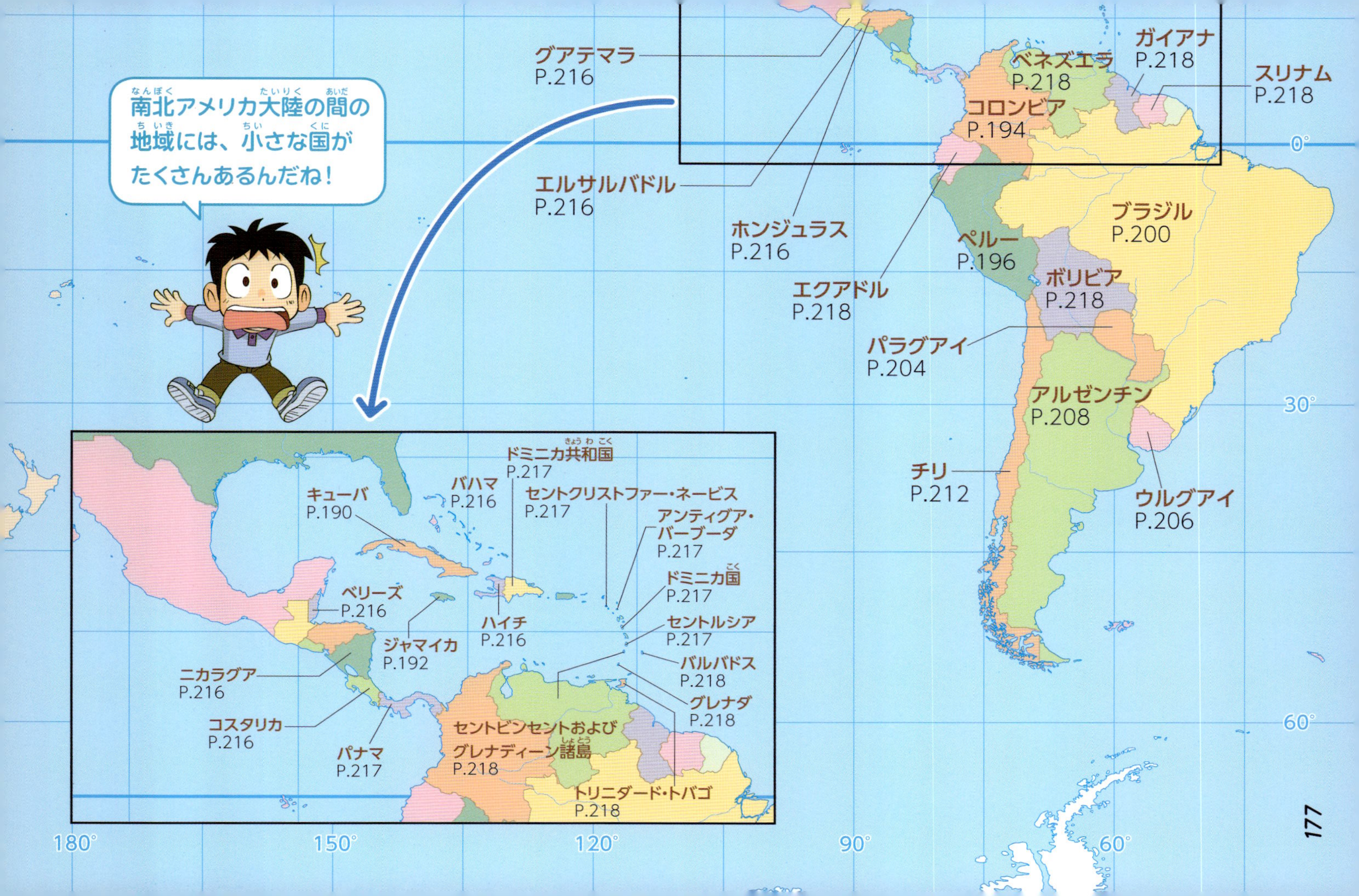
南北《なんぼく》アメリカ大陸《たいりく》の間《あいだ》の地域《ちいき》には、小《ちい》さな国《くに》がたくさんあるんだね！
グアテマラ P.216
エルサルバドル P.216
ホンジュラス P.216
エクアドル P.218
ベネズエラ P.218
ガイアナ P.218
スリナム P.218
コロンビア P.194
ブラジル P.200
ペルー P.196
ボリビア P.218
パラグアイ P.204
アルゼンチン P.208
チリ P.212
ウルグアイ P.206
キューバ P.190
バハマ P.216
ドミニカ共和国《きょうわこく》 P.217
セントクリストファー・ネービス P.217
アンティグア・バーブーダ P.217
ドミニカ国《こく》 P.217
セントルシア P.217
バルバドス P.218
グレナダ P.218
ベリーズ P.216
ジャマイカ P.192
ハイチ P.216
ニカラグア P.216
コスタリカ P.216
パナマ P.217
セントビンセントおよびグレナディーン諸島《しょとう》 P.218
トリニダード・トバゴ P.218
180°
150°
120°
90°
60°
0°
30°
60°

さまざまな民族《みんぞく》が暮《く》らす大国《たいこく》

アメリカ合衆国《がっしゅうこく》

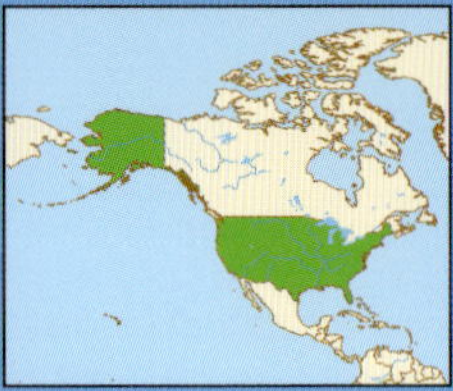

正式名称《せいしきめいしょう》 アメリカ合衆国《がっしゅうこく》

首《しゅ》都《と》 ワシントンD.C.《ディー シー》

くらし・文化

ワシントンD.C.《ディー シー》

どの州《しゅう》にも属《ぞく》さないワシントン・コロンビア特別区《とくべつく》。国会議事堂《こっかいぎじどう》やホワイトハウスなどがある。

自然・地形

世《せ》界《かい》第《だい》3位《い》の面《めん》積《せき》

北《きた》アメリカ大陸《たいりく》の太平洋岸《たいへいようがん》から大《たい》西洋岸《せいようがん》にかけて広《ひろ》がる国《くに》です。本土《ほんど》以外《いがい》に北《きた》アメリカ大陸《たいりく》の北端《ほくたん》にアラスカ州《しゅう》、太平洋上《たいへいようじょう》にハワイ州《しゅう》をもち、世界第《せかいだい》3位《い》の大《おお》きさです。

東海岸《ひがしかいがん》から南西部《なんせいぶ》にかけては平野《へいや》が広《ひろ》がります。東海岸《ひがしかいがん》の平野部《へいやぶ》の西《にし》にはアパラチア山脈《さんみゃく》があります。中《ちゅう》央部《おうぶ》には平原《へいげん》、穀倉地帯《こくそうちたい》が広《ひろ》がり、その西《にし》にはロッキー山脈《さんみゃく》が連《つら》なっています。

国土《こくど》が広《ひろ》いため、気候《きこう》は地域《ちいき》によってかなりの差《さ》があります。東部《とうぶ》は温暖《おんだん》で雨《あめ》が多《おお》い温暖湿潤気候《おんだんしつじゅんきこう》と冷《れい》帯気候《たいきこう》に南北《なんぼく》で分《わ》かれます。西部《せいぶ》の山岳地帯《さんがくちたい》は高山気候《こうざんきこう》で、太平洋沿岸《たいへいようえんがん》は西岸海洋性気候《せいがんかいようせいきこう》です。内陸部《ないりくぶ》には、乾燥《かんそう》したステップ気候《きこう》や砂漠地帯《さばくちたい》が広《ひろ》がっています。

産業

ハワイ

ハワイ島《とう》やオアフ島《とう》など100以上《いじょう》の島《しま》からなる州《しゅう》。観光業《かんこうぎょう》がさかんで、日本《にほん》からの観光客《かんこうきゃく》が多《おお》い。

くらし・文化

ホワイトハウス

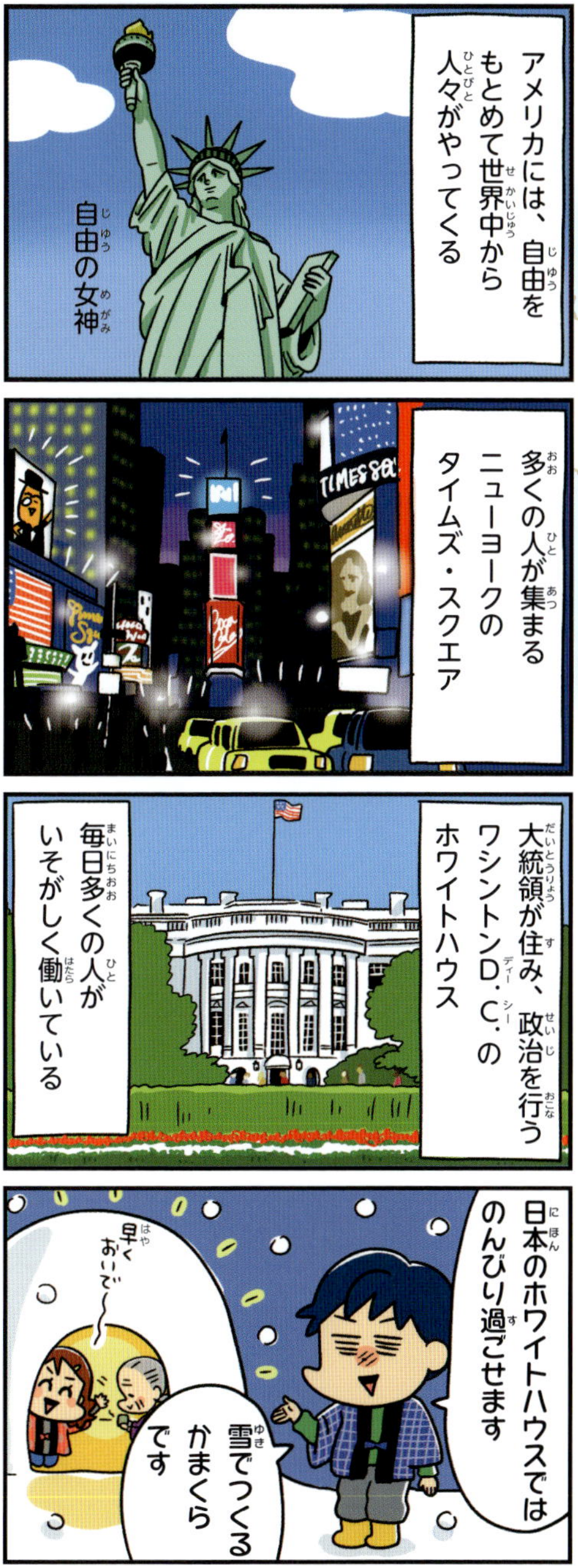
アメリカには、自由《じゆう》を
もとめて世界中《せかいじゅう》から
人々《ひとびと》がやってくる
自由《じゆう》の女神《めがみ》
多《おお》くの人《ひと》が集《あつ》まる
ニューヨークの
タイムズ・スクエア
大統領《だいとうりょう》が住《す》み、政治《せいじ》を行《おこな》う
ワシントンD《ディー》.C《シー》.の
ホワイトハウス
毎日《まいにち》多《おお》くの人《ひと》が
いそがしく働《はたら》いている
日本《にほん》のホワイトハウスでは
のんびり過《す》ごせます
早《はや》く
おいで〜
雪《ゆき》でつくる
かまくら
です

自然・地形

アラスカ山脈《さんみゃく》

アラスカ州《しゅう》の南《みなみ》にある山脈《さんみゃく》。国内最高峰《こくないさいこうほう》のデナリ山《さん》（マッキンリー山《さん》・6191m）がある。

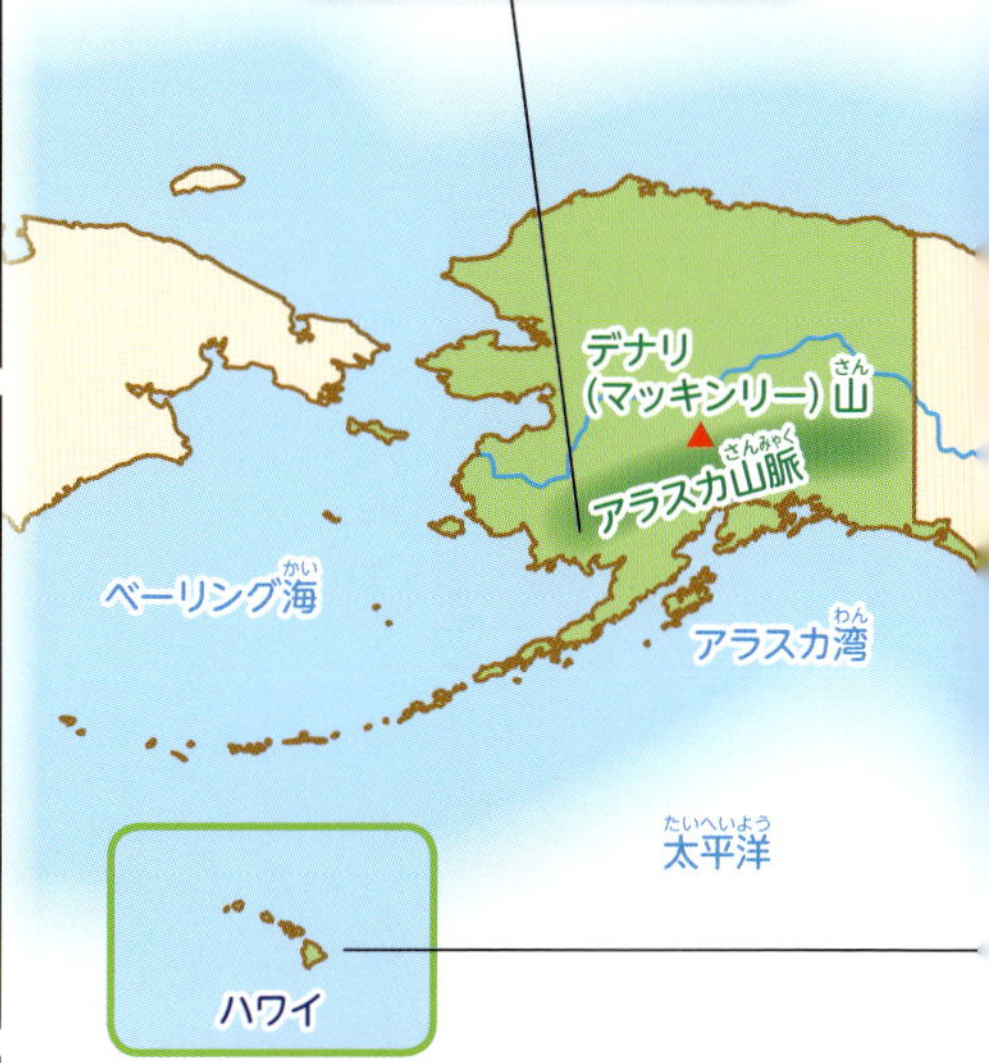
デナリ
(マッキンリー)山《さん》
アラスカ山脈《さんみゃく》
ベーリング海《かい》
アラスカ湾《わん》
太平洋《たいへいよう》
ハワイ

基本《きほん》データ

面積《めんせき》	983万《まん》3517㎢
人口《じんこう》	3億《おく》875万人《まんにん》（2010年《ねん》）
おもな言語《げんご》	英語《えいご》など
通貨《つうか》	米《べい》ドル*

*アメリカ合衆国《がっしゅうこく》ドル

国旗《こっき》の由来《ゆらい》

「星条旗《せいじょうき》」とよばれる旗《はた》。赤《あか》と白《しろ》の13本《ぼん》の線《せん》は独立時《どくりつじ》の州《しゅう》の数《かず》を表《あらわ》し、50個《こ》の星《ほし》は現在《げんざい》の州《しゅう》の数《かず》を意味《み》する。

Q74 マーライオンがシンボルの国《くに》といえば？

イギリスからの独立《どくりつ》

ネイティブアメリカンとよばれる先住民《せんじゅうみん》がいましたが、15世紀《せいき》ごろからスペインなどが進出《しんしゅつ》してきます。植民地《しょくみんち》を築《きず》き、先住民《せんじゅうみん》やアフリカの人々《ひとびと》を奴隷《どれい》として働《はたら》かせました。17～18世紀《せいき》には、イギリスが今《いま》の国土《こくど》の東半分《ひがしはんぶん》を支配《しはい》しました。

しかし、1775年《ねん》に植民地《しょくみんち》の人々《ひとびと》がイギリスを相手《あいて》に独立戦争《どくりつせんそう》を起《お》こします。その後《ご》、独立宣言《どくりつせんげん》をして、アメリカ合衆国《がっしゅうこく》となりました。

さらに1861年《ねん》、奴隷解放《どれいかいほう》をめぐり北部《ほくぶ》と南部《なんぶ》が対立《たいりつ》し、南北戦争《なんぼくせんそう》が起《お》こりました。リンカン大統領《だいとうりょう》による独立解放宣言《どくりつかいほうせんげん》の後《のち》、北部《ほくぶ》が勝《か》ち、奴隷《どれい》が解放《かいほう》されました。

奴隷解放後《どれいかいほうご》も
人種差別《じんしゅさべつ》はつづいたよ

世界《せかい》に影響力《えいきょうりょく》をもつ

南北戦争後《なんぼくせんそうご》は、工業化《こうぎょうか》が進《すす》み、しだいに経済力《けいざいりょく》をつけました。20世紀《せいき》に入《はい》ると、第一次世界大戦《だいいちじせかいたいせん》では連合国《れんごうこく》への物資《ぶっし》の供給《きょうきゅう》により大《おお》きな利益《りえき》を得《え》ます。第二次世界大戦《だいにじせかいたいせん》では連合国軍《れんごうこくぐん》としてドイツと日本《にほん》に勝利《しょうり》し、世界《せかい》で大《おお》きな影響力《えいきょうりょく》をもちます。

戦後《せんご》、アメリカ合衆国《がっしゅうこく》を中心《ちゅうしん》とした自由主義国《じゆうしゅぎこく》と、ソ連《れん》（今《いま》のロシア）を中心《ちゅうしん》とした社会主義国《しゃかいしゅぎこく》の対立《たいりつ》が激《はげ》しくなり、冷戦《れいせん》とよばれる状態《じょうたい》がつづきます。ソ連《れん》の解体《かいたい》で冷戦《れいせん》は終《お》わりましたが、その後《ご》、アメリカ合衆国《がっしゅうこく》は政治《せいじ》、経済《けいざい》だけでなく、軍事面《ぐんじめん》でも、世界《せかい》で最《もっと》も影響力《えいきょうりょく》をもつ国《くに》になりました。

朝鮮戦争《ちょうせんせんそう》や
ベトナム戦争《せんそう》にも
かかわったよ

大規模《だいきぼ》な農場《のうじょう》で栽培《さいばい》

アメリカ合衆国《がっしゅうこく》は、国土《こくど》の約《やく》40%が農地《のうち》として利用《りよう》されている農業大国《のうぎょうたいこく》です。とうもろこしや大豆《だいず》、小麦《こむぎ》などが大規模《だいきぼ》な農場《のうじょう》で栽培《さいばい》されています。牧畜《ぼくちく》もさかんで、牛肉《ぎゅうにく》や鶏肉《とりにく》を生産《せいさん》しています。

かつては自動車産業《じどうしゃさんぎょう》や鉄鋼業《てっこうぎょう》などの重工業《じゅうこうぎょう》が工業《こうぎょう》の中心《ちゅうしん》でしたが、戦後《せんご》、精密機械工業《せいみつきかいこうぎょう》や航空宇宙産業《こうくううちゅうさんぎょう》などの新《あたら》しい産業《さんぎょう》が成長《せいちょう》しました。

ＩＴ《アイティー》関連企業《かんれんきぎょう》や半導体工場《はんどうたいこうじょう》が集《あつ》まる、カリフォルニア州《しゅう》のシリコンバレー。さまざまな先端的産業《せんたんてきさんぎょう》に力《ちから》を入《い》れている。

くらし・文化

多民族国家《たみんぞくこっか》

アメリカ合衆国《がっしゅうこく》は、多《おお》くの人種《じんしゅ》や民族《みんぞく》が住《す》む「多民族国家《たみんぞくこっか》」です。ドイツ系《けい》、イタリア系《けい》などの白人《はくじん》が7割《わり》ほどで、ほかにアフリカ系《けい》とアジア系《けい》の人々《ひとびと》、ネイティブアメリカンなどがいます。

おもに英語《えいご》が使《つか》われていますが、ヒスパニックとよばれる移民《いみん》はスペイン語《ご》を話《はな》します。宗教《しゅうきょう》は、約《やく》7割《わり》がキリスト教徒《きょうと》です。また、50の州《しゅう》ごとに法律《ほうりつ》があり、地域《ちいき》によって大《おお》きくちがいます。

多民族《たみんぞく》の文化《ぶんか》が共存《きょうぞん》していることから「人種《じんしゅ》のサラダボウル」とよばれるんだって

くらし・文化

スポーツ好《ず》きなアメリカ人《じん》

アメリカ人《じん》は、大《だい》のスポーツ好《ず》きです。自分《じぶん》たちでプレーするだけでなく、観戦《かんせん》や応援《おうえん》も楽《たの》しみます。

バスケットボールとアイスホッケー、野球《やきゅう》、アメリカンフットボールのプロリーグは、四大《よんだい》プロスポーツとよばれ、たいへんな人気《にんき》です。なかでも野球《やきゅう》とアメリカンフットボールは、アメリカ生《う》まれのスポーツです。

プロ野球《やきゅう》チーム、ロサンゼルス・エンゼルスのスタジアム。

もっと知りたい

映画《えいが》や演劇《えんげき》がさかん

アメリカは、映画《えいが》や演劇《えんげき》などのエンターテインメントもさかんです。映画《えいが》の興行収入《こうぎょうしゅうにゅう》は世界第《せかいだい》1位《い》で、西海岸《にしかいがん》のロサンゼルスにあるハリウッドは、世界《せかい》の映画産業《えいがさんぎょう》の中心地《ちゅうしんち》です。ニューヨーク州《しゅう》のブロードウェイ周辺《しゅうへん》には、多《おお》くの映画館《えいがかん》や劇場《げきじょう》が集《あつ》まります。さらに、テーマパークも世界的《せかいてき》に人気《にんき》です。

映画《えいが》の都《みやこ》として知《し》られるハリウッド。

世界《せかい》の国《くに》クイズ　Q75 マダガスカルの首都《しゅと》は？

サトウカエデが国のシンボル
カナダ

正式名称 カナダ　　首都 オタワ

ロッキー山脈
北アメリカ大陸西部の南北に連なる山脈。国立公園が多い。

プリンスエドワード島
カナダ東部にある島。モンゴメリーの小説『赤毛のアン』の舞台として知られている。

豊かな自然が残っているね

世界で2番目に大きな国

北アメリカ大陸の北半分をしめる、世界で2番目に大きな国です。東は大西洋、西は太平洋、北は北極海に面しています。

国土の西には険しいロッキー山脈がそびえ、東には巨大なハドソン湾があります。ハドソン湾の周辺には低地が広がっており、氷河によってできた多くの氷河湖が見られます。低地を取り囲むように台地が広がっています。

国土の約半分を森林がしめていて、湖や河川も多く、緑と水に恵まれています。

国土のほとんどが冷帯気候で、北部はさらに寒さが厳しいツンドラ気候です。太平洋岸は、暖流の影響で、比較的暖かい気候です。

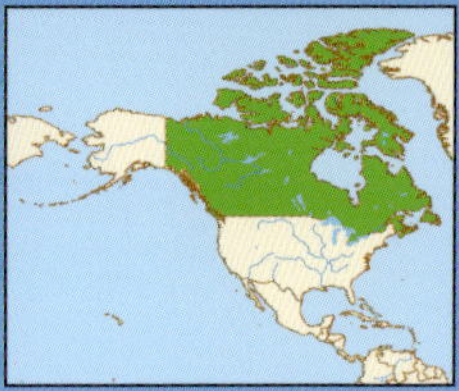

くらし・文化　メープルシロップ

メープルシロップの生産量《せいさんりょう》世界一《せかいいち》はカナダ
サトウカエデの樹液《じゅえき》を煮《に》つめてつくっているよ
サトウカエデはカナダを象徴《しょうちょう》するものとして、
国旗《こっき》や金貨《きんか》に使《つか》われているの
CANADA
へー!
お父《とう》さんにもカエデのマーク!
カナダ帰《がえ》り?
ちがうよ! これは……
この子《こ》のいたずらだよ……

基本《きほん》データ

面《めん》積《せき》	約《やく》998万《まん》4670㎢
人《じん》口《こう》	約《やく》3515万人《まんにん》(2016年《ねん》)
おもな言語《げんご》	英語《えいご》(公用語《こうようご》)、フランス語《ご》(公用語《こうようご》)など
通《つう》貨《か》	カナダ・ドル

国旗《こっき》の由来《ゆらい》

赤《あか》は太平洋《たいへいよう》と大西洋《たいせいよう》を表《あらわ》し、この国《くに》の位置《いち》を示《しめ》す。中央《ちゅうおう》に、18世紀《せいき》からの国《くに》のシンボル、サトウカエデの葉《は》をえがいている。

自然・地形　ナイアガラの滝《たき》

世界三大滝《せかいさんだいたき》の1つ。アメリカ合衆国《がっしゅうこく》との国境《こっきょう》にある。落差《らくさ》54m、幅《はば》670m。カナダは水《みず》が豊富《ほうふ》な国《くに》でもある。

イギリスからの独立《どくりつ》

歴史・人物

もともと、イヌイットなどのネイティブピープルが住《す》んでいた土地《とち》です。17世紀《せいき》の初《はじ》めにフランス人《じん》が定《てい》住《じゅう》するようになって以来《いらい》、イギリスとフランスを中心《ちゅうしん》とする国々《くにぐに》によって次々《つぎつぎ》と植民地《しょくみんち》が築《きず》かれ、しばしば戦場《せんじょう》となりました。

1867年《ねん》にイギリスの自治領《じちりょう》となり、第一次世界大戦《だいいちじせかいたいせん》ではイギリスに協力《きょうりょく》して参戦《さんせん》しました。1931年《ねん》にイギリス連邦《れんぽう》の一員《いちいん》として独立《どくりつ》しました。さらに第二次世界大戦後《だいにじせかいたいせんご》の1949年《ねん》には、国名《こくめい》をカナダに改《あらた》めます。1982年《ねん》には法律《ほうりつ》の改《かい》正《せい》によって、主権《しゅけん》をもつ完全《かんぜん》な独立《どくりつ》国《こく》となりました。

長《なが》い年月《ねんげつ》をかけて、段階的《だんかいてき》に独立《どくりつ》したね

地下資源《ちかしげん》が豊富《ほうふ》

産業

自動車産業《じどうしゃさんぎょう》などの製造業《せいぞうぎょう》がさかんです。また、銅《どう》やウランなどの地下《ちか》資源《しげん》も豊富《ほうふ》で、カナダ西部《せいぶ》ではオイルサンドという石油資源《せきゆしげん》が産出《さんしゅつ》されます。世界有数《せかいゆうすう》の水力発電国《すいりょくはつでんこく》でもあり、電力《でんりょく》も輸出《ゆしゅつ》しています。

漁業《ぎょぎょう》がさかん

産業

農業《のうぎょう》では、小麦《こむぎ》や大麦《おおむぎ》などが世界《せかい》有数《ゆうすう》の生産量《せいさんりょう》です。漁業《ぎょぎょう》もさかんで、サケやニシンなどが水揚《みずあ》げされています。近年《きんねん》は、サケやムール貝《がい》などの養殖《ようしょく》も、行《おこな》われています。

カナダ東部《とうぶ》のノバスコシア州《しゅう》の漁船《ぎょせん》。

さまざまな移民《いみん》の文化《ぶんか》

くらし・文化

カナダは多民族国家《たみんぞくこっか》で、フランス系《けい》とイギリス系《けい》の人々《ひとびと》が多《おお》く住《す》んでいます。ほかにも、200を超《こ》える民族《みんぞく》が暮《く》らしているといわれます。フランス系住民《けいじゅうみん》の多《おお》い東部《とうぶ》のケベック州《しゅう》では、カナダからの独立分離《どくりつぶんり》をめざす運動《うんどう》も起《お》こっています。

公用語《こうようご》は英語《えいご》とフランス語《ご》ですが、他《ほか》の言語《げんご》も使《つか》われています。人口《じんこう》の6割以上《わりいじょう》が、キリスト教徒《きょうと》です。無宗教《むしゅうきょう》の人《ひと》もいます。

さまざまな民族《みんぞく》が入《い》り混《ま》じっていることから「モザイク国家《こっか》」ともよばれているんだって

南北アメリカ　カナダ

くらし・文化 サトウカエデの恵み

カナダの伝統的な食文化に、メープルシロップがあります。メープルシロップは、サトウカエデのあまい樹液を煮つめた食品です。カナダ南東部を中心とするサトウカエデの原生林でつくられています。
メープルシロップは、雪で冷やしかためて食べるほか、砂糖の代わりにさまざまな料理に使われます。日本へも多く輸出されています。

サトウカエデのみきに穴を開け、流れ出る樹液を集める。現在は、チューブで集める方法もある。

もっと知りたい　世界有数の恐竜王国？

カナダ西部のアルバータ州には、恐竜がいた時代の地層が広がっている地域があります。この地域は、非常に状態のいい恐竜の化石が数多く見つかることで知られており、現在までに約40種の新種の恐竜が発見されています。
発見された化石の多くは地元の博物館だけでなく、世界中の博物館に運ばれ、展示されています。
化石がふくまれる地層を保護するため、1955年にはこの地域一帯が州立恐竜公園に指定されました。そして、1979年にはユネスコの世界遺産にも登録されました。

およそ7千万年前の地層なんだって！

アルバータ州立恐竜公園。化石のふくまれる地層を保護するために指定された。

185　世界の国クイズ　Q77　南アフリカ共和国の首都は？

先住民《せんじゅうみん》の文化《ぶんか》とスペイン文化《ぶんか》が混《ま》ざり合《あ》った

メキシコ

正式名称《せいしきめいしょう》 メキシコ合衆国《がっしゅうこく》

首《しゅ》 都《と》 メキシコシティ

コロラド川《がわ》
アメリカ合衆国《がっしゅうこく》
リオグランデ川《がわ》
西《にし》シエラマドレ山脈《さんみゃく》
カリフォルニア半島《はんとう》
カリフォルニア湾《わん》
太平洋《たいへいよう》
キューバ
メキシコ湾《わん》
メキシコ
メキシコシティ
オリサバ山《さん》
テオティワカン遺跡《いせき》
ユカタン半島《はんとう》
カリブ海《かい》
ベリーズ
グアテマラ
ホンジュラス
ニカラグア
エルサルバドル
コスタリカ

自然・地形

カリフォルニア半島《はんとう》

メキシコ北西部《ほくせいぶ》の半島《はんとう》で、南東《なんとう》に細長《ほそなが》くのびている。長《なが》さは1200km。乾燥《かんそう》に強《つよ》い植物《しょくぶつ》であるサボテンが自生《じせい》する。

歴史・人物

ユカタン半島《はんとう》

メキシコ湾《わん》とカリブ海《かい》にはさまれた半島《はんとう》。マヤ文《ぶん》明《めい》の遺跡《いせき》が多《おお》く残《のこ》る。

自然・地形

5千《せん》m級《きゅう》の山《やま》が連《つら》なる

メキシコは北《きた》アメリカ大陸《たいりく》の南《みなみ》にあり、西側《にしがわ》は太平洋《たいへいよう》、東側《ひがしがわ》はメキシコ湾《わん》とカリブ海《かい》に面《めん》しています。面《めん》積《せき》は日本《にほん》の約《やく》5倍《ばい》です。

国土《こくど》の内陸部分《ないりくぶぶん》は多《おお》くが高原《こうげん》となっています。標高《ひょうこう》5千《せん》mを超《こ》える山《やま》も数多《かずおお》くあり、国内最高峰《こくないさいこうほう》は、メキシコシティの東部《とうぶ》にある標高《ひょうこう》5675mのオリサバ山《さん》です。山地《さんち》と砂《さ》漠《ばく》が国土《こくど》の70%をしめています。

北部《ほくぶ》と西部《せいぶ》は乾燥《かんそう》した気候《きこう》で、ほとんどが砂漠地帯《さばくちたい》です。中部《ちゅうぶ》から南《なん》部《ぶ》の海岸《かいがん》は熱帯気候《ねったいきこう》となっています。また、首都《しゅと》のメキシコシティなどがある高地《こうち》は、気温《きおん》が低《ひく》い高山気《こうざんき》候《こう》です。

首都《しゅと》のメキシコシティは、標高《ひょうこう》2260mの高原《こうげん》にあるんだって！

くらし・文化

サボテン

メキシコの植物《しょくぶつ》といえばサボテン
ハシラサボテン
ウチワサボテンは食用《しょくよう》としても有名《ゆうめい》
ウマ〜イ
2m以上《いじょう》になることも!
大《おお》きい!!
ウチワサボテンほど大《おお》きくないけど、
これもサボテン
サボテンじゃない!
えっ
サボテンだよね?
ちゃんとはたらけ!
サボッてんじゃない!!
スミマセン
そういうことか

歴史・人物

テオティワカン遺跡《いせき》

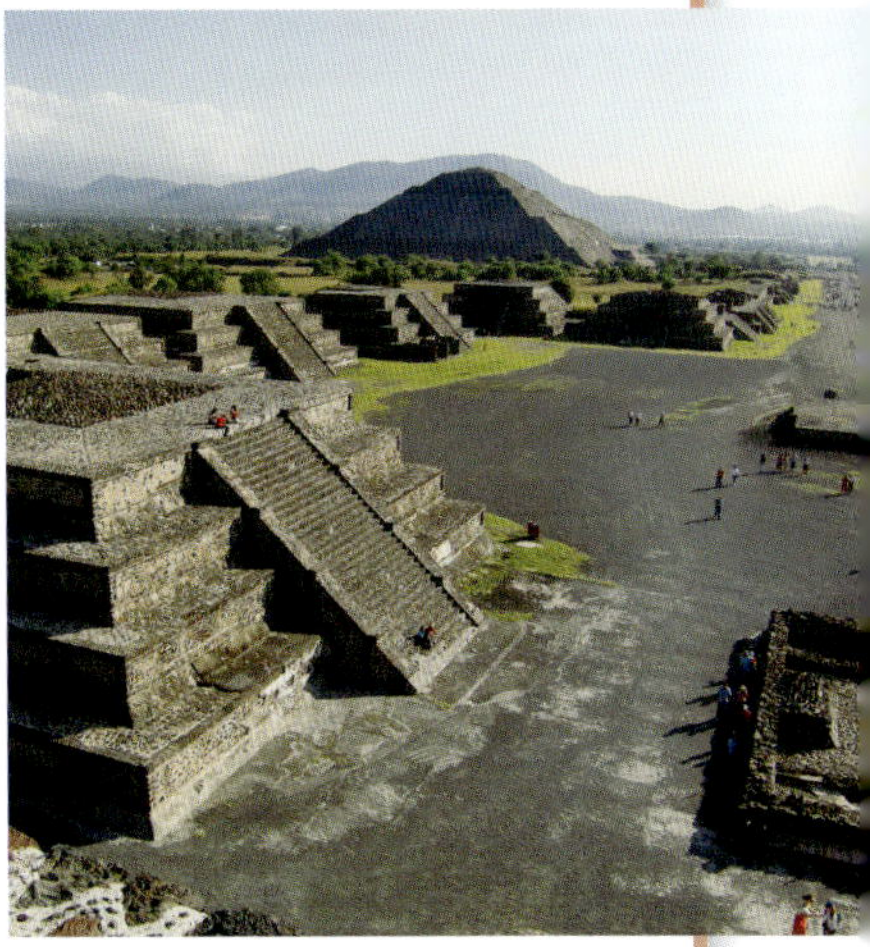

メキシコシティの北東約《ほくとうやく》50kmにある都《と》市遺跡《しいせき》。テオティワカン文明《ぶんめい》は、紀元前《きげんぜん》2世紀《せいき》から7世紀半《せいきなか》ばまでメキシコ高原《こうげん》で栄《さか》えた。写真《しゃしん》は、月《つき》のピラミッドからのながめ。

基本《きほん》データ

面積《めんせき》	196万《まん》4375㎢
人口《じんこう》	約《やく》1億《おく》2920万人《まんにん》(2017年《ねん》)
おもな言語《げんご》	スペイン語《ご》(公用語《こうようご》)など
通貨《つうか》	ペソ

国旗《こっき》の由来《ゆらい》

緑《みどり》は希望《きぼう》、白《しろ》は統一《とういつ》、赤《あか》は独立戦《どくりつせん》争《そう》で流《なが》れた血《ち》を表《あらわ》す。中央《ちゅうおう》の絵《え》は国章《こくしょう》で、アステカの神話《しんわ》に由来《ゆらい》している。

歴史・人物 いくつもの古代文明《こだいぶんめい》

紀元前《きげんぜん》から、先住民《せんじゅうみん》によりオルメカ文明《ぶんめい》、マヤ文明《ぶんめい》、テオティワカン文明《ぶんめい》などが生《う》まれました。15〜16世紀《せいき》には、アステカ帝国《ていこく》が栄《さか》えました。

しかし、1521年《ねん》からはスペインに支配《しはい》されます。1821年《ねん》に独立《どくりつ》しましたが、1845年《ねん》にアメリカ合衆国《がっしゅうこく》との戦争《せんそう》に敗《やぶ》れ、当時《とうじ》の国土《こくど》の半分以上《はんぶんいじょう》を失《うしな》います。

1910年《ねん》には、独裁政治《どくさいせいじ》に反発《はんぱつ》した農民《のうみん》などによるメキシコ革命《かくめい》が起《お》こりました。1917年《ねん》には、民主的《みんしゅてき》な憲法《けんぽう》がつくられました。

アメリカ合衆国《がっしゅうこく》の
テキサス州《しゅう》と
カリフォルニア州《しゅう》は、
もとはメキシコの
領土《りょうど》だったよ

産業 豊富《ほうふ》な地下資源《ちかしげん》

メキシコは、地下資源《ちかしげん》に恵《めぐ》まれた国《くに》です。世界有数《せかいゆうすう》の埋蔵量《まいぞうりょう》をほこる銀《ぎん》、銅《どう》のほか、鉛《なまり》や亜鉛《あえん》、石油《せきゆ》など、さまざまな地下資源《ちかしげん》が産出《さんしゅつ》しています。近年《きんねん》では、メキシコ湾《わん》の新《しん》エネルギー資源《しげん》（シェールガスなど）の埋蔵《まいぞう》が確認《かくにん》されています。

そのほかにも、外国《がいこく》のコンピューターメーカーや自動車《じどうしゃ》メーカーなどの工場《こうじょう》があり、これらの製品《せいひん》は重要《じゅうよう》な輸出品《ゆしゅつひん》となっています。

メキシコ湾《わん》の沖合《おきあい》にある海洋石油掘削装置《かいようせきゆくっさくそうち》。

くらし・文化 先住民《せんじゅうみん》とスペインの文化《ぶんか》

住民《じゅうみん》の約《やく》6割《わり》が、先住民《せんじゅうみん》とスペイン系民族《けいみんぞく》などの混血《こんけつ》の人々《ひとびと》です。次《つぎ》に多《おお》いのが先住民《せんじゅうみん》の約《やく》3割《わり》で、残《のこ》りはスペイン系《けい》の人々《ひとびと》などです。先住《せんじゅう》民《みん》は、さらに60以上《いじょう》の民族《みんぞく》に分《わ》かれます。公用語《こうようご》はスペイン語《ご》ですが、それぞれの民族《みんぞく》の言語《げんご》も使《つか》います。

国民《こくみん》の約《やく》9割《わり》がキリスト教《きょう》です。死者《ししゃ》の日《ひ》にがい骨《こつ》をかざる風習《ふうしゅう》など、先住民《せんじゅうみん》の古代信仰《こだいしんこう》とキリスト教《きょう》が混《ま》ざった行事《ぎょうじ》もあります。

先住民《せんじゅうみん》の文化《ぶんか》とスペインからの文《ぶん》化《か》が1つになり、独特《どくとく》のメキシコ文《ぶん》化《か》が生《う》まれています。

先住民《せんじゅうみん》は
インディオと
よばれているよ

南北アメリカ　メキシコ

サボテンを食用に栽培

メキシコ料理には、メキシコ周辺が原産のとうもろこしやいんげん豆、とうがらしなどを用います。主食は、とうもろこしの粉を原料にしたトルティーヤです。トルティーヤにサルサという辛いソースをつけ、肉や野菜をつつんで食べるタコスが代表的な料理です。

北部の乾燥地域では、さまざまなサボテンが自生していますが、なかでもウチワサボテンを食用に栽培しています。

メキシコ料理のタコス。

もっと知りたい　遺跡の宝庫メキシコシティ

首都のメキシコシティは、かつてはテスココ湖とよばれる湖が広がり、アステカ帝国の首都テノチティトランがあった場所です。アステカの人々は、神のお告げにしたがって、湖の中央部を埋め立て、20万〜30万人が暮らしたといわれる巨大な都市を築きました。

スペイン人は、アステカ帝国をほろぼしたのち、テノチティトランをこわして湖を埋め立て、メキシコシティをつくりました。そのため、メキシコシティの地下からは、アステカ帝国時代のさまざまな遺跡が発掘されています。大統領官邸のすぐ近くから発掘された中央神殿などがとくに有名です。

この一帯は、1987年にユネスコの世界遺産に登録されています。

となりにある博物館には、出土品が展示されているよ

メキシコシティの中心部にあるアステカ帝国の中央神殿跡。

189　世界の国クイズ　Q79 モンゴルの首都は？

革命《かくめい》を起《お》こし、社会主義国家《しゃかいしゅぎこっか》になった

キューバ

キューバ

正式名称《せいしきめいしょう》 キューバ共和国《きょうわこく》

首《しゅ》 都《と》 ハバナ

基本《きほん》データ

面《めん》 積《せき》 10万《まん》9884㎢

人《じん》 口《こう》 約《やく》1147万人《まんにん》（2016年《ねん》）

おもな言語《げんご》 スペイン語《ご》（公用語《こうようご》）

通《つう》 貨《か》 キューバ・ペソ、兌換《だかん》ペソ

国旗《こっき》の由来《ゆらい》

青《あお》い線《せん》はスペイン統治《とうち》下の3つの地区《ちく》、白《しろ》い線《せん》は純粋《じゅんすい》な愛国心《あいこくしん》を表《あらわ》し、赤《あか》い三角形《さんかくけい》は国力《こくりょく》、白《しろ》い星《ほし》は独立《どくりつ》を示《しめ》す。

自然・地形 カリブ海《かい》に浮《う》かぶ島国《しまぐに》

カリブ海《かい》の島《しま》のなかで最《もっと》も広《ひろ》いキューバ島《とう》と、その周辺《しゅうへん》の島《しま》からなる国《くに》です。キューバ島《とう》は東西《とうざい》に細長《ほそなが》く、サンゴ礁《しょう》の海域《かいいき》に囲《かこ》まれています。国土《こくど》の大半《たいはん》は平《たい》らな地形《ちけい》ですが、南東部《なんとうぶ》には標高《ひょうこう》1994mのトゥルキーノ山《さん》があり、その周辺《しゅうへん》には山岳《さんがく》地帯《ちたい》が広《ひろ》がっています。

熱帯気候《ねったいきこう》ですが、貿易風《ぼうえきふう》の影響《えいきょう》で暑《あつ》さをしのぎやすい気候《きこう》です。

アメリカ合衆国《がっしゅうこく》
フロリダ海峡《かいきょう》
バハマ
ハバナ
キューバ島《とう》
キューバ
トゥルキーノ山《さん》
カリブ海《かい》
ジャマイカ
ハイチ

歴史・人物 キューバ革命《かくめい》を起《お》こした

かつては先住民《せんじゅうみん》が住《す》んでいましたが、スペインによる植民地支配《しょくみんちしはい》が進《すす》み、アフリカから奴隷《どれい》として連《つ》れてこられた人々《ひとびと》の移住地《いじゅうち》となりました。

1898年《ねん》の米西戦争《べいせいせんそう》でスペインが敗《やぶ》れると、アメリカの保護国《ほごこく》として独立《どくりつ》します。しかし、アメリカが経済《けいざい》を独占《どくせん》したために反政府運動《はんせいふうんどう》が起《お》こり、自由《じゆう》をもとめる革命《かくめい》（キューバ革命《かくめい》）のあと、社会主義国家《しゃかいしゅぎこっか》となりました。その後《ご》は、アメリカとの対立《たいりつ》が深《ふか》まり、ソ連《れん》（今《いま》のロシア）との結《むす》びつきを強《つよ》めますが、ソ連解体《れんかいたい》後《ご》は、アメリカとの関係改善《かんけいかいぜん》も進《すす》んでいます。

カリブ海諸国《かいしょこく》で社会主義《しゃかいしゅぎ》の国《くに》はキューバだけよ

くらし・文化　アメリカン・クラシックカー

キューバを走《はし》る車《くるま》の多《おお》くは50年《ねん》くらい前《まえ》のアメリカのクラシックカー
アメリカ人《じん》が乗《の》っていた車《くるま》を修理《しゅうり》しながら大切《たいせつ》に使《つか》っているのだ
修理《しゅうり》得意《とくい》!
ぼくの家《いえ》で90年《ねん》も大切《たいせつ》にされている日本製《にほんせい》の…
クラシック母《カー》さん!
くらしっく?
なんじゃ?
おばあちゃんでしょ!

産業　観光開発《かんこうかいはつ》に力《ちから》を入《い》れる

経済《けいざい》の柱《はしら》は観光業《かんこうぎょう》です。カリブ海《かい》のリゾート地《ち》には、美《うつく》しい自然《しぜん》をもとめて多《おお》くの観光客《かんこうきゃく》がおとずれます。またさとうきびや葉巻《はまき》、コーヒーの栽培《さいばい》を中心《ちゅうしん》とした農業《のうぎょう》もさかんです。近年《きんねん》はニッケルなどの鉱物資源《こうぶつしげん》も重要《じゅうよう》な輸出品《ゆしゅつひん》となっています。

くらし・文化　国《くに》が会社《かいしゃ》を経営《けいえい》する

社会主義国家《しゃかいしゅぎこっか》のため、銀行《ぎんこう》や電話《でんわ》会社《がいしゃ》など、国民《こくみん》の暮《く》らしを支《ささ》える企業《きぎょう》は国《くに》が経営《けいえい》しています。教育費《きょういくひ》が大学《だいがく》まで無料《むりょう》で、医療費《いりょうひ》もかかりません。また、外国《がいこく》からも無償《むしょう》で医学《いがく》部《ぶ》の留学生《りゅうがくせい》を受《う》け入《い》れ、多《おお》くの医師《いし》を発展途上国《はってんとじょうこく》に派遣《はけん》しています。

アメリカから伝《つた》わった野球《やきゅう》は、キューバの国技《こくぎ》とされている。アメリカのプロ野球《やきゅう》リーグで活躍《かつやく》するキューバ人選手《じんせんしゅ》も多《おお》い。

レゲエを生《う》み出《だ》し、世界《せかい》へ広《ひろ》めた

ジャマイカ

ジャマイカ

正式名称《せいしきめいしょう》 ジャマイカ

首《しゅ》　都《と》 キングストン

基本《きほん》データ

面《めん》積《せき》	1万《まん》991㎢
人《じん》口《こう》	288万《まん》1千人《せんにん》（2016年《ねん》）
おもな言語《げんご》	英語《えいご》（公用語《こうようご》）、ジャマイカ・クレオール語《ご》
通《つう》貨《か》	ジャマイカ・ドル

国旗《こっき》の由来《ゆらい》

緑《みどり》は農業《のうぎょう》や希望《きぼう》、黄色《きいろ》は太陽《たいよう》と鉱物資源《こうぶつしげん》、黒《くろ》は苦難《くなん》の克服《こくふく》を表《あらわ》す。

キューバ
ジャマイカ
ハイチ
キングストン
ブルーマウンテン峰《ほう》
カリブ海《かい》

自然・地形

夏《なつ》から秋《あき》のハリケーン

カリブ海《かい》の島《しま》のなかで3番目《ばんめ》に大《おお》きなジャマイカ島《とう》と、周辺《しゅうへん》の小《ち》さな島《しま》からなる国《くに》です。東西《とうざい》に細長《ほそなが》い国《こく》土《ど》の中央《ちゅうおう》には山脈《さんみゃく》が走《はし》り、東部《とうぶ》には最高峰《さいこうほう》のブルーマウンテン峰《ほう》（2256ｍ）がそびえています。この山《やま》の周囲《しゅうい》では年間《ねんかん》5600㎜もの降水《こうすい》が見《み》られますが、南西部《なんせいぶ》は乾燥《かんそう》しています。夏《なつ》から秋《あき》にはハリケーンにおそわれることもあります。

歴史・人物

カリブ海《かい》で最初《さいしょ》の独立国《どくりつこく》

スペインの支援《しえん》を受《う》けて航海《こうかい》していたコロンブスが、1494年《ねん》に、この島《しま》に上陸《じょうりく》しました。その後《ご》、スペインに支配《しはい》され、17世紀《せいき》からはイギリスの植民地《しょくみんち》となりました。

イギリスからさとうきびが持《も》ちこまれ、奴隷《どれい》として連《つ》れてこられたアフリカの人々《ひとびと》が、栽培《さいばい》の労働力《ろうどうりょく》とされました。19世紀《せいき》初《はじ》めには、植民地《しょくみんち》最大《さいだい》の砂糖生産地《さとうせいさんち》となります。

1800年代《ねんだい》に奴隷制度《どれいせいど》が廃止《はいし》され、第二次世界大戦後《だいにじせかいたいせんご》の1962年《ねん》に独立《どくりつ》を果《は》たしました。ジャマイカは、カリブ海《かい》に浮《う》かぶイギリス植民《しょくみん》地《ち》で最初《さいしょ》の独立国《どくりつこく》となりました。

40万人《まんにん》もの人々《ひとびと》が
奴隷《どれい》として
働《はたら》いていたそうだよ

産業　ボーキサイトの生産《せいさん》

アルミニウムの原料《げんりょう》となるボーキサイトの生産《せいさん》は世界有数《せかいゆうすう》です。

また、植民地時代《しょくみんちじだい》からの伝統的《でんとうてき》な輸出品《ゆしゅつひん》であるさとうきびも栽培《さいばい》されています。ブルーマウンテン峰《ほう》で栽培《さいばい》される上質《じょうしつ》なコーヒーは、日本《にほん》にも輸出《ゆしゅつ》されています。

くらし・文化　「レゲエ」の発祥地《はっしょうち》

ジャマイカは、民族音楽《みんぞくおんがく》のリズムの影響《えいきょう》を受《う》けた「レゲエ」という音楽《おんがく》の発祥地《はっしょうち》です。レゲエは、独特《どくとく》のリズム感《かん》と強《つよ》いメッセージ性《せい》をもつ歌詞《かし》が特徴《とくちょう》とされ、世界《せかい》の音楽《おんがく》に大《おお》きな影響《えいきょう》をあたえました。今《いま》では世界《せかい》各国《かっこく》で親《した》しまれています。

RESPECT
BOB MARLEY MAUSOLEUM
EXODUS

「レゲエの神様《かみさま》」といわれたボブ・マーリーの墓《はか》には、今《いま》も多《おお》くの人《ひと》がおとずれる。

くらし・文化　陸上競技《りくじょうきょうぎ》の世界記録《せかいきろく》

JAMAICA
陸上競技《りくじょうきょうぎ》に力《ちから》を入《い》れているジャマイカ
とくに短距離走《たんきょりそう》では、男女《だんじょ》とも世界《せかい》ランク上位《じょうい》
次々《つぎつぎ》と新記録《しんきろく》を出《だ》したウサイン・ボルトも
ジャマイカの選手《せんしゅ》
BOLT
ボルトは、細《こま》かい記録《きろく》にこだわってないと思《おも》うよ
なんで?
速《はや》かった? じゃ、まあいいか
ってね

緑《みどり》に輝《かがや》くエメラルドの産出量《さんしゅつりょう》は世界一《せかいいち》

コロンビア

正式名称《せいしきめいしょう》 コロンビア共和国《きょうわこく》

首都《しゅと》 ボゴタ

基本《きほん》データ

面積《めんせき》	114万《まん》1748㎢
人口《じんこう》	4865万人《まんにん》（2016年《ねん》）
おもな言語《げんご》	スペイン語《ご》（公用語《こうようご》）など
通貨《つうか》	ペソ

国旗《こっき》の由来《ゆらい》

独立闘争《どくりつとうそう》で戦《たたか》った英雄《えいゆう》の旗《はた》に由来《ゆらい》するといわれ、黄色《きいろ》は新大陸《しんたいりく》の金《きん》、青《あお》は大西洋《たいせいよう》、赤《あか》は血《ち》ぬられたスペインを表《あらわ》す。

カリブ海《かい》
ベネズエラ
メデジン
太平洋《たいへいよう》
オリノコ川《がわ》
ボゴタ
アンデス山脈
コロンビア
赤道《せきどう》
エクアドル
アマゾン川《がわ》
ペルー
ブラジル

自然・地形

沿岸部《えんがんぶ》と山地《さんち》で異《こと》なる気候《きこう》

南《みなみ》アメリカ大陸《たいりく》の北西《ほくせい》にある国《くに》で、西《にし》は太平洋《たいへいよう》、北《きた》はカリブ海《かい》に面《めん》しています。面積《めんせき》は日本《にほん》の3倍《ばい》ほどで、西側《にしがわ》にはアンデス山脈《さんみゃく》があり、標高《ひょうこう》5千《せん》mほどの山《やま》が連《つら》なります。また、赤道《せきどう》が国土《こくど》を横切《よこぎ》っています。

沿岸部《えんがんぶ》では1年《ねん》を通《とお》して真夏《まなつ》の暑《あつ》さになります。標高《ひょうこう》の高《たか》い地域《ちいき》は温暖《おんだん》で過《す》ごしやすい気候《きこう》ですが、朝《あさ》と夜《よる》で寒暖差《かんだんさ》があります。

歴史・人物

スペインの植民地《しょくみんち》となった

この地《ち》には、もともと先住民《せんじゅうみん》がいましたが、15世紀《せいき》に探検家《たんけんか》のコロンブスがアメリカ大陸《たいりく》を発見《はっけん》したあと、コロンビアとその周辺《しゅうへん》の地域《ちいき》は、スペインの植民地《しょくみんち》となりました。

しかし、19世紀《せいき》になると周辺諸国《しゅうへんしょこく》とともに「グラン・コロンビア」として独立《どくりつ》します。やがてこの国《くに》は解体《かいたい》され、1886年《ねん》にコロンビア共和国《きょうわこく》が成立《せいりつ》しました。

20世紀後半《せいきこうはん》から内戦《ないせん》によって長《なが》い間《あいだ》、不安定《ふあんてい》な状況《じょうきょう》がつづきましたが、2016年《ねん》に政府《せいふ》と武装《ぶそう》グループとの和平交渉《わへいこうしょう》の合意《ごうい》が実現《じつげん》し、平和《へいわ》への道《みち》を歩《あゆ》み始《はじ》めました。

コロンビアの国名《こくめい》は、コロンブスにちなんでつけられたよ

南北アメリカ　コロンビア

エメラルドの産地

コロンビアは世界一のエメラルド産出国

産出量だけでなく、質が高いことでも有名

産業　宝石の採掘と花の栽培がさかん

天然資源に恵まれ、石油や石炭のほか、緑に輝く宝石のエメラルドの産出量は世界一をほこります。また、都市の周辺では大規模な花の栽培が行われ、日本へも、5月の母の日の前にコロンビア産のカーネーションが輸出されています。

メデジンという都市では、毎年8月に花祭りが行われ、花でつくられた色鮮やかな飾りを背負ってパレードをする。

くらし・文化　キリスト教にちなんだ文化

コロンビアの文化には、植民地時代の影響が色こく残っています。当時、スペイン人が住民をキリスト教にかえさせたため、現在も国民の8割以上がカトリック教徒です。国民の祝日や祭りも、キリスト教にちなんでいます。

195　世界の国クイズ　Q82 アンコール＝ワットがある国は？

インカ帝国《ていこく》の遺跡《いせき》が残《のこ》る

ペルー

正式名称《せいしきめいしょう》 ペルー共和国《きょうわこく》

首《しゅ》 都《と》 リマ

歴史・人物

ナスカ

ペルー南西部《なんせいぶ》の都市《とし》。紀元前《きげんぜん》1000年《ねん》ごろのものとされる、ナスカの地上絵《ちじょうえ》が有名《ゆうめい》。

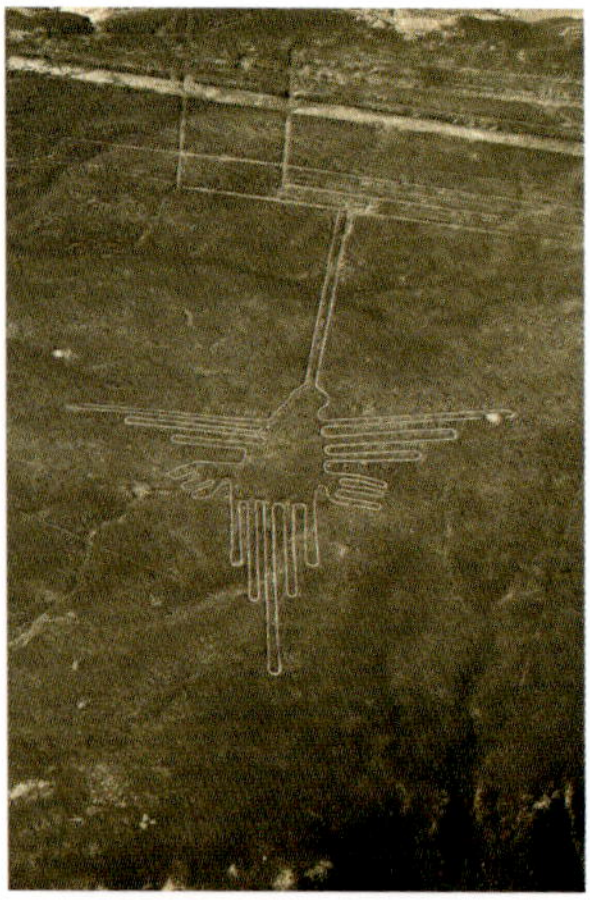

歴史・人物

クスコ

11～12世紀《せいき》につくられた、インカ帝国《ていこく》の首都《しゅと》。標高《ひょうこう》3399mのところにあり、インカ時代《じだい》の石壁《いしかべ》などが残《のこ》る。

自然・地形

チチカカ湖《こ》

標高《ひょうこう》3812mという、世界《せかい》一高《いちたか》いところにある湖《みずうみ》。

自然・地形

多様《たよう》な自然《しぜん》の国《くに》

南《みなみ》アメリカ大陸中西部《たいりくちゅうせいぶ》の、太平洋《たいへいよう》に面《めん》した国《くに》です。海岸線《かいがんせん》にほぼ平行《へいこう》にアンデス山脈《さんみゃく》が連《つら》なり、国土《こくど》を西《せい》部《ぶ》の海岸地帯《かいがんちたい》、中央《ちゅうおう》の山岳地帯《さんがくちたい》、東《とう》部《ぶ》の森林地帯《しんりんちたい》に分《わ》けています。

海岸地帯《かいがんちたい》は太平洋《たいへいよう》に面《めん》した細長《ほそなが》い平野《へいや》で、大部分《だいぶぶん》が砂漠《さばく》です。山脈《さんみゃく》から流《なが》れる川《かわ》に沿《そ》ってオアシスがあり、首都《しゅと》リマなどの都市《とし》があります。

歴史・人物

ナスカの地上絵《ちじょうえ》

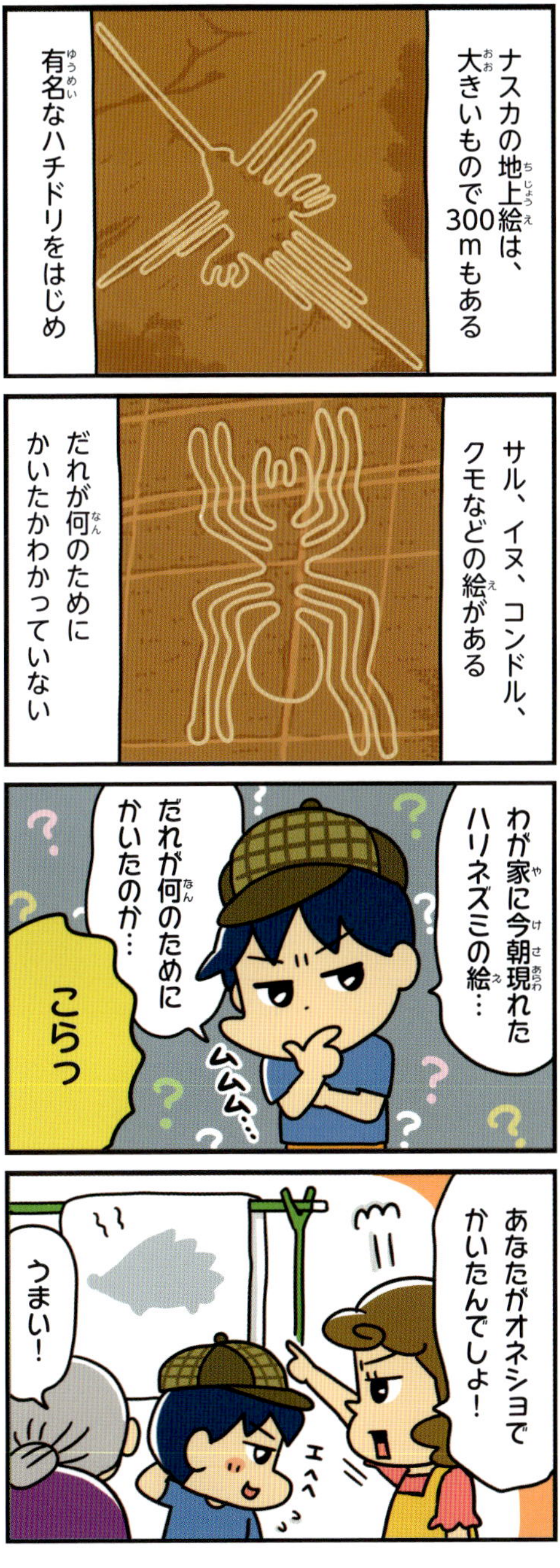
ナスカの地上絵《ちじょうえ》は、大《おお》きいもので300mもある
有名《ゆうめい》なハチドリをはじめ
サル、イヌ、コンドル、クモなどの絵《え》がある
だれが何《なん》のためにかいたかわかっていない
わが家《や》に今朝《けさ》現《あらわ》れたハリネズミの絵《え》…
だれが何《なん》のためにかいたのか…
ムムム…
こらっ
あなたがオネショでかいたんでしょ！
エヘヘ
うまい！

基本《きほん》データ

面積《めんせき》	128万《まん》5216km²
人口《じんこう》	約《やく》3182万人《まんにん》(2017年《ねん》)
おもな言語《げんご》	スペイン語《ご》(公用語《こうようご》)、ケチュア語《ご》(公用語《こうようご》)、アイマラ語《ご》(公用語《こうようご》)
通貨《つうか》	ソル

国旗《こっき》の由来《ゆらい》

赤《あか》は勇気《ゆうき》と愛国心《あいこくしん》、白《しろ》は平和《へいわ》と純粋《じゅんすい》さを表《あらわ》す。公的《こうてき》な国旗《こっき》には、中央《ちゅうおう》に国章《こくしょう》が入《はい》り、リャマや金貨《きんか》がえがかれている。

世界遺産《せかいいさん》がたくさんあるよ

山岳地帯《さんがくちたい》は標高《ひょうこう》3千《ぜん》～4千《せん》mの高原《こうげん》です。気候《きこう》は涼《すず》しく、雨《あめ》も適度《てきど》に降《ふ》る過《す》ごしやすい地域《ちいき》です。
国土《こくど》の約半分《やくはんぶん》をしめる森林地帯《しんりんちたい》は、アマゾン川《がわ》の支流《しりゅう》のまわりに広《ひろ》がる平野《へいや》で、高温多雨《こうおんたう》の熱帯雨林《ねったいうりん》におおわれています。

歴史・人物

インカ帝国《ていこく》の中心《ちゅうしん》だった

ペルーのあるアンデス地方《ちほう》には、紀元前《きげんぜん》から、いくつもの文明《ぶんめい》が栄《さか》えていました。13世紀《せいき》にはインカ帝国《ていこく》が生《う》まれ、大帝国《だいていこく》になります。

16世紀《せいき》になると、南《みなみ》アメリカ大陸《たいりく》にはスペインが進出《しんしゅつ》し、各地《かくち》を支配《しはい》し、インカ帝国《ていこく》は1533年《ねん》にほろぼされます。19世紀《せいき》に入《はい》り、独立運動《どくりつうんどう》が起《お》こると、1821年《ねん》、ペルーも独立《どくりつ》を宣言《せんげん》します。その後《ご》、日本《にほん》から移民《いみん》が多《おお》くわたり、現在《げんざい》もその子孫《しそん》の日系人《にっけいじん》が暮《く》らしています。

1979年《ねん》に新憲法《しんけんぽう》が生《う》まれ、1990年《ねん》に大統領《だいとうりょう》となったアルベルト・フジモリは、経済《けいざい》の自由化《じゆうか》を進《すす》めました。

産業

伝統的《でんとうてき》産業《さんぎょう》と新《あたら》しい産業《さんぎょう》

インカ帝国《ていこく》の時代《じだい》から金《きん》、銀《ぎん》、銅《どう》を採掘《さいくつ》してきたペルーは、銅《どう》、金《きん》、亜鉛《あえん》、鉛《なまり》、石油《せきゆ》、天然《てんねん》ガスなど、鉱物資源《こうぶつしげん》が豊富《ほうふ》な国《くに》です。

漁業《ぎょぎょう》もさかんで、ペルー海流《かいりゅう》がつくる豊《ゆた》かな漁場《ぎょじょう》でとれる、カタクチイワシを加工《かこう》した魚粉《ぎょふん》や魚油《ぎょゆ》が多《おお》くの国《くに》に輸出《ゆしゅつ》されています。農産物《のうさんぶつ》では、コーヒーのほか、バナナやアスパラガス、マンゴーなどが輸出用《ゆしゅつよう》に栽培《さいばい》されています。

くらし・文化

魅力的《みりょくてき》な観光資源《かんこうしげん》

ペルーにはアンデス文明《ぶんめい》の遺跡《いせき》、歴史的《れきしてき》な建造物《けんぞうぶつ》、豊《ゆた》かな自然《しぜん》など、国内《こくない》に12の世界遺産《せかいいさん》があります。世《せ》界各国《かいかっこく》から多《おお》くの観光客《かんこうきゃく》がおとずれています。

観光地《かんこうち》では、山岳地帯《さんがくちたい》で伝統的《でんとうてき》な暮《く》らしを営《いとな》む人《ひと》たちが、工芸品《こうげいひん》を土《み》産物《やげもの》として販売《はんばい》しています。観光《かんこう》は、経済的《けいざいてき》に収入《しゅうにゅう》がふえる産業《さんぎょう》としてだけでなく、地域《ちいき》の文化《ぶんか》を発信《はっしん》する機《き》会《かい》にもなっています。

ペルーの民芸品《みんげいひん》を売《う》る人《ひと》たち。

くらし・文化　先住民《せんじゅうみん》の伝統的《でんとうてき》な暮《く》らし

人口《じんこう》の約《やく》45%が「インカの末裔《まつえい》」ともよばれる先住民《せんじゅうみん》の人々《ひとびと》です。標高《ひょうこう》3千《ぜん》～4千《せん》mの高地《こうち》で、伝統的《でんとうてき》な農業《のうぎょう》やリャマやアルパカの放牧《ほうぼく》を中心《ちゅうしん》とした暮《く》らしをしています。南東部《なんとうぶ》のチチカカ湖《こ》には、トトラという植物《しょくぶつ》を積《つ》み重《かさ》ねてつくった浮《う》き島《しま》で生活《せいかつ》している人《ひと》たちもいます。

そのほか、海岸地帯《かいがんちたい》を中心《ちゅうしん》に、約《やく》37%の先住民《せんじゅうみん》とヨーロッパ系《けい》との混血《こんけつ》の人《ひと》、15%のヨーロッパ系《けい》の人々《ひとびと》が暮《く》らしていて、多《おお》くの人《ひと》がキリスト教《きょう》カトリック教徒《きょうと》です。

ペルーの山岳地帯《さんがくちたい》で放牧《ほうぼく》されるリャマ。

もっと知りたい　空中都市《くうちゅうとし》マチュピチュ遺跡《いせき》

マチュピチュ遺跡《いせき》は、ペルー南部《なんぶ》のウルバンバ峡谷《きょうこく》にある、インカ帝国《ていこく》の都市《とし》遺跡《いせき》です。1911年《ねん》、アメリカの歴史学《れきしがく》者《しゃ》がインカ帝国《ていこく》の調査《ちょうさ》をしていたときに発見《はっけん》されました。山《やま》のふもとからは、その存在《そんざい》がわからないことから、「空中《くうちゅう》都市《とし》」とよばれています。

標高《ひょうこう》2280mの険《けわ》しい山中《さんちゅう》に、神殿《しんでん》、宮殿《きゅうでん》、畑《はたけ》、かんがい施設《しせつ》などを備《そな》えた、自給自足《じきゅうじそく》の生活《せいかつ》ができる都市《とし》でした。15世紀中《せいきなか》ごろにつくられたものと考《かんが》えられています。

しかし、だれが何《なん》のためにこの場所《ばしょ》に築《きず》いたのかは、今《いま》もわかっていません。

日本《にほん》からも多《おお》くの観光客《かんこうきゃく》が行《い》っているのよ

マチュピチュ遺跡《いせき》。1983年《ねん》に世界遺産《せかいいさん》に登録《とうろく》されている。

199　世界《せかい》の国《くに》クイズ　Q84 サンタクロースが暮《く》らす村《むら》がある国《くに》は？

リオのカーニバルで知《し》られるサンバの国《くに》

ブラジル

正式名称《せいしきめいしょう》 ブラジル連邦共和国《れんぽうきょうわこく》　首《しゅ》都《と》 ブラジリア

くらし・文化

ブラジリア

ブラジルの首都《しゅと》。計画《けいかく》的《てき》につくられた人工都《じんこうと》市《し》として世界遺産《せかいいさん》に登《とう》録《ろく》されている。

くらし・文化

リオデジャネイロ

ブラジル南東部《なんとうぶ》にある都市《とし》。2016年《ねん》には南《みなみ》アメリカ初《はつ》の夏季《かき》オリンピックを開催《かいさい》した。リオのカーニバルで有名《ゆうめい》。

自然・地形

南《みなみ》アメリカ最大《さいだい》の国《くに》

南《みなみ》アメリカ大陸《たいりく》のほぼ半分《はんぶん》をしめる、世界《せかい》で5番目《ばんめ》に大《おお》きな国《くに》です。北部《ほくぶ》はギアナ高地《こうち》をのぞき、流域《りゅういき》面積《めんせき》が世界最大《せかいさいだい》のアマゾン川《がわ》を中心《ちゅうしん》とした低地《ていち》です。年間雨量《ねんかんうりょう》が2千《せん》㎜をこえ、1年《ねん》を通《とお》して気温《きおん》が30℃前《ぜん》後《ご》の熱帯気候《ねったいきこう》で、広大《こうだい》なジャングルにおおわれています。希少《きしょう》な生《い》き物《もの》も多《おお》く見《み》られます。

ブラジル高原《こうげん》を中心《ちゅうしん》とした中部《ちゅうぶ》は、雨季《うき》と乾季《かんき》のあるサバナ気候《きこう》です。ブラジル高原《こうげん》のほぼ中心部《ちゅうしんぶ》、標《ひょう》高《こう》1100mの地点《ちてん》には、1960年《ねん》に完成《かんせい》した首都《しゅと》ブラジリアがあります。南部《なんぶ》は過《す》ごしやすい温暖湿潤《おんだんしつじゅん》気候《きこう》です。

自然・地形

アマゾン川《がわ》

アマゾン川《がわ》の流域面積《りゅういきめんせき》は世界一《せかいいち》
そのまわりは熱帯雨林《ねったいうりん》に囲《かこ》まれている
電気《でんき》ウナギやピラニア、アナコンダなど、危険《きけん》な生《い》き物《もの》もいっぱいいだが
キケン!!
カラフルでかわいい生《い》き物《もの》もいっぱい
オニオオハシ
モルフォチョウ
今《いま》でも新種《しんしゅ》の生《い》き物《もの》が発見《はっけん》されている
新作《しんさく》の料理《りょうり》!食《た》べてみて
テーマはアマゾン
これは…
料理《りょうり》というより、新種《しんしゅ》の食《た》べ物《もの》だよ
ナミコレ

自然・地形

アマゾン川《がわ》と熱帯雨林《ねったいうりん》

南《みなみ》アメリカ北部《ほくぶ》を流《なが》れる大河《たいが》。流域面積《りゅういきめんせき》は世界最大《せかいさいだい》で、ブラジルを中心《ちゅうしん》に6か国《こく》を流《なが》れる。周辺《しゅうへん》の熱帯雨林《ねったいうりん》は減少《げんしょう》しており、保護活動《ほごかつどう》が行《おこな》われている。

基本《きほん》データ

面積《めんせき》	851万《まん》5767㎢
人口《じんこう》	約《やく》2億《おく》784万人《まんにん》(2015年《ねん》)
おもな言語《げんご》	ポルトガル語《ご》(公用語《こうようご》)など
通貨《つうか》	レアル

ORDEM E PROGRESSO

国旗《こっき》の由来《ゆらい》

緑《みどり》は農業《のうぎょう》、黄色《きいろ》は鉱物《こうぶつ》を表《あらわ》す。文字《もじ》は、ポルトガル語《ご》で「秩序《ちつじょ》と発展《はってん》」という意味《いみ》。星《ほし》はそれぞれの州《しゅう》を表《あらわ》し、現在《げんざい》は27個《こ》ある。

歴史・人物

ポルトガルからの独立《どくりつ》

南《みなみ》アメリカの国々《くにぐに》は、かつてスペインの植民地《しょくみんち》でしたが、ブラジルだけはポルトガルの植民地《しょくみんち》でした。

1822年《ねん》、ブラジルは独立《どくりつ》を宣《せん》言《げん》しました。1891年《ねん》に新憲法《しんけんぽう》が制定《せいてい》され、このころから、たくさんの移民《いみん》を受《う》け入《い》れました。

その後《ご》、独裁政治《どくさいせいじ》や軍事政権《ぐんじせいけん》がつづきましたが、1988年《ねん》に民主憲《みんしゅけん》法《ぽう》が公布《こうふ》されます。1993年《ねん》には大統領制《だいとうりょうせい》が国民投票《こくみんとうひょう》で再確認《さいかくにん》されました。大統領《だいとうりょう》のもと、金融改革《きんゆうかいかく》や国《こく》営企業《えいきぎょう》の民営化《みんえいか》などを行《おこな》い、経済的《けいざいてき》に発展《はってん》しています。

日本人《にほんじん》も移民《いみん》としてブラジルに行《い》ったのよ

産業

南《みなみ》アメリカ最大《さいだい》の工業国《こうぎょうこく》

南《みなみ》アメリカで、最《もっと》も工業《こうぎょう》が発達《はったつ》している国《くに》です。輸出品《ゆしゅつひん》の約《やく》40%が工業製品《こうぎょうせいひん》で、自動車《じどうしゃ》やその部品《ぶひん》、航空《こうくう》機《き》なども輸出《ゆしゅつ》しています。

農産物《のうさんぶつ》ではコーヒーの産地《さんち》として有名《ゆうめい》ですが、そのほか大豆《だいず》、さとうきび、とうもろこしなどの栽培《さいばい》や養《よう》鶏《けい》、牛《うし》、豚《ぶた》を中心《ちゅうしん》とした牧畜業《ぼくちくぎょう》もさかんです。近年《きんねん》、さとうきびは、自《じ》動車用《どうしゃよう》の燃料《ねんりょう》になるバイオエタノールの原料《げんりょう》にもなっています。

鉱物資源《こうぶつしげん》にも恵《めぐ》まれ、おもに鉄鉱《てっこう》石《せき》や石油《せきゆ》などが輸出《ゆしゅつ》されています。

ブラジルの広大《こうだい》なとうもろこし畑《ばたけ》。

くらし・文化

移民《いみん》を受《う》け入《い》れた国《くに》

ブラジルにはポルトガルを中心《ちゅうしん》としたヨーロッパ系《けい》、植民地時代《しょくみんちじだい》に奴《ど》隷《れい》として連《つ》れてこられたアフリカ系《けい》、日本《にほん》からの移民《いみん》などのアジア系《けい》、先住民《せんじゅうみん》、こうした人々《ひとびと》の混血《こんけつ》など、さまざまな人《ひと》がいます。

日本《にほん》からの移民《いみん》は、農業労働者《のうぎょうろうどうしゃ》不《ぶ》足《そく》をおぎなうために、1908年《ねん》から受《う》け入《い》れられました。現在《げんざい》、日系《にっけい》のブラジル人《じん》は150万人《まんにん》以上《いじょう》です。

公用語《こうようご》はポルトガル語《ご》です。宗教《しゅうきょう》では90%近《ちか》くがキリスト教徒《きょうと》です。

日系人《にっけいじん》の多《おお》くは都市《とし》に暮《く》らしているんだって

南北アメリカ　ブラジル

くらし・文化
古くから食べられたキャッサバ

ブラジルではキャッサバというイモの一種が、古くから食べられてきました。現在では、先住民の影響の強い北部を中心に、キャッサバがよく食べられています。ゆでたり、油で揚げたり、粉にしておかずにかけたりして食べます。

ブラジル料理として有名なのは、肉のかたまりを鉄串にさして焼いたシュラスコです。黒いんげん豆と肉類を煮込んだフェイジョアーダは、ブラジルを代表する料理で、水曜と土曜に食べる習慣があります。

手前がフェイジョアーダで、奥はキャッサバの粉。

もっと知りたい　カーニバルの国

ブラジルでは2月から3月にかけて、各地でカーニバルが行われます。

カーニバルはもともと、謝肉祭とよばれるキリスト教の宗教的な行事で、17世紀にポルトガル人がブラジルに伝えたものです。ヨーロッパ系の住民が中心の行事でしたが、アフリカ系や混血の人々にも広まり、やがてブラジル生まれの音楽、サンバのリズムでおどるカーニバルになりました。

とくにリオデジャネイロで行われるカーニバルでは、大規模なパレードが会場をうめつくします。世界各国から多くの観光客が集まる祭典になっています。

ブラジルは熱狂的なサッカー王国としても有名ね！

リオのカーニバル。数千人のチームでパフォーマンスを行う。

世界の国クイズ　Q86 キリマンジャロ山がある国は？

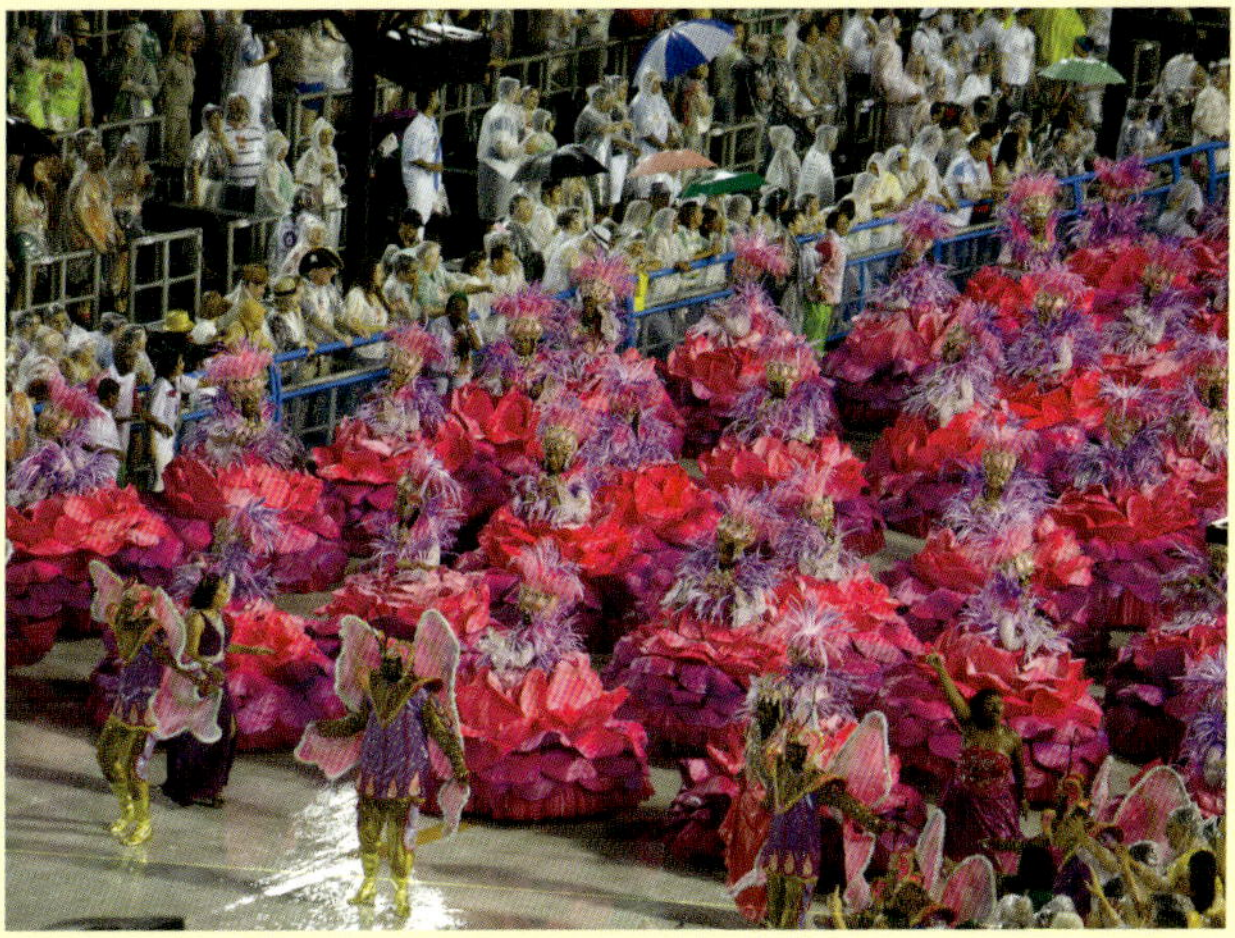

日本人移民《にほんじんいみん》を受《う》け入《い》れ、発展《はってん》した農業国《のうぎょうこく》

パラグアイ

正式名称《せいしきめいしょう》 パラグアイ共和国《きょうわこく》

首《しゅ》都《と》 アスンシオン

基本《きほん》データ

面《めん》積《せき》	40万《まん》6752㎢
人《じん》口《こう》	約《やく》685万人《まんにん》（2016年《ねん》）
おもな言語《げんご》	スペイン語《ご》（公用語《こうようご》）、グアラニー語《ご》（公用語《こうようご》）
通《つう》貨《か》	グアラニー

国旗《こっき》の由来《ゆらい》

赤《あか》は正義《せいぎ》と愛国心《あいこくしん》、白《しろ》は平和《へいわ》と純粋《じゅんすい》さ、青《あお》は寛大《かんだい》さと現実《げんじつ》を表《あらわ》す。中央《ちゅうおう》の絵柄《えがら》は旗《はた》の表《おもて》とうらで異《こと》なる。

ボリビア
ブラジル
パラグアイ川《がわ》
グランチャコ
パラグアイ
アスンシオン
アルゼンチン
パラナ川《がわ》

自然・地形

川《かわ》を境《さかい》に異《こと》なる気候《きこう》

南《みなみ》アメリカ大陸《たいりく》のほぼ中央《ちゅうおう》にある内陸国《ないりくこく》です。国土《こくど》の中央《ちゅうおう》を流《なが》れるパラグアイ川《がわ》の西側《にしがわ》には、「グランチャコ」とよばれる乾燥《かんそう》したサバナ気候《きこう》の平原《へいげん》が広《ひろ》がり、住《す》む人《ひと》は多《おお》くありません。

川《かわ》の東側《ひがしがわ》には首都《しゅと》アスンシオンのある人口《じんこう》の多《おお》い低地《ていち》と、豊《ゆた》かな森林《しんりん》が広《ひろ》がっています。夏《なつ》は暑《あつ》く、冬《ふゆ》は温暖《おんだん》で過《す》ごしやすい気候《きこう》です。

歴史・人物

三国同盟戦争《さんごくどうめいせんそう》に敗《やぶ》れる

1537年《ねん》に、ラプラタ川《がわ》をさかのぼってきたスペイン人《じん》が、アスンシオンに砦《とりで》を築《きず》いたのが、パラグアイの始《はじ》まりとされています。

17世紀《せいき》になると、イエズス会《かい》という団体《だんたい》によって、ヨーロッパからキリスト教《きょう》や農業《のうぎょう》、畜産業《ちくさんぎょう》の技術《ぎじゅつ》がもたらされ、その後《ご》、スペインの支配《しはい》下《か》におかれます。

1811年《ねん》にスペインから独立《どくりつ》しますが、19世紀後半《せいきこうはん》の三国同盟戦争《さんごくどうめいせんそう》に敗《やぶ》れ、人口《じんこう》が激減《げきげん》しました。その後《ご》、内戦《ないせん》や軍隊《ぐんたい》が政治《せいじ》をとりしきる時代《じだい》を経《へ》て、1993年《ねん》に民主化《みんしゅか》を実現《じつげん》しました。

三国同盟戦争《さんごくどうめいせんそう》では、ブラジル、アルゼンチン、ウルグアイと戦《たたか》ったよ

産業

世界《せかい》有数《ゆうすう》の大豆《だいず》生産量《せいさんりょう》

1930年代《ねんだい》にパラグアイにわたった日本人移民《にほんじんいみん》によって大豆《だいず》の栽培《さいばい》が始《はじ》まり、現在《げんざい》では世界有数《せかいゆうすう》の生産量《せいさんりょう》をほこっています。

また、「飲《の》むサラダ」といわれ、南米《なんべい》でよく飲《の》まれているマテ茶《ちゃ》の茶葉《ちゃば》の栽培《さいばい》も行《おこな》われています。

マテ茶《ちゃ》。乾燥《かんそう》させてくだいた茶葉《ちゃば》を、マテつぼという容器《ようき》に入《い》れて湯《ゆ》をそそぎ、銀《ぎん》のストローで飲《の》む。

くらし・文化

スペイン系《けい》と先住民《せんじゅうみん》の混血《こんけつ》

人口《じんこう》のほとんどが、「メスチーソ」とよばれるスペイン系《けい》と先住民《せんじゅうみん》の混《こん》血《けつ》の人《ひと》たちです。その影響《えいきょう》で、スペイン語《ご》とともに、先住民《せんじゅうみん》の言葉《ことば》であるグアラニー語《ご》が公用語《こうようご》となっています。また、国民《こくみん》の約《やく》9割《わり》がキリスト教《きょう》カトリック教徒《きょうと》です。

くらし・文化

マテ茶《ちゃ》の飲《の》み方《かた》

マテ茶《ちゃ》はマテの葉《は》を乾燥《かんそう》させて、細《こま》かくしてつくる
ポポポ…!
お湯《ゆ》で入《い》れてホットで飲《の》んでもおいしいが、
パラグアイは暑《あつ》いので、冷《つめ》たい水《みず》で入《い》れて、
ひんやり〜
葉《は》が入《はい》ってこない銀《ぎん》のストローで飲《の》む
パラグアイの人《ひと》は、マテ茶《ちゃ》のための水《すい》とうを持《も》って歩《ある》く
「テレ」というよ
美術館《びじゅつかん》や劇場《げきじょう》にも持《も》ちこみOK《オーケー》
ぐびぐびぐびぐび
どこにいても、飲《の》むのをマッテちゃいられない!
それがマテ茶《ちゃ》

「南米《なんべい》のスイス」とよばれる

ウルグアイ

正式名称《せいしきめいしょう》 ウルグアイ東方共和国《とうほうきょうわこく》

首都《しゅと》 モンテビデオ

基本《きほん》データ

面積《めんせき》	17万《まん》3626㎢
人口《じんこう》	343万人《まんにん》（2016年《ねん》）
おもな言語《げんご》	スペイン語《ご》（公用語《こうようご》）
通貨《つうか》	ペソ

国旗《こっき》の由来《ゆらい》

白《しろ》は平和《へいわ》、青《あお》は自由《じゆう》を表《あらわ》し、白《しろ》と青《あお》の９本《ほん》の線《せん》は独立時《どくりつじ》の州《しゅう》の数《かず》を示《しめ》す。太陽《たいよう》はアルゼンチンと同《おな》じ自由《じゆう》のシンボル。

自然・地形

草原《そうげん》が広《ひろ》がるパンパ

南《みなみ》アメリカ大陸《たいりく》の東岸《とうがん》にある、面《めん》積《せき》が日本《にほん》の約半分《やくはんぶん》の小《ちい》さな国《くに》です。東側《ひがしがわ》は大西洋《たいせいよう》に面《めん》しています。

国土《こくど》の大半《たいはん》に「パンパ」というなだらかな草原地帯《そうげんちたい》が広《ひろ》がり、そのようすから「南米《なんべい》の庭園《ていえん》」ともよばれています。

温暖湿潤気候《おんだんしつじゅんきこう》で、夏《なつ》は平均気温《へいきんきおん》が約《やく》23℃、冬《ふゆ》も10℃以下《いか》になることは少《すく》なく、過《す》ごしやすい気候《きこう》です。

ブラジル
アルゼンチン
パラナ川《がわ》
パンパ
ウルグアイ
モンテビデオ
ラプラタ川《がわ》
大西洋《たいせいよう》

歴史・人物

民主化後《みんしゅかご》に成長《せいちょう》した

16世紀《せいき》にこの地《ち》にスペイン人《じん》が上《じょう》陸《りく》し、その後《ご》、スペインとブラジルの領地争《りょうちあらそ》いを経《へ》て、1726年《ねん》にスペインの植民地《しょくみんち》となりました。

19世紀《せいき》に入《はい》ると独立運動《どくりつうんどう》が起《お》こり、1828年《ねん》に独立《どくりつ》を果《は》たします。やがて、民主化《みんしゅか》や社会保障制度《しゃかいほしょうせいど》の整《せい》備《び》が進《すす》み、「南米《なんべい》のスイス」とよばれるまでに成長《せいちょう》しました。

第二次世界大戦後《だいにじせかいたいせんご》に経済《けいざい》が悪化《あっか》すると、一時《いちじ》は軍人《ぐんじん》が独裁政治《どくさいせいじ》を行《おこな》う軍事政権《ぐんじせいけん》となりますが、国民《こくみん》の反発《はんぱつ》をまねき、1985年《ねん》からは再《ふたた》び民《みん》主化《しゅか》の道《みち》を歩《あゆ》み始《はじ》めました。

2015年《ねん》まで大統領《だいとうりょう》を務《つと》めたホセ・ムヒカは、「世界《せかい》で一番貧《いちばんまず》しい大統領《だいとうりょう》」として有名《ゆうめい》ね

産業

農牧業《のうぼくぎょう》がさかん

国土《こくど》の大半《たいはん》が牧場《ぼくじょう》と牧草地《ぼくそうち》であるため農牧業《のうぼくぎょう》がさかんで、おもな輸出《ゆしゅつ》品《ひん》には、牛肉《ぎゅうにく》や乳製品《にゅうせいひん》のほか、皮革《ひかく》や羊毛《ようもう》などがあります。

また、海辺《うみべ》のリゾート地《ち》には周辺《しゅうへん》諸国《しょこく》の富裕層《ふゆうそう》がおとずれ、観光《かんこう》も重要《じゅうよう》な産業《さんぎょう》となっています。

くらし・文化

ヨーロッパ移民《いみん》の子孫《しそん》

かつて、労働力《ろうどうりょく》としてヨーロッパからの移民《いみん》を受《う》け入《い》れていたウルグアイの人口《じんこう》は、スペイン、イタリアからの移民《いみん》の子孫《しそん》が約《やく》90%をしめています。

公用語《こうようご》はスペイン語《ご》で、国民《こくみん》の半分《はんぶん》近《ちか》くがカトリック教徒《きょうと》です。

1930年《ねん》に建国《けんこく》100周年《しゅうねん》を記念《きねん》して建設《けんせつ》されたスタジアム。ここで第《だい》1回《かい》サッカーワールドカップの決勝戦《けっしょうせん》が行《おこな》われた。

くらし・文化

日本《にほん》から一番遠《いちばんとお》い国《くに》

ウルグアイは第《だい》1回《かい》サッカーワールドカップの開催国《かいさいこく》であり、優勝国《ゆうしょうこく》でもある
また、日本《にほん》との首都《しゅと》間《かん》の距離《きょり》が一番遠《いちばんとお》い国《くに》
東京
モンテビデオ
ねえママ、日本《にほん》から一番遠《いちばんとお》い国《くに》ってどこだか知《し》ってる？
クイズ！！
もちろん！ウルグアイでしょ
エッヘン！
ブップー
答《こた》えは日本《にほん》！
ぐる〜り
ぐわ〜〜
とんちかっ!!
だって地球《ちきゅう》を1周《しゅう》しちゃうもんねー

大草原《だいそうげん》パンパが広《ひろ》がり、農業《のうぎょう》がさかん

アルゼンチン

正式名称《せいしきめいしょう》 アルゼンチン共和国《きょうわこく》

首都《しゅと》 ブエノスアイレス

自然・地形

イグアス滝《たき》

ブラジルとの国境《こっきょう》にある世界最大級《せかいさいだいきゅう》の滝《たき》。

自然・地形

豊《ゆた》かな草原《そうげん》の国《くに》

アルゼンチンは、南《みなみ》アメリカ大陸《たいりく》の南東部《なんとうぶ》にあり、国土面積《こくどめんせき》が南《みなみ》アメリカで2番目《ばんめ》に広《ひろ》い国《くに》です。

チリとの国境《こっきょう》には、南北《なんぼく》にアンデス山脈《さんみゃく》がのびます。アンデス山脈《さんみゃく》の東側《ひがしがわ》には「グランチャコ」とよばれる平原《へいげん》が広《ひろ》がります。中部《ちゅうぶ》には「パンパ」とよばれる大草原《だいそうげん》があります。その南《みなみ》には、「パタゴニア」とよばれる台地《だいち》がつづき、さらに南端部《なんたんぶ》では氷河《ひょうが》が見《み》られます。

気候《きこう》は、地域《ちいき》による差《さ》が大《おお》きくなります。アンデス山脈《さんみゃく》のふもとは乾燥《かんそう》し、グランチャコは雨季《うき》と乾季《かんき》のあるサバナ気候《きこう》です。パンパは夏《なつ》に暑《あつ》い湿潤《しつじゅん》パンパと、降水量《こうすいりょう》の少《すく》ない乾燥《かんそう》パンパに分《わ》かれます。パタゴニアは乾燥《かんそう》した寒冷地《かんれいち》です。

標高《ひょうこう》6959mのアコンカグア山《さん》は、南《みなみ》アメリカ大陸《たいりく》最高峰《さいこうほう》よ

産業

コモドロリバダビア

アルゼンチン最大《さいだい》の油田《ゆでん》がある地域《ちいき》。石油《せきゆ》の輸出《ゆしゅつ》港《こう》でもある。

産業

大草原《だいそうげん》パンパとガウチョ

広大《こうだい》な草原《そうげん》パンパでは牧畜《ぼくちく》がさかんだ
ンモ〜
飼育《しいく》されている牛《うし》の数《かず》は3千万頭《ぜんまんとう》以上《いじょう》
牧場《ぼくじょう》ではガウチョとよばれるカウボーイが馬《うま》に乗《の》って牛《うし》をあやつる
ガウチョパンツは、このガウチョからきているよ
もともとはガウチョのはきものなのかあ
ふ〜ん
ん？
宿題《しゅくだい》が終《お》わるまで、逃《に》がさないからね！
ぐるんっ
も〜〜そこまでガウチョのまねしなくていいのに〜

基本《きほん》データ

- 面積《めんせき》　278万《まん》400㎢
- 人口《じんこう》　4385万人《まんにん》（2016年《ねん》）
- おもな言語《げんご》　スペイン語《ご》（公用語《こうようご》）など
- 通貨《つうか》　ペソ

国旗《こっき》の由来《ゆらい》

青《あお》は大空《おおぞら》、白《しろ》はラプラタ川《がわ》を表《あらわ》す。中央《ちゅうおう》の太陽《たいよう》は独立《どくりつ》（1810年《ねん》5月《がつ》）のシンボルで、「5月《がつ》の太陽《たいよう》」とよばれる。

自然・地形

バルデス半島《はんとう》

アルゼンチン東部《とうぶ》、大西洋《たいせいよう》につき出《で》た半島《はんとう》。マゼランペンギン、ミナミゾウアザラシなど多《おお》くの希少動物《きしょうどうぶつ》が生息《せいそく》する。

マゼランペンギンの群《む》れ。

歴史・人物

独立後《どくりつご》に国内《こくない》で対立《たいりつ》

1516年《ねん》にスペイン人《じん》が進出《しんしゅつ》してから、19世紀《せいき》に独立《どくりつ》するまで長《なが》い植民地《しょくみんち》の時代《じだい》となりました。

独立後《どくりつご》はヨーロッパからの移民《いみん》を受《う》け入《い》れ、農産物《のうさんぶつ》を輸出《ゆしゅつ》するなどして、急速《きゅうそく》に発展《はってん》しました。しかし、第二次世界大戦後《だいにじせかいたいせんご》、軍事政権《ぐんじせいけん》が断続的《だんぞくてき》につづきました。1982年《ねん》、フォークランド諸島《しょとう》をめぐってイギリスとの戦争《せんそう》に敗《やぶ》れると、さらに経済《けいざい》は悪化《あっか》します。不安定《ふあんてい》な情勢《じょうせい》はつづき、2001年《ねん》には住民《じゅうみん》による暴動《ぼうどう》が発生《はっせい》しましたが、2003年以降《ねんいこう》は、安定《あんてい》に向《む》かっています。

イギリスとの戦争《せんそう》で
軍事政権《ぐんじせいけん》が崩壊《ほうかい》したよ

産業

パンパの農牧業《のうぼくぎょう》

アルゼンチンの中心的《ちゅうしんてき》な産業《さんぎょう》、農牧業《のうぼくぎょう》の中心《ちゅうしん》となっているのは、温暖《おんだん》な草原《そうげん》、パンパです。

小麦《こむぎ》、とうもろこし、大豆《だいず》などの栽培《さいばい》と牧畜《ぼくちく》が行《おこな》われています。穀類《こくるい》や大豆《だいず》、大豆《だいず》の油《あぶら》かす、大豆油《だいずあぶら》、牛肉《ぎゅうにく》などの農産物《のうさんぶつ》と農産物加工品《のうさんぶつかこうひん》は、重要《じゅうよう》な輸出品《ゆしゅつひん》です。

産業

石油《せきゆ》と天然《てんねん》ガスの開発《かいはつ》

石油《せきゆ》や天然《てんねん》ガスの開発《かいはつ》が進《すす》み、最大《さいだい》の油田《ゆでん》、南部《なんぶ》のコモドロリバダビアから、首都《しゅと》ブエノスアイレスへのパイプラインが建設《けんせつ》されています。

自動車《じどうしゃ》や石油化学《せきゆかがく》
などの重工業《じゅうこうぎょう》も
発展《はってん》しているよ

くらし・文化

首都《しゅと》は「南米《なんべい》のパリ」

住民《じゅうみん》の約《やく》97%がスペインやイタリアを中心《ちゅうしん》にしたヨーロッパ系《けい》で、先住民系《せんじゅうみんけい》は3%ほどしかいません。言語《げんご》はスペイン語《ご》です。おもな宗教《しゅうきょう》はキリスト教《きょう》カトリックです。

首都《しゅと》ブエノスアイレスには、五月広場《ごがつひろば》を中心《ちゅうしん》に、大聖堂《だいせいどう》などの歴史《れきし》のある建物《たてもの》や、世界的《せかいてき》に有名《ゆうめい》なコロン劇場《げきじょう》など、ヨーロッパ風《ふう》の建物《たてもの》がならびます。その町《まち》なみは、南《みなみ》アメリカ大陸《たいりく》でも美《うつく》しい景観《けいかん》の1つとされ、「南米《なんべい》のパリ」とよばれています。

ブエノスアイレスの五月広場《ごがつひろば》。大統領府《だいとうりょうふ》や大聖堂《だいせいどう》などに囲《かこ》まれている。

くらし・文化

アルゼンチンの主食《しゅしょく》は牛肉《ぎゅうにく》!?

アルゼンチン人《じん》の年間《ねんかん》の牛肉消費《ぎゅうにくしょうひ》量《りょう》は、日本人《にほんじん》の10倍《ばい》ともいわれています。アルゼンチンの肉牛《にくぎゅう》は、草原《そうげん》の広《ひろ》がるパンパで放牧《ほうぼく》され、草《くさ》を食《た》べて育《そだ》っています。

牛肉《ぎゅうにく》を使《つか》う代表的《だいひょうてき》なアルゼンチン料理《りょうり》は、アサードです。バーベキューのような料理《りょうり》で、かたまり肉《にく》を金網《かなあみ》にのせ、炭火《すみび》でじっくりと焼《や》きます。味《あじ》つけは、塩《しお》とコショウだけです。ステーキも、日常的《にちじょうてき》に食《た》べられていて、アルゼンチンの主食《しゅしょく》は牛肉《ぎゅうにく》といわれるほどです。

アルゼンチンのアサード。鶏肉《とりにく》やソーセージもいっしょに焼《や》く。

もっと知りたい

アルゼンチンタンゴ

1880年《ねん》ごろ、ブエノスアイレスのボカ地区《ちく》で生《う》まれたのが、アルゼンチンタンゴです。

ガウチョ（カウボーイ） の伝統的《でんとうてき》な音《おん》楽《がく》や、アルゼンチン舞踏曲《ぶとうきょく》、スペインやキューバの音楽《おんがく》などの影響《えいきょう》が混《ま》ざり合《あ》ってできたといわれています。初《はじ》めは男性《だんせい》ひとりのダンスでしたが、やがてふたりのダンスとなり、のちには男女《だんじょ》でおどるようになりました。

ヨーロッパや日本《にほん》にも紹介《しょうかい》され、今《いま》では世界《せかい》で最《もっと》も有名《ゆうめい》なダンス音楽《おんがく》の1つとなっています。

歯切《はぎ》れのよいリズムが特徴《とくちょう》なのよ

タンゴをおどる男女《だんじょ》。アコーディオンに似《に》た楽器《がっき》、バンドネオンの演奏《えんそう》でおどる。

211　世界《せかい》の国《くに》クイズ　Q90 ピサの斜塔《しゃとう》がある国《くに》は？

世界一細長《せかいいちほそなが》い国《くに》

チリ

正式名称《せいしきめいしょう》 チリ共和国《きょうわこく》　首都《しゅと》 サンティアゴ

産業

チュキカマタ銅山《どうざん》

チリ北部《ほくぶ》にある世界最大《せかいさいだい》の露天掘《ろてんぼ》り銅山《どうざん》。標高《ひょうこう》2000mを超《こ》える高地《こうち》にある。

自然・地形

アタカマ砂漠《さばく》

チリ北部《ほくぶ》の太平洋側《たいへいようがわ》にある乾燥地帯《かんそうちたい》。雨《あめ》がほとんど降《ふ》らず、世界《せかい》で最《もっと》も乾燥《かんそう》した地域《ちいき》の1つとされる。

自然・地形

マゼラン海峡《かいきょう》

南《みなみ》アメリカ大陸《たいりく》の南端《なんたん》とフエゴ島《とう》との間《あいだ》にある海峡《かいきょう》。

自然・地形

南北《なんぼく》に細長《ほそなが》い国《くに》

南《みなみ》アメリカ大陸《たいりく》の西海岸《にしかいがん》にある、世界一細長《せかいいちほそなが》い国《くに》です。南北《なんぼく》の長《なが》さは4270kmですが、東西《とうざい》の幅《はば》は平均《へいきん》で175kmしかありません。東《ひがし》にはアンデス山脈《さんみゃく》、西《にし》には低《ひく》い海岸山脈《かいがんさんみゃく》があり、その中央部《ちゅうおうぶ》が平野《へいや》になっています。南部《なんぶ》には多数《たすう》の島《しま》があります。このほか、太平洋上《たいへいようじょう》の

くらし・文化　アルマ望遠鏡《ぼうえんきょう》

アタカマ砂漠《さばく》にある
アルマ望遠鏡《ぼうえんきょう》
66基《き》の電波望遠鏡《でんぱぼうえんきょう》で
宇宙《うちゅう》のなぞを
解明《かいめい》してきているのだ
視力《しりょく》1300といわれる
人類《じんるい》のたのもしい味方《みかた》だが、
アルマ望遠鏡《ぼうえんきょう》め…
ある惑星《わくせい》では、
これじゃ家《いえ》に
帰《かえ》れない…
ミッカッチャウヨォ〜〜
困《こま》っている者《もの》も
いるのかもしれない…

基本《きほん》データ

面積《めんせき》	75万《まん》6102㎢
人口《じんこう》	1791万人《まんにん》(2016年《ねん》)
おもな言語《げんご》	スペイン語《ご》(公用語《こうようご》)など
通貨《つうか》	ペソ

国旗《こっき》の由来《ゆらい》

青《あお》は空《そら》、白《しろ》はアンデスの雪《ゆき》、赤《あか》は独立戦争《どくりつせんそう》で流《なが》された血《ち》を表《あらわ》す。星《ほし》は5つの州《しゅう》を示《しめ》し、国内《こくない》の統一《とういつ》を意味《いみ》している。

ラパヌイ島《とう》

自然・地形　ラパヌイ島《とう》(イースター島《とう》)

太平洋《たいへいよう》にある島《しま》。ほぼ三角形《さんかくけい》の火山《かざん》島《とう》で、島内《とうない》には火山《かざん》が点在《てんざい》している。モアイ像《ぞう》が有名《ゆうめい》。

ファンフェルナンデス諸島《しょとう》と、南太《みなみたい》平洋《へいよう》に浮《う》かぶラパヌイ島《とう》(イースター島《とう》)も、チリの領土《りょうど》です。北部《ほくぶ》はアタカマ砂漠《さばく》などが広《ひろ》がる砂漠《さばく》気候《きこう》、中部《ちゅうぶ》は過《す》ごしやすい地中《ちちゅう》海性《かいせい》気候《きこう》、南部《なんぶ》は雨《あめ》の多《おお》い西岸海洋《せいがんかいよう》性気候《せいきこう》の森林地帯《しんりんちたい》、南極《なんきょく》に近《ちか》い地域《ちいき》は寒《さむ》さの厳《きび》しいツンドラ気候《きこう》と、地《ち》域《いき》によって気候《きこう》が変化《へんか》します。

歴史・人物 スペインから独立《どくりつ》

16世紀《せいき》の半《なか》ばに、チリはスペインの植民地《しょくみんち》になりました。その後《ご》、独立《どく》をもとめる動《うご》きが強《つよ》まり、1818年《ねん》に独立《どくりつ》を果《は》たしました。このとき、独立戦争《どくりつせんそう》の指揮《しき》をとったのが、ベルナルド・オヒギンスで、チリ独《どく》立《りつ》の父《ちち》とよばれています。

独立後《どくりつご》、1833年《ねん》に憲法《けんぽう》が公布《こうふ》され、民主的《みんしゅてき》な政治《せいじ》が始《はじ》まりました。金《きん》や銅《どう》、農産物《のうさんぶつ》の輸出《ゆしゅつ》で経済的《けいざいてき》に発《はっ》展《てん》します。しかし、20世紀《せいき》になると経済《けいざい》が悪化《あっか》しました。1973年《ねん》には軍事《ぐんじ》クーデターにより、軍事政権《ぐんじせいけん》が始《はじ》まると、独裁政治《どくさいせいじ》は1990年《ねん》までつづきました。

オヒギンスの肖像《しょうぞう》は、今《いま》もチリの紙幣《しへい》に使《つか》われているのよ

産業 銅《どう》の生産量《せいさんりょう》が世界一《せかいいち》

チリには、世界最大《せかいさいだい》の銅山《どうざん》エスコンディーダ鉱山《こうざん》や、世界最大《せかいさいだい》の露天《ろてん》掘《ぼ》り鉱山《こうざん》として知《し》られるチュキカマタ銅山《どうざん》などがあり、銅《どう》の生産量《せいさんりょう》、埋《まい》蔵量《ぞうりょう》ともに世界一《せかいいち》（2014年《ねん》）です。世界《せかい》の銅《どう》のおよそ3分《ぶん》の1をチリで生産《せいさん》しています。

産業 ぶどうやりんごを輸出《ゆしゅつ》

農林水産業《のうりんすいさんぎょう》もさかんです。中部《ちゅうぶ》の平野《へいや》では、ぶどうやりんごなどが栽《さい》培《ばい》され、輸出《ゆしゅつ》されています。肥料《ひりょう》や飼料《しりょう》に使《つか》う魚粉《ぎょふん》としても輸出《ゆしゅつ》されるカタクチイワシ、養殖魚《ようしょくぎょ》のサケ、マス、木材《もくざい》チップやパルプなども、重《じゅう》要《よう》な輸出品《ゆしゅつひん》です。

チリワインも輸出《ゆしゅつ》されているね

くらし・文化 スペイン語《ご》とカトリックの国《くに》

チリでは、ヨーロッパのなかでもスペイン系《けい》の移民《いみん》が多《おお》く、人口《じんこう》の約《やく》75％をしめています。公用語《こうようご》はスペイン語《ご》で、学校教育《がっこうきょういく》もスペイン語《ご》で行《おこな》われています。

伝統的《でんとうてき》にキリスト教《きょう》カトリックを信仰《しんこう》している人《ひと》が多《おお》く、首都《しゅと》サンティアゴには、18～19世紀《せいき》に建《た》てられた大聖堂《だいせいどう》などがあり、信仰《しんこう》のよりどころになっています。

サンティアゴ大聖堂《だいせいどう》。16世紀半《せいきなか》ばに建《た》てられ、その後《ご》、地震《じしん》による被害《ひがい》で何度《なんど》も再建《さいけん》されている。

くらし・文化

夕方《ゆうがた》のコーヒータイム

チリの食事《しょくじ》は、昼食《ちゅうしょく》が中心《ちゅうしん》です。ローストチキンやスペアリブなどのメイン料理《りょうり》に、パンか、フライドポテトやマッシュポテト、ごはんなどを、家族《かぞく》や友人《ゆうじん》といっしょに、時間《じかん》をかけて食《た》べます。

夕方《ゆうがた》6時《じ》ごろには、「オンセ」という軽食《けいしょく》をとります。コーヒーや紅茶《こうちゃ》と、パン、チーズ、ハム、ケーキやビスケットなどです。これで1日《にち》の食事《しょくじ》を終《お》える人《ひと》もいます。夕食《ゆうしょく》は、夜《よる》9時以降《じいこう》に軽《かる》くすませます。

もっと知りたい

世界遺産《せかいいさん》のラパヌイ島《とう》

チリから約《やく》3750km離《はな》れた南太平洋《みなみたいへいよう》上《じょう》には、ラパヌイ島《とう》（イースター島《とう》）があります。ここには、800体《たい》を超《こ》える巨大《きょだい》な石像《せきぞう》、モアイ像《ぞう》が点在《てんざい》しています。だれがどのような目的《もくてき》でつくったのか、今《いま》もはっきりわかっていない、なぞの像《ぞう》です。

島《しま》には4～5世紀《せいき》ごろ人《ひと》がうつり住《す》み、その後《ご》、千年《せんねん》ほどにわたって、独自《どくじ》の文《ぶん》化《か》を生《う》み出《だ》したと考《かんが》えられています。1995年《ねん》に世界遺産《せかいいさん》に登録《とうろく》されました。

島内《とうない》に立《た》つモアイ像《ぞう》。12mほどの高《たか》さのものもある。

南北《なんぼく》アメリカ
その他《ほか》の国《くに》

グアテマラ

正式名称 グアテマラ共和国《きょうわこく》
首都 グアテマラシティ
面積 10万《まん》8889㎢
人口 約《やく》1658万人《まんにん》（2016年《ねん》）
言語 スペイン語《ご》（公用語《こうようご》）、その他《た》マヤ系言語《けいげんご》
通貨 ケツァル

ベリーズ

正式名称 ベリーズ
首都 ベルモパン
面積 2万《まん》2966㎢
人口 36万《まん》7千人《せんにん》（2016年《ねん》）
言語 英語《えいご》（公用語《こうようご》）、スペイン語《ご》、ベリーズ・クレオール語《ご》、モパン語《ご》など
通貨 ベリーズ・ドル

ニカラグア

正式名称 ニカラグア共和国《きょうわこく》
首都 マナグア
面積 13万《まん》373㎢
人口 615万人《まんにん》（2016年《ねん》）
言語 スペイン語《ご》（公用語《こうようご》）など
通貨 コルドバ

エルサルバドル

正式名称 エルサルバドル共和国《きょうわこく》
首都 サンサルバドル
面積 2万《まん》1041㎢
人口 約《やく》613万人《まんにん》（2015年《ねん》）
言語 スペイン語《ご》（公用語《こうようご》）
通貨 米《べい》ドル

ホンジュラス

正式名称 ホンジュラス共和国《きょうわこく》
首都 テグシガルパ
面積 11万《まん》2492㎢
人口 911万人《まんにん》（2016年《ねん》）
言語 スペイン語《ご》（公用語《こうようご》）など
通貨 レンピーラ

ハイチ

正式名称 ハイチ共和国《きょうわこく》
首都 ポルトープランス
面積 2万《まん》7750㎢
人口 1084万《まん》7千人《せんにん》（2016年《ねん》）
言語 フランス語《ご》（公用語《こうようご》）、ハイチ・クレオール語《ご》（公用語《こうようご》）
通貨 グルド

バハマ

正式名称 バハマ国《こく》
首都 ナッソー
面積 1万《まん》3940㎢
人口 39万《まん》1千人《せんにん》（2016年《ねん》）
言語 英語《えいご》（公用語《こうようご》）など
通貨 バハマ・ドル

コスタリカ

正式名称 コスタリカ共和国《きょうわこく》
首都 サンホセ
面積 5万《まん》1100㎢
人口 約《やく》486万人《まんにん》（2016年《ねん》）
言語 スペイン語《ご》（公用語《こうようご》）
通貨 コロン

ドミニカ共和国《きょうわこく》

正式名称 ドミニカ共和国《きょうわこく》
首都 サントドミンゴ
面積 4万《まん》8671km^2
人口 約《やく》1065万人《まんにん》(2016年《ねん》)
言語 スペイン語《ご》(公用語《こうようご》)など
通貨 ペソ

パナマ

正式名称 パナマ共和国《きょうわこく》
首都 パナマシティ
面積 7万《まん》5320km^2
人口 約《やく》403万人《まんにん》(2016年《ねん》)
言語 スペイン語《ご》(公用語《こうようご》)など
通貨 バルボア、米《べい》ドル

太平洋《たいへいよう》とカリブ海《かい》を結《むす》ぶパナマ運河《うんが》

パナマ運河《うんが》のとちゅうには湖《みずうみ》があり、その水位《すいい》が太平洋《たいへいよう》やカリブ海《かい》よりも高《たか》いため、複数《ふくすう》の水門《すいもん》をエレベーターのように上下《じょうげ》に動《うご》かすことで水位《すいい》を調節《ちょうせつ》して、通過《つうか》するしくみになっています。運河《うんが》を通過《つうか》するには、船《ふね》の大《おお》きさに応《おう》じて通行料《つうこうりょう》がかかります。

液化天然《えきかてんねん》ガスなどがパナマ運河《うんが》を通《とお》り、LNG船《エルエヌジーせん》で日本《にほん》に運《はこ》ばれている。

セントクリストファー・ネービス

正式名称 セントクリストファー・ネービス
首都 バセテール
面積 261km^2
人口 5万《まん》5千人《せんにん》(2016年《ねん》)
言語 英語《えいご》(公用語《こうようご》)
通貨 東《ひがし》カリブ・ドル

セントルシア

正式名称 セントルシア
首都 カストリーズ
面積 539km^2
人口 17万《まん》8千人《せんにん》(2016年《ねん》)
言語 英語《えいご》(公用語《こうようご》)、セントルシア・クレオール語《ご》
通貨 東《ひがし》カリブ・ドル

ドミニカ国《こく》

正式名称 ドミニカ国《こく》
首都 ロゾー
面積 750km^2
人口 7万《まん》4千人《せんにん》(2016年《ねん》)
言語 英語《えいご》(公用語《こうようご》)、フランス語系《ごけい》クレオール語《ご》
通貨 東《ひがし》カリブ・ドル

アンティグア・バーブーダ

正式名称 アンティグア・バーブーダ
首都 セントジョンズ
面積 442km^2
人口 10万《まん》1千人《せんにん》(2016年《ねん》)
言語 英語《えいご》(公用語《こうようご》)、アンティグア・クレオール語《ご》
通貨 東《ひがし》カリブ・ドル

Q93 アンデルセンが生《う》まれた国《くに》は？

グレナダ

- 正式名称 グレナダ
- 首都 セントジョージズ
- 面積 345㎢
- 人口 10万《まん》7千人《せんにん》(2016年《ねん》)
- 言語 英語《えいご》(公用語《こうようご》)、グレナダ・クレオール語
- 通貨 東《ひがし》カリブ・ドル

バルバドス

- 正式名称 バルバドス
- 首都 ブリッジタウン
- 面積 431㎢
- 人口 28万《まん》5千人《せんにん》(2016年《ねん》)
- 言語 英語《えいご》(公用語《こうようご》)、バルバドス・クレオール語
- 通貨 バルバドス・ドル

セントビンセントおよびグレナディーン諸島《しょとう》

- 正式名称 セントビンセントおよびグレナディーン諸島《しょとう》
- 首都 キングスタウン
- 面積 389㎢
- 人口 11万人《まんにん》(2016年《ねん》)
- 言語 英語《えいご》(公用語《こうようご》)、セントビンセント・クレオール語《ご》
- 通貨 東《ひがし》カリブ・ドル

ガイアナ

- 正式名称 ガイアナ共和国《きょうわこく》
- 首都 ジョージタウン
- 面積 21万《まん》4969㎢
- 人口 77万《まん》3千人《せんにん》(2016年《ねん》)
- 言語 英語《えいご》(公用語《こうようご》)、ガイアナ・クレオール語《ご》など
- 通貨 ガイアナ・ドル

ベネズエラ

- 正式名称 ベネズエラ・ボリバル共和国《きょうわこく》
- 首都 カラカス
- 面積 91万《まん》2050㎢
- 人口 3150万人《まんにん》(2016年《ねん》)
- 言語 スペイン語《ご》(公用語《こうようご》)など
- 通貨 ボリバル・フエルテ

トリニダード・トバゴ

- 正式名称 トリニダード・トバゴ共和国《きょうわこく》
- 首都 ポートオブスペイン
- 面積 5127㎢
- 人口 136万《まん》5千人《せんにん》(2016年《ねん》)
- 言語 英語《えいご》(公用語《こうようご》)、ヒンディー語《ご》、フランス語《ご》、スペイン語《ご》、トリニダード・クレオール語《ご》など
- 通貨 トリニダード・トバゴ・ドル

ボリビア

- 正式名称 ボリビア多民族国《たみんぞくこく》
- 首都 ラパス(憲法上《けんぽうじょう》はスクレ)
- 面積 109万《まん》8581㎢
- 人口 1082万《まん》5千人《せんにん》(2015年《ねん》)
- 言語 スペイン語《ご》(公用語《こうようご》)、ケチュア語《ご》、アイマラ語《ご》などの36の先住民言語《せんじゅうみんげんご》(公用語《こうようご》)
- 通貨 ボリビアノス

エクアドル

- 正式名称 エクアドル共和国《きょうわこく》
- 首都 キト
- 面積 25万《まん》7217㎢
- 人口 1639万人《まんにん》(2016年《ねん》)
- 言語 スペイン語《ご》(公用語《こうようご》)など
- 通貨 米《べい》ドル

スリナム

- 正式名称 スリナム共和国《きょうわこく》
- 首都 パラマリボ
- 面積 16万《まん》3820㎢
- 人口 55万《まん》8千人《せんにん》(2016年《ねん》)
- 言語 オランダ語《ご》(公用語《こうようご》)、英語《えいご》、スリナム語《ご》など
- 通貨 スリナム・ドル

南北《なんぼく》アメリカ　おさらいクイズ

『赤毛《あかげ》のアン』はカナダの作家《さっか》が書《か》いた小説《しょうせつ》だよ

南北《なんぼく》アメリカの国々《くにぐに》のクイズにチャレンジ！
3つの中《なか》から選《えら》んでね！

Q1 産業
アルゼンチンの農牧業《のうぼくぎょう》の中心《ちゅうしん》はどこ？

① グランチャコ
② パンパ
③ パタゴニア

Q2 歴史・人物
1990年《ねん》にペルーの大統領《だいとうりょう》になったのは？

① ベルナルド・オヒギンス
② アルベルト・フジモリ
③ ドン・ペドロ

Q3 自然・地形
流域面積《りゅういきめんせき》が世界最大《せかいさいだい》の川《かわ》は？

① アマゾン川《がわ》
② ラプラタ川《がわ》
③ コロラド川《がわ》

Q4 くらし・文化
野球《やきゅう》が生《う》まれた国《くに》はどこ？

① ハイチ
② キューバ
③ アメリカ合衆国《がっしゅうこく》

Q5 自然・地形
世界《せかい》で一番細長《いちばんほそなが》い国《くに》はどこ？

① ボリビア
② チリ
③ アルゼンチン

Q6 くらし・文化
『赤毛《あかげ》のアン』の舞台《ぶたい》となっている島《しま》は？

① プリンスエドワード島《とう》
② ビクトリア島《とう》
③ エルズミーア島《とう》

答《こた》えは、237 ページにのっています。

自然《しぜん》と調和《ちょうわ》して暮《く》らすオセアニアの国々《くにぐに》

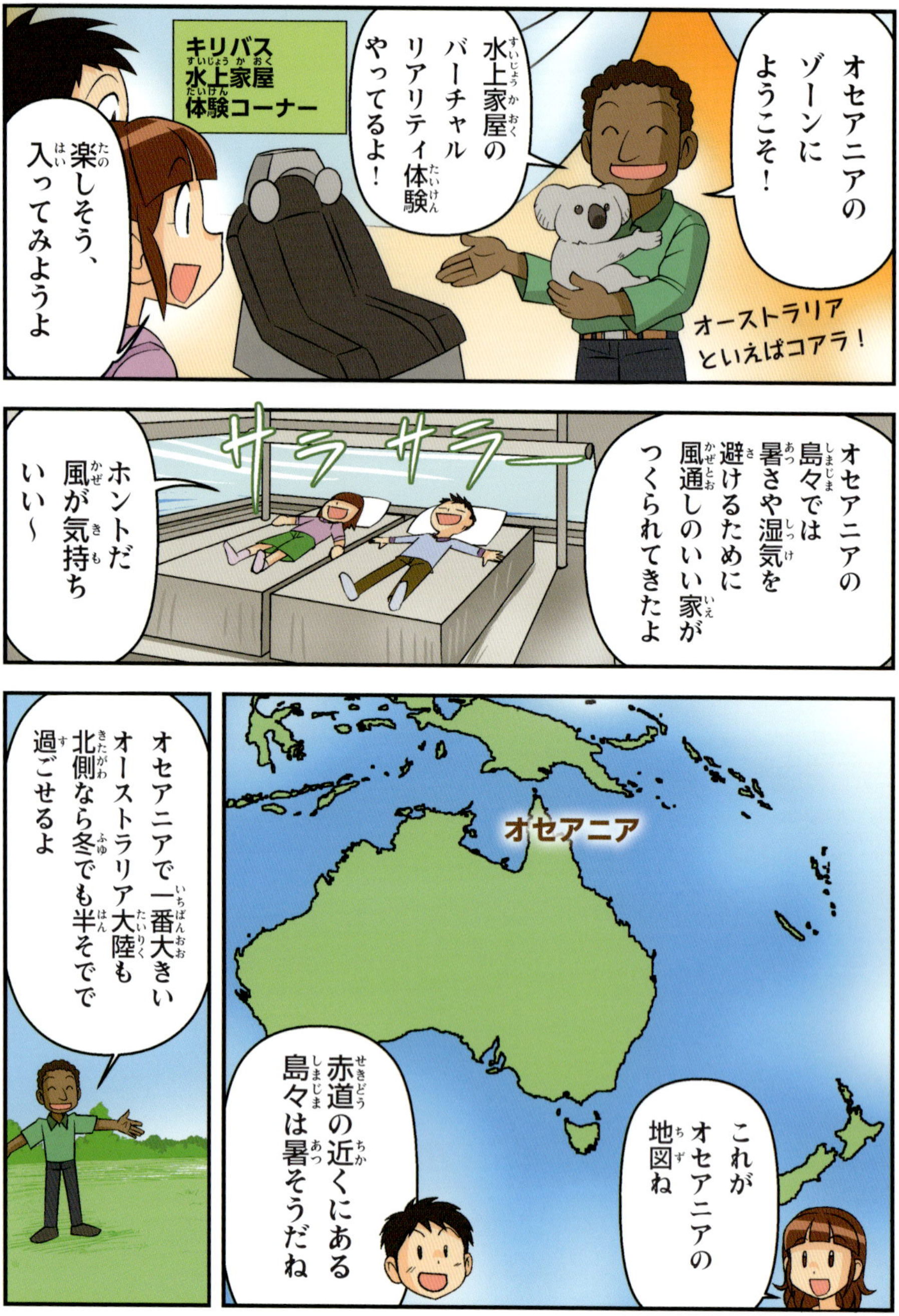

北《きた》？ あ、そうか 南半球《みなみはんきゅう》では 北《きた》に行《い》くほど 暑《あつ》くなるのか！
北半球《きたはんきゅう》
南半球《みなみはんきゅう》
日本《にほん》と反対《はんたい》ね！
あ、サンタクロースが サーフィンしてる！
南半球《みなみはんきゅう》では 北半球《きたはんきゅう》とは季節《きせつ》も 反対《はんたい》になるんだよ
オーストラリアの クリスマスは夏《なつ》なのね！ おもしろーい！
オーストラリアと ニュージーランドは、 イギリスからうつり住《す》んだ人《ひと》が 多《おお》いけど、もともと住《す》んでいた 人々《ひとびと》の文化《ぶんか》も残《のこ》っているよ
他《ほか》のオセアニアの 島々《しまじま》では、さまざまな 民族《みんぞく》が自然《しぜん》と調和《ちょうわ》した 暮《く》らし方《かた》をしているよ
マオリ（ニュージーランド先住民《せんじゅうみん》）
オーストラリア先住民《せんじゅうみん》
ああー くつろぐー
フワ～
あの…… ここはまだ 入《い》り口《ぐち》だよ

オセアニアの国々《くにぐに》

パラオ
P.234
パプアニューギニア
P.224
オーストラリア
P.226
オーストラリアは
大陸《たいりく》のなかでは一番《いちばん》小《ちい》さいけど、
国《くに》の面積《めんせき》は世界《せかい》6位《い》なのよ
120°
150°

800以上《いじょう》の部族《ぶぞく》がくらす島国《しまぐに》

パプアニューギニア

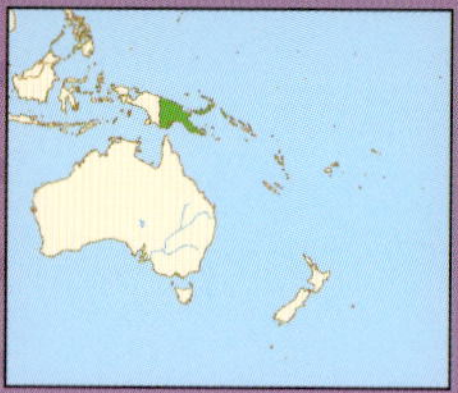

正式名称《せいしきめいしょう》 パプアニューギニア独立国《どくりつこく》

首《しゅ》都《と》 ポートモレスビー

基本《きほん》データ

面《めん》積《せき》 46万《まん》2840㎢

人《じん》口《こう》 約《やく》800万人《まんにん》（2016年《ねん》）

おもな言語《げんご》 英語《えいご》（公用語《こうようご》）、ピジン英語《えいご》、モツ語《ご》など

通《つう》貨《か》 キナ、トヤ

国旗《こっき》の由来《ゆらい》

赤《あか》と黒《くろ》はこの国《くに》の伝統色《でんとうしょく》。黄《き》色《いろ》の極楽鳥《ごくらくちょう》は自由《じゆう》と統合《とうごう》、飛《ひ》躍《やく》を表《あらわ》し、5つの星《ほし》は南十字《みなみじゅうじ》星《せい》を表《あらわ》している。

自然・地形 600以上《いじょう》の島《しま》がある国《くに》

グリーンランドに次《つ》いで世界《せかい》で2番目《ばんめ》に大《おお》きい島《しま》であるニューギニア島《とう》の東半分《ひがしはんぶん》と、その周辺《しゅうへん》の600以上《いじょう》の島々《しまじま》からなる国《くに》です。

ニューギニア島《とう》の中央部《ちゅうおうぶ》には標高《ひょうこう》が3千《ぜん》m以上《いじょう》の山《やま》が連《つら》なり、そのまわりは密林《みつりん》におおわれています。国《こく》土《ど》の大半《たいはん》は、1年中《ねんじゅう》気温《きおん》が高《たか》く、雨《あめ》が多《おお》い熱帯雨林気候《ねったいうりんきこう》です。密林《みつりん》には希少生物《きしょうせいぶつ》が生息《せいそく》しています。

歴史・人物 1975年《ねん》に独立《どくりつ》

パプアニューギニアでは古《ふる》くから人類《じんるい》が暮《く》らしていた跡《あと》が発見《はっけん》されていますが、この地域《ちいき》がヨーロッパに知《し》られるようになったのは16世紀《せいき》に入《はい》ってからです。ポルトガル人《じん》とスペイン人《じん》によって発見《はっけん》された島《しま》といわれています。

19世紀末《せいきまつ》にドイツ領《りょう》となり、その後《ご》、オーストラリア、イギリスに統《とう》治《ち》されました。第二次世界大戦《だいにじせかいたいせん》が始《はじ》まると、日本軍《にほんぐん》がこの地《ち》を支配《しはい》しますが、戦後《せんご》の1975年《ねん》に独立《どくりつ》を果《は》たしました。

国内《こくない》には、第二次世界大戦《だいにじせかいたいせん》の遺跡《いせき》や慰霊碑《いれいひ》が今《いま》も残《のこ》っているよ

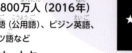

くらし・文化

シンシン

パプアニューギニアには800以上《いじょう》の部族《ぶぞく》がいて、独自《どくじ》のおどりがある
これを「シンシン」という
年《ねん》に一度《いちど》集《あつ》まって、それぞれの部族《ぶぞく》の衣装《いしょう》でシンシンをひろうする
ドコ
ドコ
ドン
ドン
お面《めん》をかぶっておどる部族《ぶぞく》もいる
楽《たの》しそう
ん？
ワシも陽気《ようき》におどるぞ～
なまはげさん、包丁《ほうちょう》は置《お》いてからおどって！
わっ

産業

輸出《ゆしゅつ》を支《ささ》える天然資源《てんねんしげん》

パプアニューギニアの輸出額《ゆしゅつがく》の約《やく》70％は、金《きん》、銅《どう》、石油《せきゆ》、天然《てんねん》ガスなどの鉱物資源《こうぶつしげん》がしめています。

近年《きんねん》では、急速冷凍《きゅうそくれいとう》の技術《ぎじゅつ》が伝《つた》えられたことにより魚介類《ぎょかいるい》の輸出《ゆしゅつ》もさかんになり、エビやマグロなどが輸出《ゆしゅつ》されています。

くらし・文化

伝統的《でんとうてき》な暮《く》らし

この国《くに》に暮《く》らす部族《ぶぞく》は800以上《いじょう》といわれ、それぞれ独自《どくじ》の文化《ぶんか》をもっています。棒《ぼう》1本《ぽん》で土《つち》を掘《ほ》り起《お》こして作物《さくもつ》を育《そだ》てたり、弓《ゆみ》ややりを使《つか》って狩猟《しゅりょう》をしたり、網《あみ》やつり針《ばり》で魚《さかな》をとるなど、伝統的《でんとうてき》な生活《せいかつ》をしている人《ひと》たちがたくさんいます。

パプアニューギニアの伝統的《でんとうてき》な祭《まつ》りである「シンシン」のようす。いろいろな部族《ぶぞく》が集《あつ》まって、歌《うた》やおどりを競《きそ》い合《あ》う。

南半球《みなみはんきゅう》に位置《いち》する大陸《たいりく》の国《くに》

オーストラリア

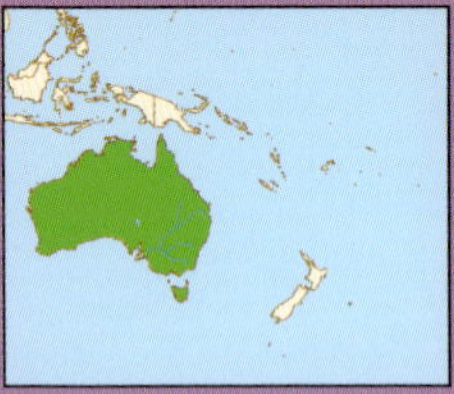

正式名称《せいしきめいしょう》 オーストラリア連邦《れんぽう》
首都《しゅと》 キャンベラ

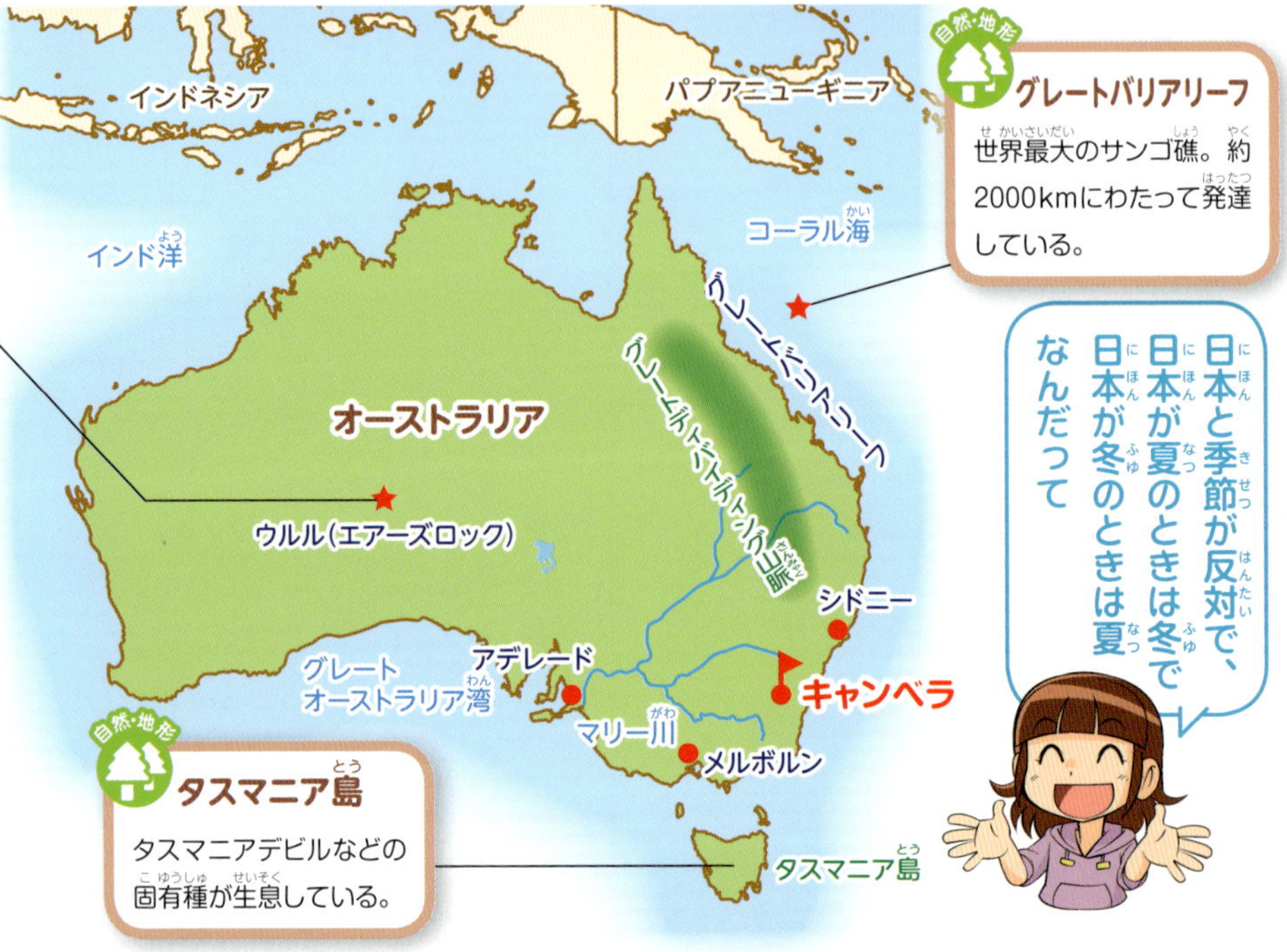

インドネシア
パプアニューギニア
インド洋《よう》
コーラル海《かい》
グレートバリアリーフ
グレートディバイディング山脈《さんみゃく》
オーストラリア
ウルル（エアーズロック）
シドニー
アデレード
キャンベラ
グレートオーストラリア湾《わん》
マリー川《がわ》
メルボルン
タスマニア島《とう》
自然・地形
グレートバリアリーフ
世界最大《せかいさいだい》のサンゴ礁《しょう》。約《やく》2000kmにわたって発達《はったつ》している。
自然・地形
タスマニア島《とう》
タスマニアデビルなどの固有種《こゆうしゅ》が生息《せいそく》している。
日本《にほん》と季節《きせつ》が反対《はんたい》で、日本《にほん》が夏《なつ》のときは冬《ふゆ》で日本《にほん》が冬《ふゆ》のときは夏《なつ》なんだって

自然・地形

温暖《おんだん》な気候《きこう》の大地《だいち》

世界《せかい》で最《もっと》も小《ちい》さな大陸《たいりく》であるオーストラリア大陸《たいりく》と、周辺《しゅうへん》の島々《しまじま》からなる国《くに》です。南半球《みなみはんきゅう》に位置《いち》し、日本《にほん》のほぼ真南《まみなみ》にあります。

温暖《おんだん》で降水量《こうすいりょう》も多《おお》い東部《とうぶ》や東南部《とうなんぶ》には大都市《だいとし》が点在《てんざい》していますが、中部《ちゅうぶ》や西部《せいぶ》には乾燥《かんそう》した台地《だいち》や砂漠《さばく》が広《ひろ》がっています。

他《ほか》の大陸《たいりく》からはなれているため、コアラやカンガルーなど、オーストラリア独自《どくじ》に進化《しんか》をしてきた動植物《どうしょくぶつ》がたくさんいます。

また世界《せかい》で2番目《ばんめ》に大《おお》きな一枚岩《いちまいいわ》であり、オーストラリア先住民《せんじゅうみん》の聖地《せいち》であるウルル（エアーズロック）や、世界最大《せかいさいだい》のサンゴ礁《しょう》グレートバリアリーフなど、世界遺産《せかいいさん》にも登録《とうろく》されている豊《ゆた》かな大自然《だいしぜん》が多《おお》く見《み》られます。

自然・地形　ここだけの動物《どうぶつ》たち

自然・地形　ウルル（エアーズロック）

世界《せかい》で2番目《ばんめ》に大《おお》きな一枚岩《いちまいいわ》。高《たか》さ348m。先住民《せんじゅうみん》には、「ウルル」とよばれ、聖《せい》地《ち》とされている。

基本《きほん》データ

面《めん》積《せき》	769万《まん》2024㎢
人《じん》口《こう》	約《やく》2460万人《まんにん》（2017年《ねん》）
おもな言語《げんご》	英語《えいご》（公用語《こうようご》）など
通《つう》貨《か》	オーストラリア・ドル

国旗《こっき》の由来《ゆらい》

５つの星《ほし》は南十字星《みなみじゅうじせい》で南半球《みなみはんきゅう》の国《くに》を示《しめ》す。ユニオン・ジャックはイギリスとの関係《かんけい》の象徴《しょうちょう》。その下《した》の七角《ななかく》の星《ほし》は６州《しゅう》と１準州《じゅんしゅう》を表《あらわ》す。

歴史・人物

白豪主義《はくごうしゅぎ》から多民族社会《たみんぞくしゃかい》へ

オーストラリア大陸《たいりく》には、もともと先住民《せんじゅうみん》がいました。1770年《ねん》にイギリス人《じん》探検家《たんけんか》クックが上陸《じょうりく》してから、イギリス人《じん》が移住《いじゅう》し、1827年《ねん》にイギリスの植民地《しょくみんち》となりました。

その後《ご》、白人以外《はくじんいがい》の移住《いじゅう》が制限《せいげん》され、白人以外《はくじんいがい》の人々《ひとびと》は差別《さべつ》を受《う》けました。この政策《せいさく》は白豪主義《はくごうしゅぎ》とよばれました。1901年《ねん》には、イギリスからの独立《どくりつ》をみとめられます。

第二次世界大戦後《だいにじせかいたいせんご》、ヨーロッパからの移民《いみん》を受《う》け入《い》れ、その後《ご》アジア系《けい》の移民《いみん》もふえました。1975年《ねん》には人種差別禁止法《じんしゅさべつきんしほう》が定《さだ》められ、白《はく》豪主義《ごうしゅぎ》は廃止《はいし》されました。こうして多民族社会《たみんぞくしゃかい》へと変化《へんか》しています。

白豪《はくごう》の「豪《ごう》」は、オーストラリアのことね

産業

世界有数《せかいゆうすう》の経済大国《けいざいたいこく》

オーストラリアは高《たか》い経済力《けいざいりょく》をほこる先進国《せんしんこく》です。鉱物資源《こうぶつしげん》が豊富《ほうふ》で、産出量《さんしゅつりょう》は鉄鉱石《てっこうせき》が世界第《せかいだい》1位《い》、石炭《せきたん》が世界第《せかいだい》5位《い》(2014年《ねん》)です。その多《おお》くが日本《にほん》に輸出《ゆしゅつ》されています。

広大《こうだい》な国土《こくど》を利用《りよう》して小麦《こむぎ》や大麦《おおむぎ》、野菜《やさい》、くだものなどの大規模農業《だいきぼのうぎょう》も行《おこな》われています。農産物《のうさんぶつ》を利用《りよう》した食品加工《しょくひんかこう》も発達《はったつ》しています。

牧畜《ぼくちく》もさかんで、中央部《ちゅうおうぶ》や西部《せいぶ》の草原地帯《そうげんちたい》ではたくさんの羊《ひつじ》が飼育《しいく》されており、羊毛《ようもう》の輸出量《ゆしゅつりょう》は世界第《せかいだい》1位《い》(2013年《ねん》)です。

オーストラリアのぶどう畑《ばたけ》。ワインの原料《げんりょう》になる。

産業

経済《けいざい》を支《ささ》える観光業《かんこうぎょう》

オーストラリアは年間《ねんかん》600万人《まんにん》の観《かん》光客《こうきゃく》がおとずれる観光立国《かんこうりっこく》でもあります。

世界自然遺産《せかいしぜんいさん》に登録《とうろく》されているグレートバリアリーフやウルル(エアーズロック)、タスマニア島《とう》などの豊《ゆた》かな自然《しぜん》と、コアラやカンガルーなどのめずらしい動物《どうぶつ》たちが、観光《かんこう》客《きゃく》に人気《にんき》です。

また、メルボルンにあるカールトン庭園《ていえん》や、シドニーにあるオペラハウスも、世界文化遺産《せかいぶんかいさん》に登録《とうろく》され、観光地《かんこうち》となっています。

世界的《せかいてき》に有名《ゆうめい》な歌劇場《かげきじょう》、シドニーのオペラハウス。1973年《ねん》に完成《かんせい》した。

くらし・文化　多文化《たぶんか》、多言語《たげんご》を尊重《そんちょう》

イギリスなどヨーロッパ系《けい》の人々《ひとびと》がおよそ90％をしめます。白豪主義《はくごうしゅぎ》を廃止《はいし》してからは、中国系《ちゅうごくけい》やベトナム系《けい》、インド系《けい》など、アジアからの移民《いみん》もふえています。

公用語《こうようご》は英語《えいご》ですが、それぞれの民族《みんぞく》の言葉《ことば》も話《はな》されており、英語以《えいごい》外《がい》の言葉《ことば》でも、たくさんの新聞《しんぶん》や雑《ざっ》誌《し》が発行《はっこう》されています。ラジオは70の言語《げんご》での放送《ほうそう》があり、小学校《しょうがっこう》でも多言語教育《たげんごきょういく》が行《おこな》われています。

宗教《しゅうきょう》はキリスト教徒《きょうと》が52％ほどですが、イスラム教徒《きょうと》やヒンドゥー教《きょう》徒《と》も暮《く》らしています。

もっと知りたい　伝統的《でんとうてき》な文化《ぶんか》を守《まも》る先住民《せんじゅうみん》

オーストラリアの先住民《せんじゅうみん》は、今《いま》から数《すう》万年前《まんねんまえ》、アジアからオーストラリア大陸《たいりく》にわたったと考《かんが》えられています。18世紀《せいき》にイギリスの植民地《しょくみんち》となったころには、30万人《まんにん》、500の部族《ぶぞく》が暮《く》らしていたとされています。

しかし、植民地支配《しょくみんちしはい》のなかで、先住民《せんじゅうみん》は急速《きゅうそく》に人口《じんこう》をへらしました。現在《げんざい》では全人口《ぜんじんこう》の数《すう》％しか残《のこ》っていませんが、先《せん》住民《じゅうみん》としての権利《けんり》がみとめられ、文化《ぶんか》の保護《ほご》が進《すす》められています。

世界最古《せかいさいこ》の管楽器《かんがっき》といわれるディジュリドゥや、岩壁《がんぺき》にえがかれた壁画《へきが》、狩猟《しゅりょう》道具《どうぐ》であるブーメランなどの独自《どくじ》の文《ぶん》化《か》が、今《いま》に伝《つた》わっています。

オーストラリア先住民《せんじゅうみん》の壁画《へきが》。動物《どうぶつ》の骨《ほね》や内臓《ないぞう》などがすけて見《み》えるようにえがかれている。

日本《にほん》とよく似《に》た南太平洋《みなみたいへいよう》の島国《しまぐに》

ニュージーランド

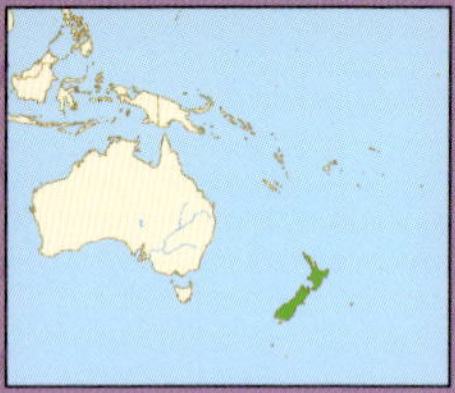

正式名称《せいしきめいしょう》 ニュージーランド　首都《しゅと》 ウェリントン

自然・地形

アオラキ山《さん》(クック山《さん》)

ニュージーランドの最高《さいこう》峰《ほう》。南島《みなみじま》のサザンアルプス山脈《さんみゃく》にある。標高《ひょうこう》は3724m。

くらし・文化

オークランド

ニュージーランド最大《さいだい》の都《と》市《し》。首都《しゅと》ウェリントンと特《とっ》急列車《きゅうれっしゃ》で結《むす》ばれている。

オークランド
太平洋《たいへいよう》
北島《きたじま》
クック海峡《かいきょう》
ウェリントン
サザンアルプス山脈《さんみゃく》
ニュージーランド
アオラキ山《さん》
(クック山《さん》)
チャタム諸島《しょとう》
フィヨルド
ランド
クインズタウン
南島《みなみじま》
スチュアート島《とう》
オークランド諸島《しょとう》

自然・地形

フィヨルドランド

南島《みなみじま》の南西海岸《なんせいかいがん》にある国立公園《こくりつこうえん》。海岸線《かいがんせん》が深《ふか》く出《で》入《い》りしている。

産業

クインズタウン

観光《かんこう》でのバンジージャンプ発祥《はっしょう》の地《ち》といわれる。

自然・地形

火山《かざん》活動《かつどう》が活発《かっぱつ》で地震《じしん》が多《おお》い

ニュージーランドは、オーストラリアの南東約《なんとうやく》2000㎞の位置《いち》にある国《くに》です。北島《きたじま》と南島《みなみじま》の2つの島《しま》が大《おお》きな面積《めんせき》をしめ、総面積《そうめんせき》は日本《にほん》の約《やく》4分《ぶん》の3ほどです。太平洋《たいへいよう》に浮《う》かぶ島国《しまぐに》であるほか、山《やま》の多《おお》い地形《ちけい》、気候《きこう》などが日本《にほん》と比較的《ひかくてき》似《に》ているのが特徴《とくちょう》です。また、火山活動《かざんかつどう》が活発《かっぱつ》で地震《じしん》が多《おお》い点《てん》でも、日本《にほん》と似《に》ています。

気候《きこう》は冬《ふゆ》でも比較的暖《ひかくてきあたた》かく、常緑《じょうりょく》樹《じゅ》の森《もり》が広《ひろ》がっています。緯度《いど》が高《たか》い南島《みなみじま》の南西部《なんせいぶ》には、氷河《ひょうが》が地面《じめん》をけずってできたフィヨルドとよばれる地形《ちけい》が見《み》られます。

ニュージーランドの国鳥《こくちょう》であるキーウィは、飛《と》ばない鳥《とり》として知《し》られています。

くらし・文化

キーウィの国《くに》

ニュージーランドの国鳥《こくちょう》
キーウィは絶滅危惧種《ぜつめつきぐしゅ》
仲間《なかま》の多《おお》くが 保護《ほご》しせつにいます
キウイフルーツは、キーウィに似《に》ているから この名前《なまえ》になった
あら そっくり ですね
コンニチハ
ニュージーランドの人《ひと》は 自分《じぶん》たちのことも キーウィとよぶ
おれたち キーウィ
あの人《ひと》たちは 似《に》てません
KIWI
KIWI
キーウィ だらけ!?
いい キウイだ♪
←キーウィ
KIWI
キーウィ
キウイ
キーウィ
←キーウィ

基本《きほん》データ

面積《めんせき》	26万《まん》8107㎢
人口《じんこう》	約《やく》476万人《まんにん》（2017年《ねん》）
おもな言語《げんご》	英語《えいご》（公用語《こうようご》）、マオリ語《ご》（公用語《こうようご》）、手話《しゅわ》（公用語《こうようご》）
通貨《つうか》	ニュージーランド・ドル

国旗《こっき》の由来《ゆらい》

ユニオン・ジャックは、イギリスとの長《なが》い関係《かんけい》の象徴《しょうちょう》。４つの赤《あか》い星《ほし》は、この国《くに》から見《み》える南十字星《みなみじゅうじせい》を表《あらわ》す。

ニュージーランドはラグビーの強豪国《きょうごうこく》としても有名《ゆうめい》だね

キーウィ。飛《と》ばないのは、天敵《てんてき》がいなかったためといわれている。

歴史・人物

イギリスから独立《どくりつ》

ニュージーランドには、もともとポリネシア（太平洋中部地域《たいへいようちゅうぶちいき》）からやってきた人々《ひとびと》の子孫《しそん》であるマオリが住《す》んでいました。

しかし、18世紀以降《せいきいこう》、イギリス人《じん》の探検家《たんけんか》クックが上陸《じょうりく》してから、イギリス人《じん》がおとずれるようになり、その後《ご》、イギリスの植民地《しょくみんち》となります。1814年《ねん》には、キリスト教《きょう》も伝《つた》えられています。

イギリスからの移民《いみん》たちは、森《もり》を焼《や》きはらい、羊《ひつじ》を飼《か》うために広大《こうだい》な牧草地《ぼくそうち》をつくりました。

第二次世界大戦後《だいにじせかいたいせんご》の1947年《ねん》、ニュージーランドはイギリス連邦《れんぽう》の一員《いちいん》として独立《どくりつ》を果《は》たしました。

マオリはカヌーでニュージーランドにやってきたんだって！

産業

牧畜《ぼくちく》や酪農《らくのう》がさかん

ニュージーランドは、国土《こくど》の約《やく》40％を牧草地《ぼくそうち》がしめています。牛《うし》や羊《ひつじ》の数《かず》は、人口《じんこう》の10倍以上《ばいいじょう》といわれています。牧畜《ぼくちく》や酪農《らくのう》がさかんで、チーズやバターなどの乳製品《にゅうせいひん》や肉《にく》、羊毛《ようもう》などが多《おお》く生産《せいさん》されています。

また、植林《しょくりん》された木《き》を利用《りよう》して、木材《もくざい》やおがくずなども生産《せいさん》しています。日本《にほん》の製紙会社《せいしがいしゃ》の現地工場《げんちこうじょう》もニュージーランドに進出《しんしゅつ》し、生産《せいさん》を行《おこな》っています。

ニュージーランドの牧草地《ぼくそうち》。たくさんの羊《ひつじ》が放牧《ほうぼく》されている。

産業

自然《しぜん》を体験《たいけん》できる

ニュージーランドでは、山《やま》や火山《かざん》、フィヨルドなどの雄大《ゆうだい》な自然《しぜん》を利用《りよう》した観光業《かんこうぎょう》もさかんです。最近《さいきん》は、バンジージャンプやマリンスポーツなど、自然《しぜん》の中《なか》での体験《たいけん》も観光客《かんこうきゃく》に人気《にんき》となっています。

くらし・文化

手話《しゅわ》が公用語《こうようご》になった

ニュージーランドの住民《じゅうみん》の約《やく》7割《わり》がヨーロッパ系《けい》の人々《ひとびと》で、そのほとんどは、イギリスからの移民《いみん》の子孫《しそん》です。先住民《せんじゅうみん》のマオリは約《やく》15％をしめます。

公用語《こうようご》は英語《えいご》とマオリ語《ご》です。2006年《ねん》には、ニュージーランド手話《しゅわ》も3つ目《め》の公用語《こうようご》になりました。

宗教《しゅうきょう》をもっている人《ひと》のなかでは、およそ半分《はんぶん》がキリスト教徒《きょうと》です。

くらし・文化

イギリスとマオリの文化《ぶんか》

長《なが》くイギリスの植民地《しょくみんち》や自治領《じちりょう》で、イギリスからの移民《いみん》も多《おお》かったため、暮《く》らしのなかにはイギリスの伝統文化《でんとうぶんか》の影響《えいきょう》が残《のこ》っています。

午後《ごご》にお茶《ちゃ》を飲《の》む習慣《しゅうかん》である「アフタヌーン・ティー」などは、その代《だい》表的《ひょうてき》なものです。また、イギリスの代表的《だいひょうてき》な料理《りょうり》のフィッシュアンドチップスなども、食《た》べられています。

最近《さいきん》は、マオリの伝統文化《でんとうぶんか》を守《まも》ろうという活動《かつどう》もさかんになり、学校《がっこう》でマオリの文化《ぶんか》を学《まな》ぶなどの取《と》り組《く》みが始《はじ》まっています。

マオリの彫刻《ちょうこく》。

もっと知りたい

撮影大国《さつえいたいこく》ニュージーランド

ニュージーランドは、映画《えいが》やCM《シーエム》の撮《さつ》影《えい》がさかんな国《くに》です。たとえば、日本《にほん》で春《はる》に放映《ほうえい》する予定《よてい》のCM《シーエム》を秋《あき》から冬《ふゆ》にかけて撮影《さつえい》する場合《ばあい》、国内《こくない》では撮影《さつえい》できません。しかし、季節《きせつ》が逆《ぎゃく》のニュージーランドでなら、春《はる》の雰囲気《ふんいき》を出《だ》しながら撮影《さつえい》をすることができます。そのため、日本《にほん》のCM《シーエム》にも、ニュージーランドで撮《さつ》影《えい》されたものが少《すく》なくありません。

また、SF《エスエフ》映画《えいが》やファンタジー映画《えいが》などのなかには、雄大《ゆうだい》な景色《けしき》を舞台《ぶたい》にした作《さく》品《ひん》が多《おお》くあります。ニュージーランドの雄大《ゆうだい》な自然《しぜん》は、これらの映画《えいが》の撮影場所《さつえいばしょ》として、広《ひろ》く利用《りよう》されています。

首都《しゅと》のウェリントンでは、映画《えいが》やCM《シーエム》の撮影場所《さつえいばしょ》を手配《てはい》したり、撮影《さつえい》を補助《ほじょ》したりする映像関連《えいぞうかんれん》の会社《かいしゃ》が次々《つぎつぎ》と設立《せつりつ》されています。

そのまま残《のこ》されているから、映画《えいが》の世界《せかい》を味《あじ》わえるね

ニュージーランドのファンタジー映画《えいが》『ホビット』のために建設《けんせつ》されたセット。観光地《かんこうち》として人気《にんき》がある。

オセアニア
その他《ほか》の国《くに》

パラオ

正式名称 パラオ共和国《きょうわこく》
首都 マルキョク
面積 459㎢
人口 2万《まん》1291人《にん》(2015年《ねん》)
言語 パラオ語《ご》(公用語《こうようご》)、英語《えいご》(公用語《こうようご》)など
通貨 米《べい》ドル

ミクロネシア

正式名称 ミクロネシア連邦《れんぽう》
首都 パリキール
面積 702㎢
人口 約《やく》10万《まん》4044人《にん》(2014年《ねん》)
言語 英語《えいご》(公用語《こうようご》)など
通貨 米《べい》ドル

ナウル

正式名称 ナウル共和国《きょうわこく》
首都 ヤレン
面積 21㎢
人口 約《やく》1万《まん》3千人《ぜんにん》(2016年《ねん》)
言語 英語《えいご》(公用語《こうようご》)、ナウル語《ご》
通貨 オーストラリア・ドル

キリバス

正式名称 キリバス共和国《きょうわこく》
首都 タラワ
面積 726㎢
人口 約《やく》11万《まん》4千人《せんにん》(2016年《ねん》)
言語 キリバス語《ご》(公用語《こうようご》)、英語《えいご》(公用語《こうようご》)
通貨 オーストラリア・ドル

マーシャル諸島《しょとう》

正式名称 マーシャル諸島《しょとう》共和国《きょうわこく》
首都 マジュロ
面積 181㎢
人口 5万《まん》2898人《にん》(2014年《ねん》)
言語 マーシャル語《ご》(公用語《こうようご》)、英語《えいご》(公用語《こうようご》)
通貨 米《べい》ドル

ナウルは世界《せかい》で
3番目《ばんめ》に小《ちい》さな国《くに》だよ

バヌアツ

正式名称 バヌアツ共和国《きょうわこく》
首都 ポートビラ
面積 1万《まん》2189㎢
人口 約《やく》27万人《まんにん》(2016年《ねん》)
言語 ピジン英語《えいご》(公用語《こうようご》)、英語《えいご》(公用語《こうようご》)、フランス語《ご》(公用語《こうようご》)
通貨 バツ

ソロモン諸島《しょとう》

正式名称 ソロモン諸島《しょとう》
首都 ホニアラ
面積 2万《まん》8896㎢
人口 約《やく》60万人《まんにん》(2016年《ねん》)
言語 英語《えいご》(公用語《こうようご》)、ピジン英語《えいご》(共通語《きょうつうご》)
通貨 ソロモン・ドル

ツバル

- 正式名称　ツバル
- 首都　フナフティ
- 面積　26㎢
- 人口　約《やく》1万《まん》1千人《せんにん》（2016年《ねん》）
- 言語　英語《えいご》（公用語《こうようご》）、ツバル語《ご》（公用語《こうようご》）など
- 通貨　オーストラリア・ドル

地球温暖化《ちきゅうおんだんか》の影響《えいきょう》が心配《しんぱい》されるツバル

ツバルはサンゴ礁《しょう》の島々《しまじま》からなる国《くに》で、標高《ひょうこう》が平均《へいきん》で2mしかありません。そのため、地球温暖化《ちきゅうおんだんか》の影響《えいきょう》で海面《かいめん》が上昇《じょうしょう》すると、島《しま》が水没《すいぼつ》するおそれがあると心配《しんぱい》されています。ツバルでは、海水《かいすい》の影響《えいきょう》で作物《さくもつ》が栽培《さいばい》できなくなるなどの被害《ひがい》が起《お》きています。

ツバルのフチフチ島《とう》。内陸《ないりく》からわいた水《みず》で浸水《しんすい》している。

©Shuuichi Endou/Tuvalu Overview

サモア

- 正式名称　サモア独立国《どくりつこく》
- 首都　アピア
- 面積　2842㎢
- 人口　約《やく》20万人《まんにん》（2016年《ねん》）
- 言語　サモア語《ご》（公用語《こうようご》）、英語《えいご》（公用語《こうようご》）
- 通貨　サモア・タラ

フィジー

- 正式名称　フィジー共和国《きょうわこく》
- 首都　スバ
- 面積　1万《まん》8272㎢
- 人口　約《やく》90万人《まんにん》（2016年《ねん》）
- 言語　英語《えいご》（公用語《こうようご》）、フィジー語、ヒンディー語《ご》
- 通貨　フィジー・ドル

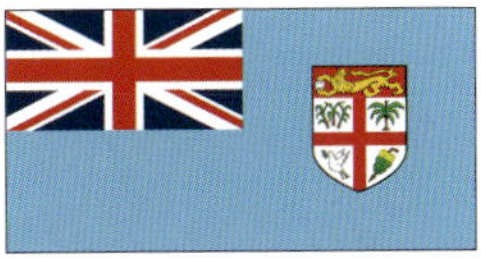

トンガ

- 正式名称　トンガ王国《おうこく》
- 首都　ヌクアロファ
- 面積　747㎢
- 人口　約《やく》11万人《まんにん》（2016年《ねん》）
- 言語　トンガ語《ご》（公用語《こうようご》）、英語《えいご》（公用語《こうようご》）
- 通貨　パ・アンガ

ニウエ

- 正式名称　ニウエ
- 首都　アロフィ
- 面積　260㎢
- 人口　1500人《にん》（2013年《ねん》）
- 言語　ニウエ語《ご》、英語《えいご》
- 通貨　ニュージーランド・ドル

クック諸島《しょとう》

- 正式名称　クック諸島《しょとう》
- 首都　アバルア
- 面積　236㎢
- 人口　約《やく》1万《まん》9千人《せんにん》（2016年《ねん》）
- 言語　クック諸島《しょとう》マオリ語《ご》（公用語《こうようご》）、英語《えいご》（公用語《こうようご》）
- 通貨　ニュージーランド・ドル

Q100　国旗《こっき》に赤《あか》いサトウカエデの葉《は》がえがかれている国《くに》は？

オセアニア　おさらいクイズ

最後《さいご》の
おさらい
クイズだね！

オセアニアの国々《くにぐに》のクイズにチャレンジ！
３つの中《なか》から選《えら》んでね！

くらし・文化

Q1　「シンシン」という祭《まつ》りを行《おこな》っている国《くに》は？

① パプアニューギニア
② キリバス
③ ニウエ

歴史・人物

Q2　ニュージーランドの先住《せんじゅう》民《みん》は？

① クック
② マオリ
③ キーウィ

産業

Q3　オーストラリアの草原《そうげん》で飼《か》われているのは？

① 羊《ひつじ》
② タスマニアデビル
③ コアラ

自然・地形

Q4　氷河《ひょうが》が地面《じめん》をけずってできた地形《ちけい》は？

① デルタ
② ポルダー
③ フィヨルド

くらし・文化

Q5　手話《しゅわ》を公用語《こうようご》としている国《くに》はどこ？

① ツバル
② ニュージーランド
③ パラオ

自然・地形

Q6　世界最大《せかいさいだい》のサンゴ礁《しょう》のある国《くに》は？

① トンガ
② オーストラリア
③ ソロモン諸島《しょとう》

答《こた》えは、237 ページにのっています。

どれくらい
わかったかな

おさらいクイズ 答《こた》え

アジア（77ページ）

- Q1 ❶タイ
- Q2 ❶中国《ちゅうごく》
- Q3 ❸ルソン島《とう》
- Q4 ❷ガンディー
- Q5 ❶カッパドキア
- Q6 ❷韓国《かんこく》

アフリカ（173ページ）

- Q1 ❷アルジェリア
- Q2 ❶ナセル湖《こ》
- Q3 ❷ベルベル人《じん》
- Q4 ❸ジェラバ
- Q5 ❷スーダン
- Q6 ❸ガーナ

ヨーロッパ（135ページ）

- Q1 ❶ゴルバチョフ
- Q2 ❷ジェノバ
- Q3 ❷ドーバー海峡《かいきょう》
- Q4 ❷ガウディ
- Q5 ❶アイセル湖《こ》
- Q6 ❸グリム兄弟《きょうだい》

南北《なんぼく》アメリカ（219ページ）

- Q1 ❷パンパ
- Q2 ❷アルベルト・フジモリ
- Q3 ❶アマゾン川《がわ》
- Q4 ❸アメリカ合衆国《がっしゅうこく》
- Q5 ❷チリ
- Q6 ❶プリンスエドワード島《とう》

オセアニア（236ページ）

- Q1 ❶パプアニューギニア
- Q2 ❷マオリ
- Q3 ❶羊《ひつじ》
- Q4 ❸フィヨルド
- Q5 ❷ニュージーランド
- Q6 ❷オーストラリア

もう一度《いちど》各国《かっこく》の
ページを読《よ》んでみよう

世界《せかい》をもっと見《み》てみよう！

よし、いつかいっしょに世界《せかい》旅行《りょこう》だ!
お———!
バックパック背負《せお》ってさ、あちこちの国《くに》を放浪《ほうろう》するんだ〜
えー、私《わたし》は各国《かっこく》の高級《こうきゅう》ホテルにとまりたい!
世界《せかい》を知《し》ることできみの世界《せかい》がどんどん広《ひろ》がっていくよ!
たくさんの視点《してん》を手《て》に入《い》れて、きみ自身《じしん》の夢《ゆめ》を広《ひろ》げていこう!

| 監修 | **井田仁康**（いだよしやす） |

1958年生まれ。1982年、筑波大学第一学群自然学類卒業。博士(理学)。現在は、筑波大学人間系教授。社会科教育・地理教育の研究を行っているほか、国際地理オリンピックにもたずさわっている。著書・監修書に、『中学校地理の雑談ネタ40』(明治図書出版)、『初等社会科教育』(共著、ミネルヴァ書房)、『世界の国ぐに大冒険』(PHP研究所)、『ドラえもん社会ワールド 地図のひみつ』(小学館)など。

マンガ・キャラクター	工藤ケン
4コママンガ	池田八恵子、森永ピザ、 イケウチリリー、鳥居志帆
イラスト	八木橋麗代、竹永絵里
写真協力	一般社団法人長崎県観光連盟、JICA、 特定非営利活動法人テラ・ルネッサンス、UNHCR、 Tuvalu Overview　遠藤秀一、Fotolia、photolibrary、pixta、istock
マンガ考案	菊池麻祐、嵩瀬ひろし
執筆協力	酒井かおる、長澤亜記、野口和恵、室橋裕和、山内ススム
地図	坂川由美香、デザインエクスチェンジ株式会社
スタッフ	本文デザイン／株式会社ダイアートプランニング（大場由紀） 校正／村井みちよ 編集協力／株式会社童夢 編集担当／ナツメ出版企画株式会社（齋藤友里）

ナツメ社Webサイト
http://www.natsume.co.jp
書籍の最新情報(正誤情報を含む)は
ナツメ社Webサイトをご覧ください。

オールカラー

楽しく覚える！ 世界の国

2018年 9 月 1 日　初版発行
2020年 1 月 1 日　第4刷発行

監修者	井田仁康（いだよしやす）	Ida Yoshiyasu,2018
発行者	田村正隆	

発行所　株式会社ナツメ社
　　　　東京都千代田区神田神保町1-52　ナツメ社ビル1F（〒101-0051）
　　　　電話 03(3291)1257(代表)　FAX 03(3291)5761
　　　　振替 00130-1-58661

制　作　ナツメ出版企画株式会社
　　　　東京都千代田区神田神保町1-52　ナツメ社ビル3F（〒101-0051）
　　　　電話 03(3295)3921(代表)

印刷所　株式会社リーブルテック

ISBN978-4-8163-6509-6　　　　　　　　　　　　　　Printed in Japan

本書に関するお問い合わせは、上記、ナツメ出版企画株式会社までお願いいたします。

〈定価はカバーに表示してあります〉
〈落丁・乱丁本はお取り替えいたします〉
本書の一部分または全部を著作権法で定められている範囲を超え、ナツメ出版企画株式会社
に無断で複写、複製、転載、データファイル化することを禁じます。

世界《せかい》の国旗《こっき》

ここでは、本書《ほんしょ》でくわしく紹介《しょうかい》している65か国《こく》の国旗《こっき》を一覧《いちらん》にしています。

国旗《こっき》の色《いろ》にはいろいろな意味《いみ》があるよ

ヨーロッパ

アイルランド
オランダ
オーストリア
ポーランド
スウェーデン
スペイン
フランス
スイス
ギリシャ
ノルウェー
ロシア
ポルトガル
イギリス
イタリア
ドイツ
デンマーク
フィンランド

※この他《ほか》のヨーロッパの国《くに》の国旗《こっき》は、130ページ〜。

アジア

パキスタン
ベトナム
アフガニスタン
カンボジア
イラン
タイ
イラク
マレーシア
中国《ちゅうごく》
アラブ首長国連邦《しゅちょうこくれんぽう》
シンガポール
モンゴル
サウジアラビア
フィリピン
日本《にほん》
トルコ
インドネシア
韓国《かんこく》
イスラエル
インド
北朝鮮《きたちょうせん》

※この他《ほか》のアジアの国《くに》の国旗《こっき》は、72ページ〜。

オセアニア

パプアニューギニア
オーストラリア
ニュージーランド

※この他《ほか》のオセアニアの国《くに》の国旗《こっき》は、234ページ〜。

南北《なんぼく》アメリカ

パラグアイ
ジャマイカ
ウルグアイ
コロンビア
アメリカ合衆国《がっしゅうこく》
アルゼンチン
ペルー
カナダ
チリ
ブラジル
メキシコ
キューバ

※この他《ほか》の南北《なんぼく》アメリカの国《くに》の国旗《こっき》は、216ページ〜。

アフリカ

ガーナ
アルジェリア
ケニア
モロッコ
エジプト
タンザニア
スーダン
チュニジア
マダガスカル
エチオピア
南《みなみ》アフリカ共和国《きょうわこく》
ナイジェリア

※この他《ほか》のアフリカの国《くに》の国旗《こっき》は、166ページ〜。

比《くら》べてみるとおもしろいね

よく似《に》た国旗《こっき》もあるね

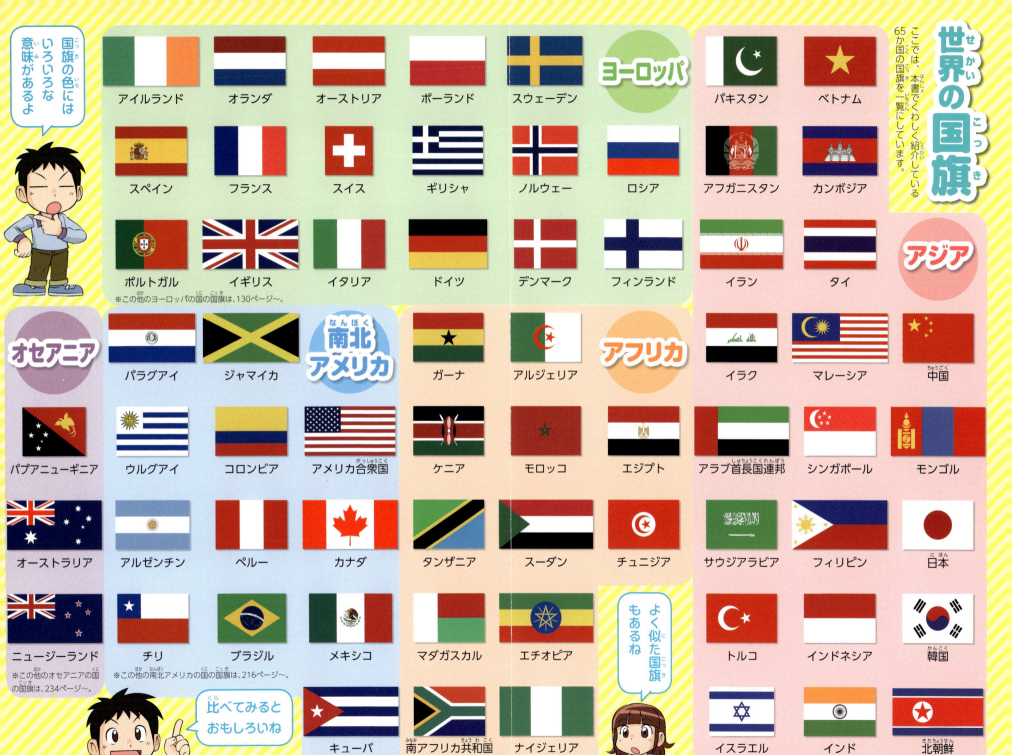

世界《せかい》の国《くに》を見《み》てみよう